◎南唐·周文矩 《明皇会棋图》 台北故宫博物院藏

◎宋·李公麟 《商山四皓会昌九老图》（合卷） 辽宁博物馆藏

◎宋·佚名 《谢安赌墅图》 台北故宫博物馆藏

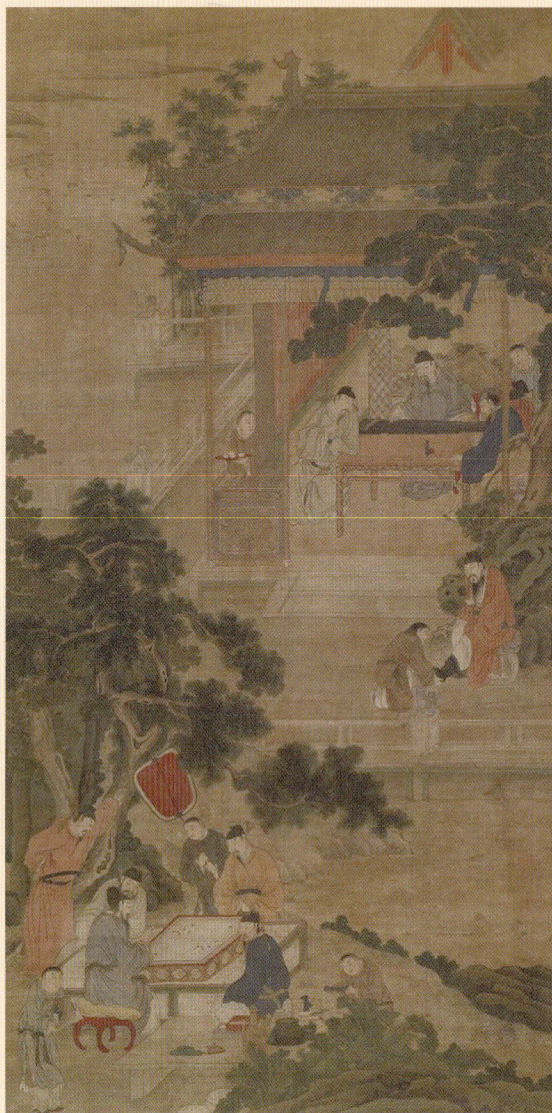

◎明·李士达 《琴棋书画图轴·琴棋》
美国波士顿博物馆藏

◎明·仇英 《对弈图》

◎清·陈滏 《八仙弈棋图》

◎清·王时敏 《杜甫诗意图·巫山弈棋》

◎民国·傅抱石 《春亭对弈图》

◎民国·溥儒 《松风对弈图》

抚州市政协文史资料第廿九辑

"围棋与名城"丛书推介作品

抚州文史丛书

围棋与抚州

WEIQI YU
FUZHOU

罗伽禄　方亚伟　刘海泉◎编著

江西高校出版社

JIANGXI UNIVERSITIES AND COLLEGES PRESS

图书在版编目（CIP）数据

围棋与抚州 / 罗伽禄，方亚伟，刘海泉编著 . -- 南昌：江西高
校出版社，2021.10

（抚州文史丛书）

ISBN 978-7-5762-2047-6

Ⅰ . ①围… Ⅱ . ①罗… ②方… ③刘… Ⅲ . ①围棋—体育文
化—抚州 Ⅳ . ① G891.3

中国版本图书馆 CIP 数据核字（2021）第 191219 号

出 版 发 行	江西高校出版社	
社　　　址	江西省南昌市洪都北大道 96 号	
总编室电话	（0791）88504319	
销 售 电 话	（0791）88517295	
网　　　址	www.juacp.com	
印　　　刷	江西千叶彩印有限公司	
经　　　销	全国新华书店	
开　　　本	700 mm×1000 mm　1/16	
印　　　张	19.5	
字　　　数	300 千字	
版　　　次	2021 年 10 月第 1 版	
印　　　次	2021 年 10 月第 1 次印刷	
书　　　号	ISBN　978-7-5762-2047-6	
定　　　价	80.00 元	

赣版权登字 -07-2021-1279

《围棋与抚州》编委会

琴、棋、书、画，古称"四雅"。素为君子心性修养和社会道德教化的必修课程。每一"雅"的背后都蕴含着丰厚的文化内涵和漫长的发展历程，尤其是围棋以独特的无穷魅力和人文精神，愈来愈为不同肤色的人们所喜爱。围棋作为中华优秀传统文化和智力竞技运动正跨步走进人们的生活，走出国门，走向世界。

抚州围棋历史悠久，在优秀传统文化的滋养下逐步形成了肇于"仙"、名于"才"、兴于"业"的特色围棋文化。境内乐安大华山著棋峰、著棋亭，流坑棋盘街，临川灵谷峰棋坪石、对棋峰，南城麻姑山、棋盘岭，宜黄仙洞山、棋枰山等名山胜地皆有仙君弈棋的传说，留下了一处处胜景，一个个韵味无穷的围棋故事。国家图书馆、首都图书馆、上海棋院等机构至今保存着弥足珍贵的抚州围棋历史文献。

棋若人生，人生如棋。抚州先贤不仅善弈，而且对围棋赋予了游于艺、载于道、立于品的丰富内涵和人生感悟。临川王刘义庆首次记载了围棋称为"手谈"的来历；王安石围棋赌诗、适性忘忧；益敬王朱常涊精心编印《会弈通玄谱》等，将围棋作为寄情游艺之器；曾巩殿奏以棋为喻阐释用兵之道，陆九渊观棋悟河图之数；虞集称围棋为明理悟道之具，劝说文宗皇帝举国推广围棋；汤显祖视棋品为人品，将棋品作为评价人格品质高下的标准之一；舒同将围棋作为革命传统加以传承。东晋临川太守王羲之、麻姑山炼丹道士葛洪、临川内史谢灵运、江南西路茶盐常平公事陆游等寓贤名宦及诸多历代先贤留下许多以棋为艺、以棋寄情、以棋明理的诗文辞赋。他们雅尚围棋，成为抚州围棋文化的传播者，为我们留下宝贵的围棋文化资源。

前可见古人，更有后来者。今天抚州围棋英才辈出、喜报频传。围棋事业和围棋文化产业两翼齐飞，在棋界声誉日隆，因此荣获"全国围棋之乡"的称号。近年来，在抚州举办全国围棋职业甲级联赛 10 余次，"棋圣"聂卫平及马晓春、柯洁、古力、韩国籍崔哲翰等 10 余位世界冠军来抚州参加围棋赛事活动，卢天圣、万乐奇、王梓莘等新一代抚州职业棋手在省内外围棋赛场上斩金夺银，成为抚州围棋的佼佼者。当前抚州围棋人积极参与全国性围棋文化的挖掘整理和围棋产业的平台建设，讲好中国围棋故事，在中国围棋文化"走出去"等国家战略中融入抚州元素，以此带动抚州围棋文化创造性转化、创新性发展，让更多的人们在享受围棋竞技乐趣的同时，欣赏到围棋文化的博大精深。

展楸枰，结高贤；拓性灵，拂俗尘。围棋犹如一本书，开卷有益，常品常新，让人爱不释手；围棋又如一位挚友，淡名淡利，愈交愈深，让人相伴永久。为进一步发掘围棋当代价值，让抚州围棋文化的"优秀基因"活起来、走出去，出版《围棋与抚州》一书就显得很有意义。该书是首部撰写抚州围棋文化发展史的著作，梳理了抚州围棋起源与发展基本脉络，对当代围棋事业作了回顾与展望。该书的出版填补了抚州围棋文化研究的空白，将会对围棋文化事业繁荣和围棋文化产业振兴产生积极影响。

我来抚州工作时间不长，对抚州感情却很深。抚州底蕴深厚的历史文化给我留下了深刻的印象。文史工作是政协工作的重要组成部分，是一项有益于今人、惠及后世的事业，希望文化文史和学习委员会的同志一如既往肩负使命、砥砺前行；希望抚州围棋界的朋友下好先手棋，局局更新局局奇；祝愿抚州的围棋事业稳步发展，抚州围棋的明天将更加灿烂多姿。

是为序。

2021 年 7 月

（作者系江西省抚州市政协主席）

2019 年 7 月，去太原参加"围棋与名城"编写工作会议。"围棋与名城"是中国围棋协会策划组织的一个大型围棋文化系统工程，发掘各个城市的围棋文化传统，总结现实经验，构建一幅完整的中国围棋历史地理全景图，可谓意义重大。而项目启动之前，抚州与绍兴就已先行一步，书稿已经成形。用《棋经》的话说，所谓"智者见于未萌"，棋枰甫动，已占得先机。

会上，绍兴体育局的吴海明局长和抚州围棋协会的刘海泉秘书长分别介绍了各自的经验。绍兴围棋于我并不陌生，因为此前就曾几次参加绍兴的围棋文化研讨活动，《围棋与绍兴》也是由我统稿并写了一篇较长的绪论——《人文绍兴黑白之道》。而抚州，说实话，还是从刘海泉秘书长的发言及会上带去的书稿《围棋与抚州》中，第一次了解到抚州也有着如此深厚的围棋文化底蕴，当下作为"全国围棋之乡"的抚州围棋活动如此红火，富有特色，让我大感兴趣。

也是因为这样的机缘，我认识了刘海泉秘书长。一个月后，借抚州市第六届围棋锦标赛开赛之机，我终于有机会踏上了抚州的土地。其中一个活动是为抚州围棋协会新址揭牌。新址在抚州历史文化街区——文昌里，一方古色古香的庭园。走进去，庭院深深深几许，棋子声声声入耳，让人流连忘返。抚州是王安石、汤显祖的故乡，是著名的"才子之乡、文化之邦"。夜晚，走在文昌里具有浓厚的明清风味的街道上，观玉隆万寿宫，听深巷小曲，寻梦牡丹亭，正所谓梦里戏里文昌里，棋缘道缘才子缘，真有不知今夕何夕之感。

二

也许，你可以不知道抚州，但稍有一些古典文化素养的，你就不会不知道临川，因为王安石，因为汤显祖的"临川四梦"。

三国时，吴就在此地置临川郡，此为抚州境区建郡之始。隋开皇九年（589），"废临川置抚州。抚者，安抚也"。此后，临川、抚州，名字不断更替。它"控带闽越，襟领江湖"，"邺水朱华，光照临川之笔"（王勃），"吾邦山水秀，雄丽冠江右"（吴澄），这块土地上才人辈出。晏殊、曾巩、王安石、谢邈、陆九渊、虞集、汤显祖……还有宦游抚州的王羲之、谢灵运、颜真卿、陆游、文天祥、张孝祥等等，造就了灿烂多姿的才子文化。而围棋，作为才子们的必备才艺，也在这块土地上生根、发芽，生出绚烂之花，结下丰硕之果。

抚州的围棋，因仙而起，与道结缘。据说西汉时就有王、郭二真君在抚州市境内的华盖山、麻姑山留下修道、炼丹、著棋的行迹，著棋峰、著棋亭、石棋盘至今犹存。"洞仙遗下石棋盘，人到壶天静处看。"（晏殊《棋盘石》）人也？仙也？修道乎？弈棋乎？留给人无穷的想象。

其后，东晋的王羲之、南朝的谢灵运、宋代的陆游，都曾在临川为官，诗书绘事，手谈坐隐，自有林下风流。

围棋不光怡情养性，也是悟道之具。北宋的王安石一生致力于富国强兵的改革。"莫将戏事扰真情，且可随缘道我赢。战罢两奁分白黑，一枰何处有亏成。"（《棋》）他在棋上悟出的，是棋道，又何尝不是人生之道？而陆九渊观棋悟河图之数，《象山棋语》谓："棋所以长吾之精神，瑟所以养吾之德性。艺即是道，道即是艺。岂惟二物？于此可见矣。"道艺相通，技进乎道，这里面自有中国文化的独得之秘。正像元代的虞集作《棋盘铭》："圆周天，方画地。握时机，发神智。动制胜，静保德。勇有功，仁无敌。"棋道与天道、地道、人道之间，便有了一种沟通。

围棋不光是艺，是形而上之道，有时她又如木野狐一般风情万种。正如南宋临川人谢薖的《减字木兰花赠棋妓》："风篁度曲。倦倚银屏初睡足。清簟疏帘。金鸭香销懒更添。　　纤纤露玉。风雹纵横飞钿局。颦敛双蛾。凝伫无言密意多。"

以棋言情，棋也就不仅仅是棋了。正像明代的汤显祖，是他赋予了临川的才子文化更多的内涵。他有在科场、官场中不肯跟人同流合污的道的坚守，有仰天大笑出门去的决绝，有在困穷潦倒时的通达与悠然。"道有山人能劝酒，不妨家弟一围棋""客兴浪随棋局点，秋香那惜酒杯传""祇合潇湘路，弹棋坐竹亭"。坐隐忘忧，围棋给了他精神的慰藉，围棋让他在窘境中拥有了自得其乐的人生。"羽扇纶巾，据床清啸，围棋赌墅"（《紫钗记》），也许代表的是中国文人士子共有的理想之梦。汤显祖的《牡丹亭》《邯郸记》《南柯记》《紫钗记》，所谓"临川四梦"，以诗酒琴棋、围棋赌墅般的清雅，以人鬼情未了的感天动地的纯真，以明知南柯一梦而其犹未悔的痴绝，在中国文化的道统之外，又让人感到了一份刻骨的相思、温情与浪漫。

梦里戏里，有梦便好。

而围棋，是戏，是艺，是道，同时它也是有温度的。

如果说抚州是"才子之乡、文化之邦"，围棋在抚州人曾经的生活中，在抚州人文文化的建构中，扮演过什么角色，起过什么样的作用，恰恰是需要我们去仔细打量、好好发掘的。

三

文化是被建构的，文化也是有生命的，他在不断地流动、发展、演变，它存在于传统中，存在于故纸堆里，也活在当下，就在我们的日常生活中。

围棋亦然。

远色入江湖，烟波古临川。今天的抚州，也在赋予古老的临川文化许多新的内涵。

就像坐落在抚州乐安县西南部山区盆地的千古第一村——流坑，那纵横交错的棋盘街，何尝不是在演绎一段横亘千古的人生棋局？

就像文昌里，这个"国家 AAAA 级历史文化街区"，它要围绕汤翁故里这一核心要素，以"戏"与"梦"为主题，演绎"寻梦牡丹亭"的至情与浪漫。而在这样一个充满历史感的古老街巷，当它把吃、住、行、游、购、娱融为一体，传统手工艺、酒店民宿、文化创意、美食餐饮、休闲娱乐融入其间，这"文化"才是有温度、有生命、有活力的。

而当抚州围棋协会也落户于文昌里，围棋也将成为文昌里的一道新的风景。

据说"文昌里"这个称谓，源于唐朝中期。当时的抚州官府在抚河修筑一条蓄水用的堤坝，取"文昌在斗而北，谓主抚州"之意，名"文昌堰"。宋代改"堰"为"里"，据说自有了"文昌里"的命名，抚州地区科甲鼎盛，才子频出。出生书香世家的汤显祖祖居就在文昌里，更使"文昌里"文名大盛。而今，"中国抚州文昌里围棋文化城"落户于此，可谓适得其地。

当代抚州的围棋，在 20 世纪 80 年代重新起步，此后各级别的赛事不断。2003 年 10 月，抚州市围棋协会正式成立，这也标志着抚州围棋进入了有组织、有序发展的新阶段。如今，抚州各区县也有了围棋协会。抚州围棋，依托自己丰富的文化资源，又将文化与产业结合、政府支持与企业运作结合，2017 年成立了抚州众智围棋文化发展公司，与政府合力打造"围棋文化城"。加强政府引导扶持，拓展围棋产业投入渠道，搭建围棋产业平台，打造一个围棋加赛事、培训、旅游、酒店、文化展示、文创产品的产业链条，积极探索一条"根植于少儿围棋教育、致力于各级围棋赛事、厚植于地方围棋文化、着眼于围棋产业化"的产业创新发展之路。2018 年，抚州也由此被中国围棋协会授予"全国围棋之乡""全国围棋产业先进示范城市"的称号。

梦里戏里文昌里，为了将"梦"化为美好的现实，抚州围棋也在力求闯出一条新路，构建属于自己的"抚州模式"。

四

　　《围棋与抚州》就是对抚州围棋历史文化的梳理，对当代抚州围棋组织、赛事、管理、产业经验的总结。同时，全书将史论与文献结合起来，既有史的论述，又有资料收集、整理。"围棋诗词文选""历代棋谱选编"，让我们看到了抚州围棋文化的"原生态"。这是一幅关于抚州围棋地理、历史与现实的全景图，值得我们好好去欣赏、品味。

　　抚州人文鼎盛，名胜众多，围棋也是其中一"景"。同时，也在参与着抚州文化的繁衍、抚州精神的建构。希望未来的抚州围棋更加兴盛，"抚州模式"发扬光大，让围棋真正成为新时代抚州又一张亮丽的文化名片。

　　是所望焉！

2021 年 7 月于湘潭大学

（作者系中国围棋协会文化顾问，湘潭大学教授、博士生导师）

目录

第一章
围棋概况

　　抚州围棋历史文化悠久。在这片广袤的土地上，留下了许多围棋爱好者的行迹。境内虽未曾涌现过著名的围棋国手，却也出现了诸多在中国围棋史有着重要影响的围棋人物，传颂着许多围棋佳话，逐步形成了以围棋技艺和围棋诗词歌赋为基础，以体现对围棋棋理与精神感悟为特征的具有浓郁地域特色的才子围棋文化，并作为抚州优秀传统文化的重要组成部分，世代相传。抚州围棋文化发展大致经历了起源、发展、兴盛、低谷、复兴等阶段。

第一节 宋代之前抚州围棋

中国是围棋的故乡。围棋古称"弈""棋",别称"手谈""坐隐""木野狐"等,起源于原始部落对敌作战的需要,先秦时期发展成为社会道德的教化工具,魏晋时期演变成士族文人精神生活及锤炼人格的具象,隋唐以来逐步成为代表人们修身养性的文体活动,走进文人雅士的日常生活之中,走进中国优秀传统文化之中,走进现代国际竞技赛场之中。

抚州素有"才子之乡、文化之邦"的美誉。自古以来,钟灵毓秀,人才辈出,"山川融结,舟车云集,控带闽越,襟领江湖"。抚河自南而北宛然穿境而过,两岸群山逶迤。元代理学家吴澄用"吾邦山水秀,雄丽冠江右"的诗句赞美家乡。两宋以来,进士及第者 2450 人,他们为中华民族文化的发展作出了积极贡献。抚州地处江西省东部,行政区划面积 1.88 万平方公里,现有人口 362 万人,东邻福建省,南接赣州市,西与吉安市、宜春市相邻,北与南昌市、鹰潭市毗邻,下辖临川区、东乡区、南城县、南丰县、广昌县、黎川县、资溪县、金溪县、乐安县、宜黄县、崇仁县,以及抚州市高新技术产业园区、东临新区。

宋代之前是抚州围棋的起源与发展阶段。这一时期,抚州地广人稀,经济文化滞后于中原地区,但由于中原地区诸侯争霸、战事叠起,迫使北方人口南迁,而抚州围棋的记载初见于南迁至抚州的北方士人的著述之中,大多以围棋神话和围棋轶事为主。据史载,抚州市境内的麻姑山、大华山、灵谷峰、仙洞山等皆有仙人行迹,他们在这里对弈,留下许多围棋故事,抚州围棋文化便起源于此。

▶乐安大华山著棋峰手绘图

　　两汉时期，抚州地属豫章郡。汉高祖五年（前202），建南城县，县治在今南城县境内，所辖范围相当于今天的抚州市域面积，该县属豫章郡十八古县之一。东汉永元八年（96），置临汝县，县治设在今抚州市城区。2015年，南昌市西汉海昏侯刘贺墓出土的围棋盘，是我国现存最早的木质围棋盘。据考证，该棋盘是十七道棋盘，可惜该围棋盘残缺较为严重，难以窥其全貌。刘贺是西汉第九位皇帝，仅在位27天。元康三年（前63）封海昏侯，同年四月，刘贺前往豫章郡海昏县（今南昌市新建区）就国，神爵三年（前59）去世。2019年3月，北京大学出土文献研究所公布，发现刘贺墓出土的千余枚竹简上记载一种名为"六博"棋的行棋口诀，所记"棋道"名称与东晋葛洪辑抄的《西京杂记》记载的许博昌所传"行棋口诀"、尹湾汉简《博局占》、北大汉简《六博》等"六博"类文献基本一致。部分简文尚有篇题，篇题下记述形式以"青""白"指代双方棋子，依序落在相应行棋位置（棋道）之上，末尾圆点后都有"青不胜"或"白不胜"的判定，这种行棋与围棋极为相似。两汉时期刘氏皇亲国戚大都喜好弈棋，据《西京杂记》记载："戚夫人侍高帝（刘邦），于八月四日出雕房北户竹下围棋。"而接替刘贺皇位的汉宣帝刘询也喜好围棋。《汉书·陈遵传》记载："宣帝微时与（陈遵）有故，相随博弈。"由此可见，海昏侯刘贺生前也喜好下围棋，他去世后，便按照他生前喜好把上述围棋盘作为陪葬物品放进墓中。目前，海昏侯刘贺应是将围棋活动带到江西的第一人，广义上说，刘贺墓出土的围棋盘也是抚州古代围棋活动的最早证物。

西汉时期著名道士王、郭二真君也喜好围棋。王、郭二真君在抚州修道时间很长，据《天下名山志》载："汉文帝时（前179—前164），浮丘君在华盖山（今为抚州市乐安县大华山）传授及王、郭二弟子'三五飞步术，九一上清法'和修道炼丹，直到魏景元帝时（260—263）才得道成仙。"汉昭帝时（前86—前75），浮丘真君及弟子王、郭二仙在麻姑山修道炼丹。唐大历四年（769），抚州刺史颜真卿十分仰慕王、郭二仙修道异事，派军将赴华盖山寻访遗踪，捐资重修崇仙观，撰并书《华盖山王郭二真君坛碑铭》，记述寻访王、郭二真仙济世利人之事。王、郭二仙在华盖山修道、济世利人之余，常常对弈数局。明代谢允璜在《游华盖山记》中记载："不移时，复大雾，雾又稍霁，则游著棋峰，布列石枰，相传二仙于此著棋。"明代理学家罗汝芳等作有《著棋峰》诗文以记之。至今华盖山上仍有著棋峰，峰巅建有"著棋亭"，亭内有一块石棋盘。明代汪廷讷《坐隐先生集》记载："金华山（位于乐安县西北三十里）王、郭二真人登此对弈，锦绣谷、明珠峰、梅峰有刘仙登此吹笛呼雨，并抚州。"抚州城东郊有名山灵谷峰。据载，北宋大观三年（1109）十月，有一位叫丘祐的老人在灵谷峰山岩中遇三人席地对弈，老人驻足观棋。对弈结束时天色已晚，三人劝老人早点回家。转眼间，三人便不见了踪影，只留下三个陶器灯和一个香炉。老人回到家中，才知道时间已经过去三年多，老人将所遇之事，告诉村民，村民半信半疑，老人便带领他们指认对弈的地方，然一无所获。老人让村民在此挖地，不久，挖出当年老人所见过的三个陶器灯和一个香炉，众人很惊讶，相信老人遇到的弈棋者是三位神仙，便在此处建立神龛，供奉三位神仙，此三弈者即为浮丘与王、郭二弟子。后来人们在这里建造道观，取名为隐真观。相传，抚州城西

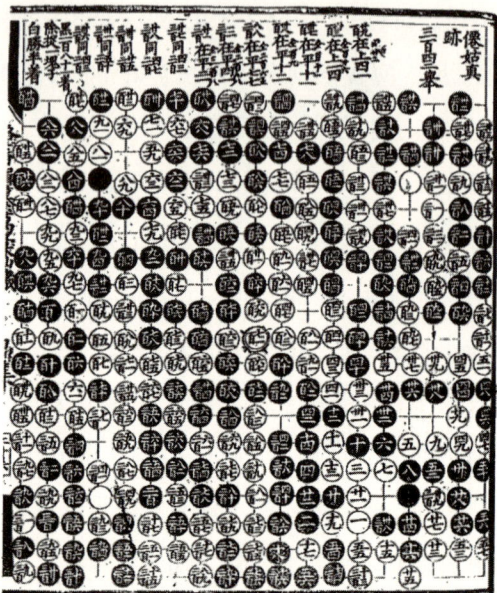

◀《仙姑真迹图谱》

二仙桥也是王、郭二仙筹资修建，王、郭二仙在抚州传播道教文化，行善积德深受民众尊崇，他们仙人对弈、超然物外的道风，促进了围棋在抚州的广泛传播。

相传，道教中的八仙之首铁拐李（原名李玄）曾与吕洞宾在宜黄城郊的仙岩山对弈。在棋局将要决出胜负之际，铁拐李一不小心弹指打出一个大窟洞，顿时凉风袭来，消解酷暑之苦。而岩山碎石打乱了对弈中的棋子，刚好帮助铁拐李解了败局之围，可谓一箭双雕。因此，千百年来当地百姓习惯把此处称为"仙洞"，此山称为"仙洞山"。

南城县麻姑山是麻姑得道成仙的地方。相传，汉桓帝刘志在位期间，仙人王方平居麻姑山蔡经家，邀请麻姑来蔡家下棋。麻姑执白子，先走棋，最后胜半子。麻姑与王方平对弈的棋局流传人间，明代的朱常涝将此棋局收录到他编著的《万汇仙机棋谱》之中。

三国时期，吴国的博弈之风十分兴盛。当时的王公大臣都以博弈为尚，许多官员时常"好玩博弈，废事弃业，忘寝与食，穷日尽明，继以脂烛"，痴迷于围棋。为此，太子孙和命朝臣韦曜撰写《博弈论》，劝诫大家不要因为下围棋而耽误工作。尽管如此，仍不能阻止围棋在吴国的风行。吴国末年围棋发展到了鼎盛时期，如末代君主孙皓不仅长于下围棋，在民间还出现"棋圣"严子卿等一批围棋高手。当时围棋爱好者还将吴国精彩对弈的棋局汇集起来，编成棋谱，后来成为历史上著名的《吴图》棋谱。当时抚州属吴国，太平二年（257）建临川郡，辖临汝、南丰、宜黄等10个县。临川郡史上第一位太守蔡机出身显赫，其父蔡款以衔尉领中书令，封留侯，其兄蔡条深受末代君主孙皓器重，官至尚书令、太子少傅。蔡机在晋军攻打吴国时战败，宁死不降，后遭斩首。吴国末年，出身显贵的蔡机受到举国围棋风气的影响，蔡机必然不会错过围棋，但他在临川任职期开展的围棋活动，待学者进一步收集整理。

两晋、南北朝时期，抚州围棋活动仍以名宦寓贤为主，如东晋时期临川太守王羲之、麻姑山炼丹道士葛洪、南朝时期的临川内史谢灵运、临川王刘义庆等名士都喜好围棋，都对中国围棋文化发展产生了积极影响。尤其是谢灵运还在灵谷峰留下了仙人对弈的棋坪石。后世文人雅士游历此山时，写下了咏颂灵谷峰十景之一的棋坪石的诗文故事。

隋唐五代时期，唐玄宗首创翰林院棋待诏制度，设置了棋待诏和棋博士

▼ 南唐·周文矩 《重屏会棋图》（局部） 台北故宫博物院藏

的岗位，专职陪同皇帝下围棋。这一制度的设立极大地促进了围棋的发展普及与棋技的提升，使围棋走进了社会各个阶层的生活圈。这一时期游览过麻姑山的刘禹锡、白居易都曾写下了有关围棋的诗文，抚州刺史颜真卿去世后，留下"林下仙弈"的故事。五代时期，抚州属南唐国土。南唐弈风极盛，上至皇帝朝臣，下至黎民百姓都喜欢下围棋。南唐中主李璟、后主李煜都是我国围棋史上的重要人物，南唐画家周文矩绘制的《重屏会棋图》就是描绘李璟皇家对弈的真实情景。抚州节度使冯延巳因多才艺深受中主李璟礼遇，曾四次出任南唐宰相。"多才艺"的冯延巳还把围棋写进词作里："夜初长，人近别，梦觉一窗残月。鹦鹉卧，蟋蟀鸣，西风寒未成。红蜡烛，弹棋局，床上画屏山绿。褰绣幌，倚瑶琴，前欢泪滴襟。"（《更漏子（其二）》）这些与围棋的相关活动对抚州围棋文化的发展产生了深远影响。

围
棋
与
抚
州

第二节　宋元时期抚州围棋

宋元时期是抚州围棋繁荣兴盛阶段。赵宋王朝建国后沿袭唐制，宫廷内设置棋待诏制度得以延续，主要工作仍是陪同皇帝下围棋。全国上下雅尚围棋之风仍得到发展。在此背景下，宋代晏殊、李觏、曾巩、王安石、谢邁、曾丰、陆九渊，元代程钜夫、吴澄、艾性夫、虞集、饶介等诸贤及仕宦抚州的陆游、李刚、文天祥、张孝祥等寓贤大都喜爱围棋，他们不仅题写了许多有关下棋、观棋、悟棋的诗文辞赋，还留下了众多广为传颂的围棋历史文献，并与后来明清时期围棋共同形成了以棋为艺、以棋寄情、以棋明理的才子围棋文化。

一、以棋为艺

围棋发展至宋元时期，已具有相对完备的程式体系，一些围棋爱好者关注棋技、钻研棋谱、精研棋理。在这方面，吴曾、陆九渊、艾性夫、晏天章等人都取得较大成就。

南宋崇仁吴曾在《能改斋漫录》中记载宋太宗精研棋理的事情，他说御制弈棋三势分别是对面千里势、天鹅独飞势和海底取明珠势。前两势的棋谱，收录到宋代李逸民编著的《忘忧清乐集》。金溪心学鼻祖陆九渊，小时候观棋悟河图，棋艺大进。河图是中国古代的神秘图案，它源于天上星宿，包含深奥的宇宙星象原理，也包括哲学之理，寓意广泛。一方面至简至易，另一方面又深邃广大。罗大经《鹤林玉露》记载："（陆九渊）乃买棋局一副归而悬之室中，卧而仰视之者两日，忽悟曰：此河图数也。"顿悟出围棋与河图洛书之间的内在关系，体现了他作为心学家非同常人的聪慧。他还将对围棋的感悟写进《象山语录》："棋所以长吾之精神，瑟所以养吾之德性。艺即是道，道即是艺。"把棋、琴艺术上升至道的境界。

元代艾性夫非常喜欢下围棋，时常把自己与人对弈激烈的对决场景和观棋者的赞赏及双方对弈之后的愉悦心情，赋以诗文记之。读其围棋诗文犹如一幅幅观棋、对弈场景浮现在眼前，使读者身临其境。晏天章，字文可，词人宰相晏殊后裔，善围棋。他与严德甫共同编著了《玄玄棋经》（又名《玄玄集》），该书是我国古代一部著名的围棋著作，元代至正九年（1349）编印成书。全书分为"礼""乐""射""御""书""数"六卷，"礼"卷收录了张拟（靖）的《棋经十三篇》、皮日休的《原弈》、柳宗元的《序棋》、马融的《围棋赋》、吕公的《悟棋歌》、徐宗彦的《四仙子图序》和刘仲甫的《棋诀》等围棋经典文献；"乐""射"二卷为受一子至受五子的局面图，以及"破单拆二""破斜飞拆二"等边角图势，附有部分术语图解；"御""书""数"卷为《唐明皇游月宫》《项羽举鼎》《孙膑陷庞涓》等棋势，共有三百七十八型，属于定式和死活研究范畴，其中以死活研究最为详尽，最为精妙。该书被历代棋家奉为典范，对日本围棋发展产生了重要影响。日本宽永年间，该书被传到日本，又经过近百年的时间，日本围棋爱好者根据《玄玄棋经》出版了《玄玄棋经俚谚抄》，促进了围棋在日本的发展普及。

二、以棋寄情

围棋在宋元时期已成为各阶层人们生活的重要娱乐方式，尤其在士人的交友寄兴、排忧解愁、消遣度日的生活中扮演着重要角色。在这方面，王安石、谢逸及仕宦抚州的陆游、文天祥、李纲等人的围棋活动都很具特色。

王安石酷好围棋，他辞相退居江宁（今江苏省南京市），更是把下围棋当作为生活中的一大爱好，主张"莫将戏事扰真情"，不断提醒自己和故吏亲朋不要因下棋误事。一次,他得知叶涛(字致远,其弟王安国之婿)痴迷于下围棋,王安石写诗《用前韵戏赠叶致远直讲》直言相劝,希望他不要沉迷于下棋,而影响工作。宋邢居实在《拊掌录》中记载:"叶涛好弈棋,王介甫作诗切责之,终不肯已。弈者多废事,不以贵贱,嗜之率皆失业,故人目棋枰为'木野狐',言其媚惑人如狐也。"后来"木野狐"成为围棋的别称,此名称正是王安石所创,旨在奉劝人们不要痴迷围棋而误事,后来被士人借指沉迷围棋的弊端。南宋范正敏《遯斋闲览》记载:"(王安石)每与人对局,未尝致思,随手疾应,觉其势将败,便敛局曰:'本图适性忘虑,反苦思劳神,不如其已。'"此外,王安石与门人薛肇明"围棋赌诗"的故事,也是古代围棋故事中富有文人雅趣的创举。

南宋淳熙六年(1179)十二月,陆游出任提举江南西路茶盐常平公事,官署驻地抚州。次年五月,抚州暴发洪水灾害,他关心百姓疾苦,开仓济民。十一月,陆游便因此事被罢官。他在政治上主张收复中原,有"壮志未与年俱老,死去犹能作鬼雄"的壮志雄心,但不为时局所容,不得已只能寄情楸枰,用围棋与诗文来排忧解愁。陆游爱好围棋和作诗,常常用诗文记录围棋活动,现有近百首与围棋有关诗文存世。如清早起床作《晨起》:"此生犹著几两屐,长日惟消一局棋。"到了晚上作《闲趣》:"溪边唤客闲持钓,灯下留僧共覆棋。"喝酒时作《三月二十日晚酌》:"一局枯棋忘日月,数斟浊酒约比邻。"喝茶时作《山行过僧庵不入》:"茶炉烟起知高兴,棋子声疏

▲元·冷谦 《蓬莱仙弈图》(局部) 美国弗利尔美术馆藏

识苦心。"春天时作《春日》:"排闷与儿联小句,破闲留客战枯棋。"夏天时作《夏日北榭赋诗弈棋欣然有作》:"悠然笑向山僧说,又得浮生一局棋。"秋天时作《秋夕》:"频约僧棋秋渐健,稍增书课夜初长。"冬天时作《冬晴日得闲游偶作》:"诗思长桥蹇驴上,棋声流水古松间。"等等,围棋像是挚友一样吃茶喝酒、从早到晚、一年四季形影不离。

南宋景定元年(1260),二十五岁的文天祥任建昌军(今南城县)麻姑山仙都观提举。文天祥也喜欢下棋。他下起棋来,常常是废寝忘食,几近痴迷。夏天洗澡时仍与棋友"水面以意为枰,行弈决胜负"。《宋史·忠义传》载:"天祥好弈,与沐对弈,穷思忘日夜以为常。"从其诗文中得知他下棋追求高雅意趣,如《翰林权直罢归和朱约山韵》:"闲云舒卷无声画,醉石敲推一色棋。"《用前人韵招山行以春为期》:"扫残竹径随人坐,凿破苔矶到处棋。"《山中即事》:"夕阳江澄练,春行路布棋。"作为南宋抗元英雄,文天祥心忧时局、居安思危的心情在围棋中也有体现,如《又送前人书画四首》其三:"纷纷玄白方龙战,世事从他一局棋。"

此外,抚州籍许多先贤以棋具、绘画作品、神话传说、观棋为主题赋诗作文,来表现围棋文化的艺术性、趣味性和哲理性。如晏殊看见一块石质棋盘,不由地联想到古代仙人对弈、晋代王质观棋烂柯等神话故事,便赋以诗文以记之,足见词人宰相晏殊对围棋历史知识也是较为熟悉的。李觏曾记述其母因仙人授棋乃孕而生的神话故事,他说:"吾母初无子,凡有可祷无不至。祥符元年,梦二道士弈棋户外,往观之,其一人者取局之一子授焉,遂娠。"此事虽不足为信,"棋子"与"奇子"相为谐音,以"棋"寓意人们的美好向往,也说明李觏与围棋的不解之缘。谢蔼曰:"谁能关许事,寓目且忘忧。"虞集观棋时说:"偶过松间看弈棋,松枯鹤老忘归时。"这些诗文、故事都体现了围棋的独特魅力。吴澄作《题皓图》、吴当题《观弈图》等都是在欣赏围棋绘画作品后的诗文创作,体现围棋与绘画互通的艺术性。曾丰曰:"围棋或著书,不觉岁月换。"何中曰:"花屿风醒酒,琳宫日度棋。"这些诗句无不体现出弈棋者以棋为友的恬淡情趣。

宋元时期，围棋诗文作者多是身处上层社会的朝臣官员、文人雅士、名道高僧。当时僧道众人深受朝廷礼遇，如抚州籍的宋代道士王文卿、僧人释惠洪，元代道士何中等都雅尚围棋，他们大都具有较高的文化涵养，享有较高的社会地位和影响力，代表着当时的主流文化，进而促进了围棋在整个社会上的传播。宋元时期，南城、南丰等地陶瓷业十分发达，南城县云市窑的烧陶工人一般在农闲时烧制如围棋子等市场上畅销的陶器，同时期，抚州荆公故宅旁边的棋子巷，就因经营围棋子而得名，并延用至今。这在一定程度上反映了宋元时期抚州围棋活动繁荣兴盛的局面，是抚州围棋棋具从生产到销售的产业缩影，也将抚州围棋产业提前了数百年。

三、以棋明理

宋元时期，围棋已具有广泛的群众基础，成为家喻户晓的文化活动。对于一些难以直接表达的事情，人们喜欢借用围棋加以类比说明，这样更加便于理解、便于接受，常常可以取得事半功倍的功效。在这方面，曾巩、王安石、包恢、虞集等都有成功事例，使得围棋功能得到进一步拓展。

曾巩在写给神宗皇帝的奏章《请减五路城堡札子》中说：大凡将领带兵打仗，犹如下棋的人对棋子的取用。善于下棋的人，即使把棋子放在比较僻远的角落，也能取得较大的胜算，其关键就是掌握了下棋的要义。他把军事用兵与下棋作类比，强调决定双方最终胜负的不在于兵多寡、棋子多少，而是取决于主将是否善于用兵、下棋者是否善弈。他还多次在诗文中以棋为喻来说明道理或描摹物像。可见曾巩对围棋的认知远超过友朋之间的闲弈。

王安石曾在全国推行新法，史称"熙宁变法"。他把围棋与江山社稷作类比，在《上仁宗皇帝言事书》中说："当是之时，变置社稷，盖甚于弈棋之易。"劝说仁宗皇帝推行改革变法。南宋刑部尚书包恢在送别友人袁甫赴京时说："大都如弈棋，败局如已逝。如有一胜著，败乃以胜继。"将蒙古国

▲南宋·刘松年 《十八学士图》 （局部）

国运比作败局已定的棋局，即便获得一场胜利，也改变不了最终的败局。这是包恢对南宋国运的美好愿景，可惜败局已定的却是偏安一隅的南宋。

元代虞集与元文宗谈论围棋时，将围棋与国家政令、行军兵法作类比，说："攻守审决之道，犹国家政令出入之机，军师行伍之法，举而习之，亦居安虑危之戒也。"他认为围棋之道和治国、行军是同一道理，如果全国人民都来学习围棋，便可以起到居安思危的效果。皇帝"深纳其言"，命虞集在全国大力推广围棋。不仅如此，虞集还身体力行精研围棋棋理、鼓励围棋人才，为晏殊后人晏天章等人编撰的《玄玄棋经》作序，撰写《棋盘铭》。甚至他在退居崇仁10多年的时间里，还有许多"名弈之士"携棋拜访。可见当时抚州围棋普及已达到相当高的程度。虞集对元代围棋的发展普及起到重要的推动作用，在中国围棋文化史上占有重要地位。

第三节　明清时期抚州围棋

明清时期是抚州围棋的发展转型阶段。这一时期的抚州围棋与宋元时期相比发生了重大转变，主要表现为围棋诗文的数量和围棋爱好人数明显减少，同时新出现了围棋棋谱等著述。究其原因，一方面，因为朱明王朝建国初期实行严酷的禁锢政策。据明顾起元《客座赘语》卷十"国初榜文"条记载："洪武二十二年三月二十五日，奉圣旨：'在京但有军官军人学唱的'割舌头；下棋打双陆的，断手。"使得人们从原来组织开展的群体性围棋活动转为个体对围棋著述或棋谱研究，因此群体性围棋活动几近停滞。直到明末清初时期，围棋活动再次迎来了发展高峰。另一方面，象棋在民间盛行，也影响到围棋普及发展。尽管如此，明清时期抚州围棋诗文方面，出现诸如聂大年、汤显祖、周亮工、李秉礼、李宗瀚、李联琇、刘凤起等人；在围棋著作方面，出现了南城益敬王朱常㳛、寓贤王思任、知县谭其文等人编撰的相关著作，以及郑之文、李自芳、陈用光、欧阳祖经等为围棋著作作序。在清代中晚期，还出现了如南丰刘绪等围棋高手。

一、围棋诗文

聂大年，字寿卿，号东轩，临川人。工书善画，与吏部尚书王直相友善，著有《东轩集》。他与友人离别时，作诗相赠："小楼烧烛了残棋，是我孤舟欲发时。"借用"残棋""孤舟"表达与友人送别时的伤感之情。吴与弼作《游西京赤冈故郡遗迹》："人去山空年自换，十朝兴废一棋枰。"他将朝

▲明·仇英 《汉宫春晓图》(局部)

围棋与抚州

代兴衰更替比作一盘变换无穷的棋局。谢士元作《同张文翰游麻姑山》："棋盘便是三生石,秋色偏宜五粒松。"他把围棋看作是终生爱好。罗玘作《游方山路间定韵与石楼志别》："浮边风烟棋罢局,百年光景手循环。"王慎中作《送陆毅斋守抚州》："挥翰弹棋乐未极,纵酒忧天常不醒。"傅占衡作《棋坪石》："莫问何年石,堪销竟日闲。"李秉礼《漫兴》："捡书防积蠹,留客战枯棋。"李联琇《春兴·其四》："恍共山灵博,碧罳为棋盘。"黄位中作《灵谷对棋峰》："机心不起子慵下,妙着无多手懒填。"这些诗句等都体现出作者或交友寄兴或消遣度日的闲散情趣和棋如人生的生活态度。

汤显祖酷爱下围棋,常与朋友对弈,曾邀同乡挚友谢廷谅兄弟"道有山人能劝酒,不妨家弟一围棋",一起把酒对弈。他在《东光驿题壁悼刘台》诗中说:"哀刘泣玉太淋漓,棋后何须更说棋。"甚至在暴雨磅礴、饥饿交迫的时候,依然是"行棋过格五,点局残花六"。此外,他还将围棋写进作品之中,如《紫钗记》:"【前腔】〔生〕男儿,坐拥铜符,喜绣旗风偃、画桨云舒。凉州路、日远炎蒸不住。正尔,羽扇纶巾,据床请啸,围棋赌墅,凝仃，看燕寝怡幽香，时裊碧窗烟雾。"他引用谢安与侄子谢玄的"围棋赌墅"历史典故，说明主人公的镇定从容与举重若轻的态度。据 2007 年第三期《对联（民间对联故事）》记载，当时临川城内名家闺秀以围棋为题作对联招亲，出上联"黑白相间，看去不分南北"，贴于大门上，汤显祖扮乞丐从容对出"青黄不接，走来讨点东西"的下联，赢得了娇妻。虽然这仅是故事，事实真相并非如此，却也说明汤显祖与围棋的缘分。

汤显祖与当时围棋界的汪廷讷和王思任等交谊较多。汪廷讷，字昌朝，自号坐隐先生、全一真人，安徽休宁人，嗜好围棋。万历三十六年（1608）汤显祖在《坐隐乩笔记》中说："间为局戏，黑白相对，每出仙着，近成订谱行于世……临川汤显祖为友人汪昌朝先生记。"记载了汪氏留心围棋，编著棋谱的事情。此外，汤显祖还曾与汪廷讷、程伯书一起登鸠兹清风楼作联句："（汤）杰图中天起，（汪）横波大地流。（程）旋题山月映，（汤）飞陞海云留。（汪）水际成商市，（程）江关镇帝州。（汤）人

▲ 明·谢时臣《四皓图》

烟栏外合，（汪）帆影席间收。（程）红日明津树，（汤）清风满画楼。（汪）登临多感慨，（程）一局且悠游。"记述了三人吟诗赋词，抚琴对弈的情景。王思任与汤显祖是忘年之交。他曾为汤显祖作《题汤若士小像》。天启三年（1623），王思任为汤显祖作《批点玉茗堂牡丹亭词叙》，曾评价《临川四梦》："《紫钗记》，侠也；《牡丹亭》，情也；《南柯记》，佛也；《邯郸记》，仙也。"王思任的父亲曾在南城益王府任职，王思任小时候也随父母在南城生活。天启五年（1625），王思任赴南城县观音庵为其母还愿，并挤出时间吊唁已去世9年的友人汤显祖。汤显祖在《王季重小题文字序》评曰："若季重者，五岁遍受五经，十岁恣为文章，二十而成进士，盖一代之才也。"汤显祖对比自己小十四岁的王思任给予很高评价。

　　明末清初的周亮工也善下围棋，他在《书影》卷一中记载："马融《围棋赋》'横行阵乱兮，敌心骇惶。迫兼棋雎兮，颇弃其装'。"其又曰："棋心及四角各据中一子，谓之五岳，言不可移也，即今所谓势子。但今黑白子各二，分据四隅耳。中一子应黑应白，必又有法；古今道数，亦自不同。近余集生中丞创为圆棋盘，然其法与方棋盘亦无大异。"这说明周亮工对围棋史和棋具也有关注，其中提到的"圆棋盘"创造者，是明末清初的余集生。陈用光在《董君棋谱序》中说道："余尝学九章算法，未之有得也。虽尝好与人奕，而于邵子之言，亦不达其旨，每以自愧焉。常州董君，今之奕秋也。选今人图谱，自施夏以下，凡若干局，分为上下卷。余尝复谱之，不啻按行鱼复浦，观八阵阵法，而与程不识论部勒之术也。又尝以为奕之道戒贪，则姑舍兵法，而以励守身之思焉，独愧于算术之未悟。昌平王君北堂，深九章之学，与董君习。董君以邵子之语语之，其有以诲余乎？"此文记述了陈用光自学围棋和学习董六泉围谱的体会以及对围棋的感悟。董君即董六泉，清嘉庆、道光年间的围棋国手，现江苏省武进区人，著有《董六泉选棋谱》一卷。南丰刘绪，字叔伦，咸丰十年（1860）进士，博学多才，官至大理寺少卿，晚年执教于南丰琴台书院，尤善围棋，在京城为官时，曾与国手周小松对弈，仅输两子。周小松原名周杨鼎，字小松，江苏省扬州市人，清末著名围棋国手、围棋理论家，有"围棋圣手"的雅号，对我国近现代围棋发展作出突出贡献。由此可见刘绪的棋技水平应是相当高的。他的子女受其影响，大都喜爱下围棋，女儿吴刘氏（吴宗慈的母亲）就有较高水平的围棋棋艺，吴宗慈将母亲教他学习围棋的事情，写进自己著作中。

二、围棋著作

《会弈通玄谱》，全称《新锲益府藏版从姑修楔一线天会弈通玄谱》，万历三十七年（1609）由益敬王朱常㳵编著并作序。《会弈通玄谱》共四卷。第一卷是集诸家之说，第二卷记载48种起手法，第三卷记载起好手等129谱，第四卷记载死活棋势的164谱。该书用两种方法记录死活棋势。一种是注解式，只有死活原题，答案用文字写于一旁；另一种是解答式，题目和答案都在一起。现藏于国家图书馆。朱常㳵，字仙源，益宣王朱翊鈏次子，第五代益王。雅好琴、棋、书、画，曾主持镌刻、传拓了大版《兰亭图》，即"仙原"本和小版《兰亭图》。朱常㳵痴迷于下围棋，时常与友人手谈数局，终日思考如何下出好棋，每次将下出的妙棋一一记录下来，久而久之，汇编成《会弈通玄谱》。2018年10月，浙江古籍出版社出版的《围棋文献集成（玉局藏机外三种）》一书收录了《会弈通玄谱》，并对原谱进行重新制谱，整理者王国平先生还对原谱中的文字说明部分进行了点校。

《奕律》是我国围棋史上的第一部围棋"法律"，全文共有42条。《约法三章》规定，凡有违法者，一律按照笞、杖、徒三个等级进行惩罚，其中笞是指每一十赎银五厘，罪止，笞五十。杖是指每一十赎银一分，六十起，罪至杖一百。徒是指每一年赎银三钱；不赎，侍坐一年，罪止，徒三年。至总徒，不准赎，终身侍坐，不许对弈。作者王思任以夸张手法、诙谐风格论述了棋品、棋规等极为严肃的问题，目的是遏制弈棋者的卑劣棋风，规范棋规，重视棋品，营造高雅公平的围棋风气。

《弈选诸家小传》是《寄青霞馆弈选》卷首的棋手小传，简称《弈选小传》。作者谭其文用精炼的文字记录了清代围棋名家盛大有、过百龄、周懒予、黄龙士等83人的简历以及清代棋坛盛况、趣闻轶事，这对研究清代围棋具有较高史料价值，收录于《续修四库全书》。《寄青霞馆弈选》是一部由清代藏书家王存善辑录，并由谭其文参与整理的清代国手棋谱总集。王存善在《凡例》中说："诵诗读书，首在知人论世。国弈诸君名号里贯考证良难，南丰谭和伯知县殚见洽闻，爰作小传。馔自良朋，未敢掠美。"南丰谭和伯即谭其文，号和伯，南丰人，同治七年（1868）进士谭承祖之子。谭其文精研围棋，他在《寄青霞馆弈选》出版前夕，作《寄青霞馆弈选书后》跋文，记述他参与校勘《寄青霞馆弈选》，以及个人对围棋社会功能的认知。

《弈选诸家小传》记载的83位围棋人物，多集中在江苏、安徽、浙江三省，这与当时三省围棋氛围较好、棋艺水平较高的实情一致。有明确籍贯的江苏20人，浙江8人，安徽10人。江苏名家有：江宁的盛大有、无锡的过伯龄、泰州的黄龙士、扬州的周小松等。浙江名家有：嘉兴的周懒予、杭州的徐星友、海宁的施襄夏和范西屏。安徽名家有：天都的汪汉年、新安的汪幼清、新都的程仲容等。此外，江西有2人：婺源的江君甫和南昌的戴秋士。书文中仅是引用旧传："君甫少年美姿容，曾为人诱，卖作僮。君甫不知也。既而主人出，诧其不执役。君甫自明被诱，且出所著谱，主人言'须胜我乃可'。君甫与弈，果胜。适有名弈在主人处，复连胜遂资遣还家云。"记述了江君甫因善围棋救身的故事。对戴秋士的介绍仅有名字。《弈选诸家小传》还记载清代部分名家的对弈棋局情况。季心雪与汪汉年对弈1局；李元兆与周懒予对弈10局，李胜6局；黄我占与张吕陈对弈2局；程仲容与黄龙士对弈1局；许在中与周懒予对弈2局；戴臣埜与周懒予对弈2局；张次云与徐星友对弈1局；梁魏今曾让范西屏3子对弈3局；程兰如与徐星友对弈10局；陈胜林与潘景齐对弈2局；吴中汉与潘星见对弈1局；顾审音与僧贯如对弈1局；苏揆之与徐星友对弈1局等，部分棋局已收录《寄青霞馆弈选》之中。

《槐阴堂钞存弈谱》，手抄本，是光绪七年（1881）谭其文为编撰《寄青霞馆弈选》收集的棋谱汇总抄录本，现藏于首都图书馆。宣统元年（1909）学者黄葆年在卷首《序》中称"册二十有四，图千数百局，书数百万言"，堪称中国古代棋谱个人收集之最。黄葆年，字锡朋，号希平，江苏泰州人，太谷学派第三代山长，光绪九年（1883）进士，历官山东等地知县。光绪二十八年（1902）辞官后，他在苏州创办"归群草堂"授徒讲学，从学者多达万余人，在当时影响很大，被称为"太谷学派集大成者"。著有《黄氏遗书》《天籁集》《归群草堂诗集》《归群草堂语录》《归群草堂函稿续编》等。黄葆年为《槐阴堂钞存弈谱》作序是对谭其文倾心著棋谱的赞许，同时很大程度上提升了此书的影响力。

晚清民国时期是抚州围棋的低谷时期，鲜有知名围棋棋手出现，围棋诗文著作亦存世不多。目前，仅见李翊煌、刘凤起、欧阳祖经和吴宗慈等人与围棋有关的史料。

李翊煌，字博孙，临川人，光绪十二年（1886）进士，历任工部主事、河南同知、河南补用知府、河南陆军学堂监督、光州直隶知州等职，辛亥革命后开始在上海、南昌等地流寓。民国三年（1914）八月十一日，民国政治要员、书法家谭延闿在《谭延闿日记》中记载："雨，寒暖八十三度……同大武、吕满至古渝轩，应俞三之约，则方与李博孙弈，梁胡子、李谦六旁观。"李翊煌下围棋受到家族影响。他出身于"一门风雅"的临川李氏，家族中以诗、书、画闻名于世。曾祖父李秉礼、祖父李宗瀚、父亲李联琇等长辈不仅善诗文，而且喜好下围棋。陈用光评价"李韦庐（秉礼）丈弈品殊胜"。李翊煌的诸位长辈均有围棋诗文存于世。

刘凤起，号未林，南城县最后一位进士，曾任江西省民政长，后因厌倦时局党派纷争，寓居上海以鬻书画为生。刘凤起非常喜好下围棋，他生病时，也是"姑从尘里消尘障，看竹弹棋日不休"，不分昼夜下棋，可见他对围棋的喜好之深。其子刘鸣夒在《刘未林家传》中回忆："他（刘凤起）还会弹七弦琴，会下围棋，懂中医，知药性。"后来，刘鸣夒在《知非》一诗说道："已丧七弦琴，难寻黑白棋。"借其父生前遗物七弦琴、黑白棋来表达对父亲的无限追思。刘凤起在南城老家时作《金楼峰题壁》一诗，诗云："乱世余生对此峰，儿时情味再难逢。荒寒佛相同枯坐，流水哀蝉送晚钟。国手难收覆局棋，望晴鸠已讬禅枝。山中数梦当年事，最好红灯放学时。"回忆了儿时在家乡南城的快乐时光，并借棋言世，表达对混乱时局的失望之情。

民国三十年（1941）四月，欧阳祖经受邀为近代围棋国手过旭初和胡检汝编译的《围棋布局要则》作序。《围棋布局要则》经江西省建设厅图书馆出版后，先后在吉安、上饶和临川等地发行，临川围棋爱好者从中获益良多。而此书封面所用的纸张采用了当时全省首家机制纸厂、宜黄县徐秉初创办的宜益造纸厂生产的书

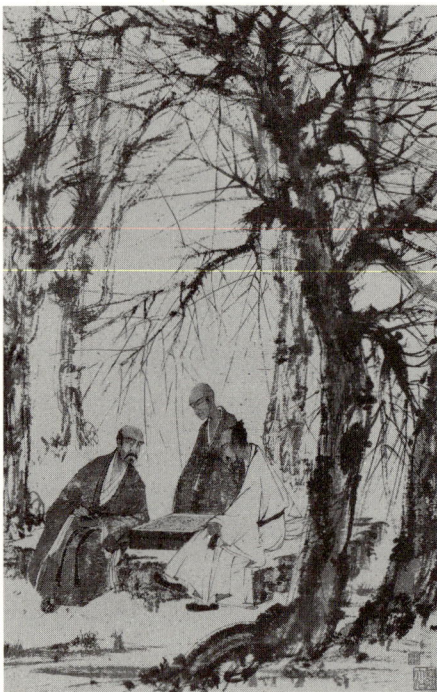

▲ 民国·傅抱石 《对弈图》

▲《围棋布局要则》（1941 版）扉页与封三

面纸。这也是抗战时期抚州地区直接参与围棋文化事业建设的有力证据。其子欧阳谊师从国手过旭初学习下围棋。后来，欧阳谊久居南昌，成为南昌地区知名的围棋高手。

第四节　现当代抚州围棋

新中国成立后，围棋受到党和国家领导人的高度重视，从 1956 年起，围棋正式定为国家级体育运动项目。为推动围棋的发展，国家体育委员会颁布了《中国围棋棋手段位制条例》，举办大规模围棋赛事，出版发行围棋书刊，组建国家围棋集训队，进一步推动几近衰微的围棋走上了振兴发展之路。老一辈革命家朱德、李立三、陈毅、贺龙、薄一波、黄克诚、方毅和抚州籍的红军书法家舒同等都喜欢下围棋，并将围棋作为优良的革命传统加以传承。据舒同夫人石澜回忆，1946 年，陈毅和舒同两人同在山东新四军军区，闲暇之余，相邀手谈数局，尽兴而散；解放初期，两人在上海共事五年之久，也有对弈雅事。1962 年成立中国围棋协会，时任国务院副总理陈毅任首届名誉主席，他曾为《围棋》杂志创刊赋诗一首："纹枰对坐，从容谈兵。研究棋艺，推陈出新。棋虽小道，品德最尊。中国绝艺，源远根深。继承发扬，专赖后昆。敬待能者，夺取冠军。"对新中国围棋的传承与发展寄予厚望。

在陈毅等老一辈国家领导人的推动下，围棋成为一项为国家争取巨大荣誉的智力竞技运动，并通过组织中日围棋交流活动，在两国之间开展以围棋为媒介的民间交流，为中日建交发挥积极作用，这在我国近代外交史上被誉为"围棋外交"。20 世纪 80 年代初期，我国围棋开始向当时世界围棋霸主日本发起冲击和挑战。1984 年，日本主动提出举办中日围棋擂台赛。前后10 年间，共举办 11 届擂台赛，我国棋手以总分 7 比 4 战胜日本棋手，彻底颠覆了日本世界围棋霸主的地位，使得中国围棋再次回到世界围棋的先进行

围棋与抚州

◀ 舒同专注下围棋

列。尤其是前三届，我国棋手聂卫平连续完胜日本，震撼了世界围棋界。聂卫平在日本围棋界被称为"聂旋风"。在国内，举国上下全是聂卫平的粉丝，掀起了一阵阵学习围棋的热潮。抚州也卷入了这一热潮之中，在机关、学校、企业的昏黄路灯下，经常看到一大批围棋爱好者的身影；在抚州市区形成了以工人文化宫、开关厂、造纸厂、抚纺和抚州师专为代表的围棋爱好者集聚区。在此基础上，还自发成立了开关厂围棋协会、开关厂棋社和星星棋社等围棋社团，为抚州广大围棋爱好者提供了观棋、下棋的好去处，进一步推动了抚州围棋的发展与普及。

在此背景下，抚州围棋从自发性娱乐活动向群众性有组织的竞赛转变。1988年，首次举办了一场特殊意义的市级定段、定级围棋赛。全抚州地区有230多名爱好者参赛，经过激烈角逐，最终产生定段、定级棋手各10人。当时，因为没有举办大型正式围棋赛事活动的经验，硬件条件非常艰苦，但仍不能阻止围棋爱好者对围棋的热爱。据亲历者回忆，比赛时没有统一的棋具，大家就自带棋具，没有桌凳，大家都是坐在地上比赛。同年还举办了抚州地区直属机关围棋比赛。1989年，举办抚州地区定段、定级围棋赛，有300余人参赛，产生定段、定级棋手各10人。一时间，机关单位、企业等纷纷组织各类围棋比赛，逐步打开抚州竞技围棋的大门。这一时期以陈更昌、丁国英、尧芝祥等为抚州围棋界代表人物，他们代表着当时抚州围棋的最高水平，并身体力行推动着抚州围棋普及发展和竞技水平的提升，通过竞赛涌现出东乡的赵佐根，金溪的王安安，南城的范九九、刘永正和黎川的邹邵良等一大批业余围棋棋手，进一步提升了抚州地区围棋的竞技水平。

20 世纪 90 年代到 21 世纪初期，抚州市围棋交流活动日趋频繁，先后组织了 3 次全市性围棋比赛，积极选拔推荐优秀棋手参加省级围棋赛事：1994 年派出棋手参加江西省第九届运动会围棋比赛；2000 年举办"东乡宾馆杯"抚州市首届围棋棋王赛；2001 年举办抚州市首届"天元杯"围棋大赛等。此外，各县区棋友经常自发组织县区围棋交流活动。这一时期出现了余诧、万国胜、车国华、刘晓君、邓伟喻、余敬南、舒慧俊、付军和、赵子祺、李明、邹义文、邹建新、陈志宏等一大批有实力有影响的棋手，其中万国胜、刘晓君、舒惠俊、付军和四人在当时被称为抚州围棋界的"四大天王"。这为抚州少儿围棋教育培训储备了重要的师资力量。

1999 年 9 月，党的十五届四中全会审议通过《中共中央关于国有企业改革和发展若干重大问题的决定》，促进国有企业的体制改革、结构调整和技术进步，建立适应市场经济要求，产权清晰、权责明确、政企分开的现代企业制度。2001 年起，抚州国有企业，尤其是国有工业企业全部进行改制，大批国企职工转变身份，自谋职业，其中包括部分国企职工中的围棋发烧友，如李建业、王华、刘晓君、邓伟喻等。他们开始关注抚州少儿围棋教育，由原本的围棋业余爱好者转变为围棋教育从业者，成为抚州少儿围棋教育拓荒的主力军。万事开头难，起初开展少儿围棋教育面临很多困难。这时，中日围棋擂台赛的余热也渐渐淡去，全地区大型围棋赛事活动不多，导致在新一代青少年中围棋活动普及基础差，在学校和家长思想中并不占优势。然而，他们凭借着对围棋的热爱和对围棋教育的执着，赢得了抚州地区教育部门和学校的支持，以及家长的信任。1995 年底，李建业（抚州围棋协会第一届秘书长）在"食家庄"茶楼的大堂最显眼的位置上挂起了一块磁性教学棋盘，并带着棋盘走进抚州地区多家小学开展围棋普及的义务授课。2000 年，王华多次走进临川十小、临川九小，为学生们免费讲授围棋公开课。2001 年，抚州市原体育局组织了抚州市第一届少儿围棋大赛，参赛人数超过 300 余人。赛后，王华选出 78 位优秀学生组成"抚州少儿围棋集训队"，聘请邓伟喻、刘晓君讲授少儿围棋课程，集训队训练收取一些费用，这样才有点收入，艰难地迈出抚州少儿围棋教育培训的第一步。万乐奇、卢天圣、周垅和刘寅婧等多位棋手都曾是抚州少儿围棋集训队的队员。2002年，王华带万乐奇、刘寅婧两人参加江西省第一届全民健身运动会，万乐奇获得金牌——这枚金牌是当时抚州代表队获得的唯一一块金牌，刘寅婧获得银牌。他们不仅为抚州围棋赢得赞誉，更是为抚州队赢得荣誉，这次比赛是抚州市少儿围棋教育培训的成果展示，为抚州少儿围棋教育注入新的活力。随后，抚州市少儿围棋教育培训机构逐步壮大，2020年全市已有19家培训机构，培养出一批批抚州围棋人才。卢天圣、万乐奇、王梓莘等先后晋级为职业棋手，孙超、刘畅等升为高段位业余棋手。2019年七岁的崇仁小将张善弈荣获2019年"百灵杯"全国少儿围棋公开赛冠军；2020年十岁的崇仁围棋小将黎煜宸以第一名的成绩入选"江西黑猫集训队"。新一代抚州围棋人才已在省内外围棋赛场上崭露头角。目前，卢天圣、万乐奇都已在更高的平台上从事围棋教育工作，王梓莘在抚州培训机构中一边精研棋技，一边从事围棋教育。2019年，抚州市围棋协会组织开展全市第一届围棋启蒙教练员培训班，面向全市招聘一批热爱围棋教育的人才加入抚州围棋启蒙教育队伍，以适应当前快速发展的抚州围棋教育事业。抚州少儿围棋教育培训的成功，不仅为新时代的抚州围棋培训产业积累了丰富经验，也将会为我国围棋事业发展培养、输送大量的优秀人才和师资力量。

2000年以来，随着国家综合国力的兴盛和围棋竞技、教育普及的广泛开展，中国围棋又一次登上了世界围棋的巅峰。2008年至2017年共产生44位围棋世界冠军，其中中国29位，韩国15位。尤其是2013年我国棋手包揽了世界围棋6项个人冠军。国际围棋联盟、世界大学生联合会等多个国际性围棋机构相继成立。在国内，各地围棋机构也如雨后春笋遍地兴起。2003年10月，抚州市围棋协会正式成立，这也标志着抚州围棋进入有序发展的新阶段。抚州市围棋协会通过吸纳会员、开展围棋指导、组织各类围棋赛事，将抚州围棋界爱好者汇集在一起。2013年8月，抚州市围棋协会进行换届，选举产生第二届组织机构。换届以后，抚州围棋事业得到快速发展，先后举办或承办 10 余次全国职业围棋甲级联赛，多次参与全国、省、市不同级别的围棋赛，抚州围棋取得的成绩也得到江西省体育局和江西省围棋协会的认可和肯定。中国围棋协会主席林建超、"棋圣"聂卫平及柯洁、时越、古力、范廷钰、马晓春、江维杰、芈昱廷、周睿羊，以及韩国籍的崔哲瀚、李世石等 10 多位世界冠军来抚州开展赛事解说或围棋交流指导。2017 年至 2020 年连续 4 年在抚州举办江西省互联网发展大会，期间开展人工智能围棋展示活动，先后邀请世界冠军时越（九段）与清华大学人工智能"神算子"、世界冠军柯洁（九段）与"星阵围棋"分别上演精彩绝伦的人机大战；举办中欧国际网络围棋对抗赛等。抚州市通过组织大规模、高规格的围棋活动和广泛宣传普及，进一步培养了广大市民的围棋兴趣，提高了棋手围棋技艺和鉴赏能力，营造了浓厚的围棋文化氛围。因此，参与学围棋的市民越来越多，2020 年底，全市围棋人口达 6 万余人，先后成立抚州市围棋协会及县区围棋协会共 10 家围棋协会。2018 年 11 月 30 日，中国围棋协会授予抚州市"全国围棋之乡"荣誉称号。全市观棋、下棋的氛围越来越浓厚，抚州围棋出现了前所未有的大好局面。抚州围棋普及面和受众面得到大幅度的提高，围棋文化的影响力得到快速提升。

党的十八大以来，习近平总书记多次强调加快文化产业发展。国家、省、市级有关部委相继出台多项加快文化体育产业发展政策。中国围棋协会非常重视围棋文化的挖掘与研究，整理出版《围棋与国家》系列丛书，大力推进我国大众围棋的宣传普及，关心支持基层围棋事业繁荣和围棋产业发展。目前，围棋已成为提升国家文化软实力的重要战略。在中国围棋"社会化、市场化、大众化、多样化、国际化"的新时代背景下，抚州开启围棋文化产业发展的探索之路，积极开展抚州围棋文化的整理、挖掘与运用，兴建围棋配套设施，实施才子围棋文化品牌战略；积极探索一种"根植于少儿围棋教育、致力于各级围棋赛事、厚植于地方围棋文化，着眼于围棋产业"的产业创新发展的抚州模式。

第二章
围棋组织与管理

　　新中国成立以来，抚州围棋组织的发展经历了自发性和有序性发展的两个阶段。以 2003 年 10 月抚州市围棋协会的成立为分界点，此前为自发性围棋组织，主要有星星棋社、开关厂围棋协会、开关厂棋社等小规模围棋组织；之后发展为有序性大规模围棋组织，到 2020 年底全市共有 10 家市、县围棋组织。这些围棋组织的主要职能是规范协会组织管理，有序开展各类围棋赛事交流活动，宣传推广围棋，培养围棋人才，逐步形成以政府引导、协会主导和多方支持参与的管理模式，为抚州围棋事业繁荣和围棋产业发展作出积极贡献。

第一节　围棋组织

　　20世纪80年代，抚州围棋迎来发展的春天。受中日围棋擂台赛的影响，抚州围棋发烧友聚集在一起自发地组织成立星星棋社、开关厂围棋协会、开关厂棋社等围棋组织，并以社团名义组织一些小规模的围棋活动，这也是新中国成立以来抚州早期的围棋组织。1988年，星星棋社成立，抚州地区外贸局干部颜卫明担任社长，冯海文、章俊华担任副社长，刘海泉担任秘书长，会员主要有余木来、袁国庆等30余人。棋社还聘请抚州印机厂尧芝祥担任技术指导，先后组织开展了"星星杯"围棋擂台赛、与抚州师专（今属东华理工大学）举办围棋对抗赛等围棋赛事，产生较好的社会影响。同时期的开关厂围棋协会是开关厂团委组织成立的围棋组织，不定期举办围棋赛事，进一步丰富职工文体活动。开关厂棋社是由该厂职工周新泉组织成立，会员主要以企业职工围棋爱好者为主。棋社是会员之间对弈的主要场所，同时为会员提供简易场地和茶水服务等，以此维持棋社日常开支。后来，由于人员变动、经费短缺等原因，这些围棋组织都没能坚持下来，渐渐沉寂下去。随着抚州少儿围棋教育的发展，广大围棋爱好者再次发起重建围棋组织的倡议。

一、抚州市围棋协会

　　抚州市围棋协会是全市围棋爱好者自发组织成立的公益性社会组织。2003年10月，经抚州市体育局批准、抚州市民政局注册登记，正式成立抚

▲ 文昌里抚州围棋协会会址

州市围棋协会，陈更昌当选为第一届主席、法人代表，李建业当选为秘书长。成立初衷是将全市围棋爱好者聚集起来切磋技艺，丰富大家的业余文化生活。协会所有会员都是兼职人员，既没有固定的活动场所，也没有专职工作人员，更没有活动经费，实际工作面临诸多困难。如协会组织会员开展围棋赛事的费用紧缺，此前多是陈更昌主席等协会领导凑一点，外面求助一点。这样才勉强组织开展了一些小型赛事。协会与市外围棋组织交流也不多，会员难有通过大型围棋赛事与围棋高手交流、开拓视野、提高棋艺的机会。协会缺乏凝聚力、影响力，严重制约着协会的发展，这样的局面持续了近 10 年。2012 年下半年，协会派出棋手外出参加比赛，结果比赛成绩非常糟糕。正是这次比赛激起抚州围棋人的斗志，痛定思痛，返程途中，大家决心要改变抚州围棋落后的现状，必须从改变协会现状入手。大家一致认为协会首先要换届，通过换届植入新的管理模式和发展理念。经过数月筹备，2013 年 8 月，抚州市围棋协会进行换届，选举产生第二届领导机构。在第二届领导机构和会员的共同努力，整个协会发生重大变化。一方面，加强协会自身建设，建好富有文化气息的协会活动场所和办公场所，还成立协会党支部，定期组织开展党员教育学习活动，会员才算有了属于自己的"家"；另一方面，开门办协会，通过借助外力持续举办或承办市级以上级别（含市级）围棋赛事活动，动员社会各界支持抚州围棋事业，布局围棋文化产业发展，增加自身造血功能，提高协会社会影响力。为此，抚州市围棋协会先后赢得中国围棋协会，江西省体育局，江西省围棋协会，抚州市委、市政府及市体育局等单位的肯定，并多次获得市级以上单位颁发的荣誉证书，如：2015年获得江西省民政厅和江西省体育厅颁发的"AAA级体育社团组织"资质证和江西省体育总局和江西省围棋协会颁发的"2011—2014年江西围棋工作先进单位"荣誉证书；2016年获江西省体育总局颁发的第六届"联通职大杯"江西省名人围棋联谊赛团体第二名和沪浙苏赣黔城市业余围棋邀请赛三等奖荣誉证书；2017年获国家体育总局颁发的"2013—2016年度群众体育先进单位"等荣誉证书。

实践证明，抚州市围棋协会的经验做法具有学习推广价值。

（一）组织机构

根据抚州围棋发展需要，2013年8月，抚州市围棋协会按照章程进行换届，重新调整协会组织结构的人员构成和下设机构。聘请顾问3人、名誉主席1人；设主席1人、副主席7人、名誉副主席5人、秘书长1人、副秘书长6人、常务理事32人、理事69人、少儿部主任1人（专职）、办公室主任1人（专职）、会计1人（兼职）、出纳1人（兼职）。黄水清任第二届主席，冯海文、郑燕华和刘晓君等7人担任副主席，刘海泉任秘书长、法人代表，李建喜等32人任常务理事，胡振宇、车国华等4人任副秘书长，邹义文、胡丽萍任专职副秘书长。邹义文、胡丽萍两同志每天到协会上班，负责协会日常管理、卫生、资产管理以及对外协调等工作，保证协会各项工作有序正常开展。办公地点设在抚州市财政局老办公楼三楼，有活动室、办公室、接待室各1间，棋友活动室2间，总面积约120平方米；活动场所设在抚州市职业技术学院专家楼六楼，总面积近 500 平方米的活动场所，环境幽雅宜人，是广大围棋爱好者以棋会友、切磋棋艺的温馨家园。2019 年 5 月，协会搬迁至文昌里席家巷二号，面积约 1300 平方米，根据功能划分为交流区、展示区、办公区、培训区。同年 8 月，举办新址揭牌仪式，邀请中国围棋协会文化顾问，湘潭大学教授、博士生导师，何云波先生和抚州市政协副主席郑友清先生出席仪式并揭牌。2020 年 10 月，协会进行换届，李向东当选为第三届主席，刘海泉当选为常务副主席，王小华、余贞鹏、冯海文、郑燕华、吴志华、邹义文当选为副主席，秘书长由刘海泉兼任。同时，根据抚州市少儿围棋培训事业发展需求，先后成立抚州市围棋协会少儿部和抚州众智棋院，规范扶持各类围棋学校和培训机构，建立人工智能考场，一次性购置 22 台专用电脑供学员、会员学习、考试之用，进一步加大对青少年棋手的教育培养。

（二）工作职责

为进一步加快抚州围棋发展，经抚州市围棋协会常务理事会商讨，制定协会领导的岗位职责及常务理事会、理事会的工作职责。

1. 主席职责：履行理事会授予的职责，代表理事会全面领导协会工作，主持理事会等重要会议；负责召集协会理事、会员参加主席办公会议，传达贯彻上级主管部门工作要求，总结布置协会工作；组织协会理事、会员开展或参与各项活动及比赛，组织协会理事、会员完成上级主管部门及围棋协会交办的其他工作。

2. 秘书长职责：主持协会开展日常工作，组织实施年度工作计划；协调各分支机构开展工作；提名副秘书长以及各分支机构主要负责人选，提交理事会或常务理事会研究；决定秘书处工作的人员聘用；协助主席处理协会其他日常事务。

3. 副秘书长职责：协助秘书长处理协会工作，召集并主持协会每周例会。受秘书长委托代为管理社团日常活动，提名各部长人选、分管各部工作。

4. 办公室主任职责：负责起草协会各类文件材料和文件收发及档案管理；协助做好协会会议及大型活动的事务性工作和日常接待工作；负责协会年检和协会内部刊物编辑及微信公众号、网站管理；完成领导交办的其他工作。

5. 分支机构负责人职责：主持分支机构的工作，在规定业务范围内领导分支机构开展活动；决定分支机构工作人员的聘免；负责分支机构的财务管理。

6. 常务理事会职能：参与每半年召开一次的常务理事会议，分析协会工作形势，研究下一步工作任务；参与每年召开一次的理事会，总结上年工作和下年度工作计划，个别理事调换，讨论决定其他重要事项；参与每三年召开一次的会员代表大会，听取理事会工作报告，选举产生新一届理事会，研究部署工作，特殊情况可提前或延期召开。

7. 理事会职能：参与每年召开一次的理事会，研究工作，汇报交流；发挥理事人才济济优势，每年集中一至二次，利用各种形式开展宣传教育服务活动，扩大协会的社会影响力；各位理事根据工作优势和特长，为围棋事业发展各尽所能。

（三）工作制度

为更好地服务广大会员和全市围棋事业发展，抚州市围棋协会不断完善工作制度。积极发挥专职人员的作用，按照法定节假日的规定，严格按照工作制度抓好贯彻落实，全体会员要严格执行到位，落实到位。

1. 例会制度：一是每月召开一次协会常务副主席、秘书长会议，研究协会的工作、制订计划、根据上级主管部门工作要求部署工作；二是每季度召开一次协会理事会议，总结上一季度工作，布置下步工作，并根据协会工作情况和存在的问题，研究制定有效措施和解决办法；三是基层协会主席每月召开一次会员小组长会议，了解会员小组的活动开展情况，会员发挥作用情况；四是每月秘书长召开一次会议，传达上级工作精神，汇报布置下步工作。

2. 管理监督制度：一是协会在法律和《章程》规定的范围内，代表广大会员参与政府开展的全民健身有关重大决策，反映会员意见和呼声，监督政府及其工作人员依法行政，维护会员合法权益；二是参与主管部门制定的围棋事业和产业规划发展、全民健身等有关工作；三是监督抚州市围棋赛事活动及文化事业发展等落实情况。

3. 学习培训制度：一是会员学习培训纳入协会年度工作计划，并抓好落实；二是分期分批举办各种围棋培训或讲座，使广大会员能经常接受围棋知识、围棋技能等；三是每年对协会主席、秘书长、理事会等人员开展一次专题培训。

4. 总结评比表彰制度：一是依据基层协会评估标准，每半年进行一次工作自检自评；二是开展争创先进协会、争当优秀会员活动；三是宣传先进协会、优秀会员先进事迹；四是表彰奖励成绩突出的协会和会员。

5. 会员管理制度：（1）入会条件。一是拥护本协会章程；二是有加入本协会的意愿；三是具有一定的围棋水平；四是关心支持抚州市围棋事业和产业发展。（2）入会程序。首先是提交入会申请书，填写会员登记表；然后是提交协会讨论通过；最后是由秘书长签发会员证书。（3）会员权利。一是享有本协会的选举权、被选举权和表决权；二是参加本协会的活动；三是享有本协会服务的优先权；四是享有对本协会工作的批评建议权和监督权；五是团体会员在协会批准的情况下享有申办承接比赛的权利。（4）会员义务。一是执行本协会的决议；二是维护本协会合法权益；三是完成本协会交办的工作；四是按规定足额交纳会费；五是向本协会提供有关资料。（5）会员退会的类型及程序。会员退会有两种类型：一是自愿退会。退会程序是：由会员本人提出口头请求，向秘书长领取退会申请表，详细说明原因，秘书长签字，协会备案并通报全体协会会员；二是中止会员资格。严重违反协会章程及协会活动管理条例者，由协会领导组织讨论决定，并以适当方式予以宣布，取消协会会员资格。所造成的损失由该为会员独自承担，必要时协会有权利追究其法律责任。会员退会应书面通知本协会，并交回会员证。三是自动退会。会员如果一年不缴纳会费或多次不参加团体活动，视为自动退会。会员个人未经本协会批准，不得从事有违协会章程的活动。

6. 财务管理制度：一是经费主要来源：会员会费、社会赞助、单位或个人捐赠和自主经营收入；二是经费使用范围：举办各类围棋活动发生的经费、日常办公经费等支出；三是协会资金使用审批报账程序：实行一支笔审批制度，即所有支出均由秘书长审批。付款时应取得有效的原始凭证（发票、账单、收据）。财务报账程序：经费支出需经办人、证明人签字，财务部审核，秘书长审批。报销的原始票据必须真实有效，原始票据记载内容清晰，并且大小写金额要相符。四是协会资金监管：会员有权利监督协会财务运行情况，财务人员应当积极配合监督。财务收支情况要定期向理事会公布，每年的财务报表应向主席报告。五是捐赠人有权对某一项资金或某一活动的资金进行质询并索取资料，负责该活动的协会责任人有义务对捐赠人的质询进行解释，并协助理事会做好账务核对和解释工作。

7. 印章管理办法：（1）本协会印章包括协会公章、财务专用章、法人手章、内部办事机构使用的其他专用章，皆属本办法管理范围。（2）印章使用权限。使用协会印章时事前应经协会主席、秘书长批准同意；印章由办公室统一管理，由专人负责保管；协会财务章和法人章要分开保管。（3）印章使用范围。以协会名义印发公文，与有关部门联合印发公文；会员证、资格证书、荣誉证书、信息体系评价单位证书等；从事公务活动及其他事项需开据的介绍信、收据等。（4）印章管理。一是协会及各部门印章由专人保管，未经本会主席或秘书长批准，不得使用印章。印章保管人应对需盖章文件内容和印章使用单上载明的签署情况予以核对，经核对无误的方可盖章，并建立"盖章审批登记册"进行登记，留存复印件；二是对违反规定使用印章的行为，根据情节给予批评和必要的处分，造成严重后果的，应依法追究责任。（5）印章如因遗失、损坏、名称变更、撤销停止使用时，旧章按规定上缴销毁，不得私存或私自销毁，新印章启用应及时按规定重新刻制新印章。

（四）发展规划

2014 年初制定了协会第一个五年计划：

1. 进一步完善围棋协会各项规章制度，使协会各项工作规范化、制度化。

2. 大力发展会员，每年不低于 10% 速度发展新会员。

3. 抓好少儿围棋段级位比赛和证书发放工作：一是认真研究落实国家和省围棋协会工作会议精神；二是在广泛征求各方意见的基础上，认真制定符合抚州围棋发展规律的少儿围棋段级位比赛和证书发放管理实施办法；三是做好全市各围棋培训学校少儿学员段级位登记备案工作；四是加强全市各少儿围棋培训机构登记注册管理，保证各培训机构合法合规地开展围棋培训和依法承接市围棋协会少儿级位考试业务；五是在协会内部设置少儿围棋管理机构，专门负责少儿围棋管理业务，并认真组织和实施比赛管理工作，确保该工作有序开展。

4. 指导帮助各县区成立围棋协会，未来 5 年使各县围棋协会基本能达到围棋爱好者要求。

5. 以赛事带动围棋工作，促进围棋事业健康发展：一是每年不低于 1 次杯赛，落实各杯赛、冠名杯赛名称；二是做好每年江西省运动会、联通杯和江西省甲级联赛的组织工作和参赛工作；三是全市每年少儿围棋段级位赛事不低于 3 次；四是加强老干部围棋管理工作，成立老干部围棋协会，该协会纳入市围棋协会管理，每年组织老干部参加各级老干部围棋比赛；五是每年组织开展不低于 3 次对外围棋邀请赛、对抗赛等围棋赛事。

2018 年底，以上工作目标基本实现。会员由 100 余人发展到 380 余人；协会成立了少儿部专业从事少儿围棋业务工作和定期举办定级位比赛；指导成立了老干部围棋协会和部分县区围棋协会，组织开展各类围棋赛事等。2019 年，抚州市围棋协会迁址文昌里，正式布局实施第二个五年发展计划，以打造"中国抚州文昌里围棋文化名城"为载体，以围棋培训、围棋品牌赛

围棋与抚州

▲ 2017 年，"格力空调杯"抚州市老干部围棋赛

事运营、围棋文创和围棋旅游为核心，启动抚州围棋文化产业。目前，抚州市围棋协会致力于围棋文化普及推广和围棋文化产业项目实施等系列工程，逐步建立全市围棋文化产业链，实现全市围棋文化产业一盘棋、全覆盖。同时，充分利用互联网进一步开发抚州围棋市场潜力，逐步形成一个规范化、全国性的产业合作网络平台，力争早日成为推动抚州市高质量跨越式发展的重要支柱性产业之一。

二、抚州市老干部围棋协会

2015 年 5 月 15 日，在江西省老干部围棋协会和抚州市老干局的推动下，抚州市老干部围棋协会在抚州市老干部活动中心正式挂牌成立，抚州市财政局原局长黄水清任顾问，东华理工大学教授、抚州市围棋协会原主席陈更昌任主席，临川区教育局高招办原主任鞠润华任秘书长。该协会的成立有效地解决抚州市老干部平时进行棋艺交流的问题，让围棋运动在老干部之间更好地传播，进一步丰富全市老干部"老有所乐"的文化生活。该协会成立以来，先后参加或举办多次省、市及华东地区老干部围棋赛事，其中周德荣7次获得个人前四名的好成绩。2017年3月22至24日在九江市举办的江西省四地市老干部围棋赛，抚州市老干部围棋协会荣获团体第一名，其中周德荣荣获第一名，李志刚荣获第二名，鞠润华荣获第六名。2020年1月17日至18日在抚州文昌里举办了"迎新春南昌—抚州领导干部和老干部围棋名人交流赛"活动。

三、县区围棋协会

（一）临川区围棋协会

2006年9月成立，选举产生了主席、副主席、秘书长，马长银任法人代表、秘书长，现有会员30人。2007年起，举办多届临川区少儿围棋赛，2011年承办中国围棋甲级联赛临川专场赛事，2012年承办第十二届"同洲杯"国际城市少儿围棋邀请赛等。

（二）南城县围棋协会

2012年5月成立，选举产生了主席、副主席、秘书长，邱平任秘书长、刘明宇任副秘书长。2018年5月进行换届，选举产生第二届领导机构，邱平任秘书长、刘明宇任副秘书长。该协会成立以来，每年举行一次全县围棋比赛和两次升级比赛。2012年承办了抚州市"广电网络杯"少儿锦标赛，其中南城棋院获团体第一名。2015年举办"盛世尊品杯"南城县少儿围棋大奖赛。2017年5月承办了抚州市少儿围棋段级位比赛。

（三）南丰县围棋协会

2014年10月成立，选举产生了主席、副主席、秘书长，张桂华任秘书长，周有健、平亮任副秘书长。2019年7月换届，选举产生了第二届领导机构，张斌任秘书长、周有健为副秘书长，现有会员46人。该协会成立以来，每年举办3~4次全县围棋比赛，每年派员参加市、省、全国围棋比赛。2019年6月协办中国围棋甲级联赛江西四特酒队对龙元明城杭州队的比赛，2020年10月举办首届"唐妃怀"电视围棋大奖赛。

（四）金溪县围棋协会

2014年11月成立，选举产生了主席、副主席、秘书长，左荣生任秘书长。换届后吴志华任主席，现有会员68人。该协会成立以来，积极参加省、市级各项围棋赛事，每年组织金溪县围棋竞赛2~3次，组织开展金溪县少儿围棋培训，推进围棋进校园活动，2018年承办抚州市少儿业余围棋段级位比赛，2019年举办"象山杯"江西省名人围棋团体邀请赛等多项围棋赛事。近年来，金溪县围棋协会多次获得省、市荣誉表彰，2014年被评为省先进单位，2017年被评为市级、省级先进单位。

（五）黎川县围棋协会

2017年5月成立，选举产生了主席、副主席、秘书长，涂建腾任秘书长。2021年4月进行换届，选举产生了第二届领导机构，涂建腾任秘书长。同时还成立党支部，进一步加强协会党建工作。现有会员30余人。该协会成立以来，积极开展围棋文化知识推广普及，举办围棋比赛活动，组织对外围棋文化交流。

（六）崇仁县围棋协会

2018年正式成立，选举产生了第一届领导机构，陈黎明任秘书长，现有会员50人。在成立之前，以崇仁县棋类协会的名义多次参与或组织市、县围棋交流活动。

（七）资溪县围棋协会

2018年正式成立，选举产生了主席、副主席、秘书长，邹建新任秘书长，现有会员30人。

（八）乐安县围棋协会

2019年6月成立，选举产生了主席、副主席、秘书长，缪友祥任秘书长，现有会员50人。该协会成立以来，每年组织多次县级围棋赛事，积极派员参加市级以上围棋活动和比赛。

第二节　围棋管理

围棋是一项群众性体育运动，目前抚州围棋主要是由市、县两级围棋协会进行业务管理。市、县两级围棋协会均是经属地民政部门注册，接受属地教育体育部门和上级围棋协会业务指导的社团组织。各协会在遵守国家法律、法规和政策的前提下，搞好协会内部管理，加强协会内外业务联系，组织开展围棋项目比赛和经验交流活动，加强棋艺理论和比赛实践研究，开展少儿围棋的教育培训，承接政府及主管部门委托的其他工作。近年来，抚州围棋立足实际，坚持创新围棋事业发展管理模式，积极争取党委政府的支持、上级围棋组织的帮助指导、热心企业及社会各界人士的积极参与，以开展大众围棋和竞技围棋为目标，双道行车，并取得较好成效。在市内，大众围棋宣传普及教育培训快速增长，围棋人口急速增加；在市外，竞技围棋赛事频繁，喜讯频传，影响力日益扩大。

一、围棋事业繁荣发展

近年来，抚州市委市政府高度重视、大力支持全市围棋事业和产业发展。2011年至2020年，抚州市领导多次出席在抚州举办的全国职业围棋甲级联赛专场活动。抚州市政协、抚州市教育体育局、文昌里历史文化街区管委会等多家单位关心、支持抚州围棋发展，形成了抚州市委市政府及相关单位齐抓共管的新局面。

抚州市政府及市教育体育局拨出经费支持围棋活动的开展，支持抚州市围棋协会办公和活动场所的硬件建设。近年来，抚州市政府启动了抚州围棋配套基础设施项目建设。2020年3月，集围棋主题酒店、展览、培训、比赛等项目于一体的抚州围棋文化综合体项目用地145亩以2.75亿元成功竞拍，加快了抚州围棋基础设施建设。

积极推进围棋进校园活动，加快抚州青少年围棋教育普及，发现、培养一批青少年围棋手。组织开展多级别、跨年龄的业余段位围棋个人赛、升级赛、交流赛等，以赛代训，进一步提升青少年棋手的专业水平。合作共建一批市内围棋实训基地，开设围棋课堂培训围棋启蒙教师。加强围棋培训机构的规范化管理和教育教学，鼓励实力较强的围棋培训机构聘请国内知名围棋教练执教。每年抓住举办高端围棋赛事的机会，组织围棋世界冠军与本市围棋爱好者开展"一对多""人机围棋大战"等围棋活动，进一步培养围棋爱好者的兴趣，提升大众围棋的参与度。鼓励市内围棋机构和棋手外出学习交流考察，进一步加大抚州围棋人才培养，提升抚州围棋整体水平。

开展围棋文化发掘利用，2017年组织开展抚州市围棋文献整理，2018

▲ 江西省第十四届运动会少儿围棋团体赛抚州市选拔赛获奖选手

年 5 月，抚州市体育局正式启动抚州古代围棋文化的挖掘整理工作，并形成 10 余万字的《抚州围棋文献》书稿。2018 年底将此书稿整理工作向中国围棋协会汇报，获得林建超主席的赞许。他建议增加抚州现代围棋内容，并为本书取名《围棋与抚州》。2019 年 7 月，抚州市围棋协会带着修改后的《围棋与抚州》参加了在山西省太原市召开，由中国围棋协会主办的'围棋与名城'丛书编写工作会议"。会上，抚州作为全国 77 个参会城市代表作了典型发言，并获得中国围棋协会领导及与会代表的好评。此外，《围棋与抚州》作为抚州围棋宣传资料（内部资料）广泛传播，获得市内外围棋爱好者称赞。2020 年，抚州市政协深入赣州南康、金溪等县区及抚州市围棋协会开展抚州围棋文化产业发展的专题调研，撰写了《以"才子围棋"为支点，打造中国围棋文化"抚州样板"》的调研报告，建立抚州围棋文化展示厅，持续加强抚州围棋文化转化利用。抚州围棋协会以围棋文化为元素，组织开展文昌里围棋大舞台活动，进一步丰富抚州文昌里历史文化街区的文化内涵，促进文昌里文化旅游快速发展。

实施围棋赛事品牌战略。2018 年，在中国围棋协会的支持下，抚州市获得"全国围棋之乡"的称号，连续举办全国围棋甲级联赛专场活动，积极参与"全国围棋之乡"围棋赛事、中国围棋大会等大型围棋活动。此外，抚州围棋立足本地实际，举办多届各类冠名围棋赛。以赛事为纽带，不断加强与跨地区开展围棋交流活动，扩大抚州围棋影响力。

二、围棋发展获得围棋界广泛支持

（一）中国围棋协会林建超主席多次推介支持抚州围棋

2017 年 12 月以来，林建超主席对抚州围棋发展给予前所未有的帮助指导和政策支持，进一步推动抚州围棋事业和围棋产业的发展。

2018 年 7 月 15 日至 17 日，林建超主席来抚州观战"华为杯"中国围棋甲级联赛江西对阵杭州的比赛。期间，他盛赞抚州是个很有"棋缘"的城市，列举王安石、汤显祖、陆九渊三位抚州历史文化先贤都喜欢下围棋，讲述了抚州围棋在中国历史文化上的亮点和贡献。希望抚州围棋承继先贤精神，更好地促进围棋发展。在谈到抚州围棋产业化时，他认为抚州市围棋协会谋划的围棋产业化符合中国围棋发展大势和理念。抚州市围棋协会为实施和推进围棋产业化，提出了围棋产业化思路和目标，还成立了抚州众智围棋文化发展有限公司，进行专业化围棋产业运营，按照这个思路走下去，一定会大有作为，一定会有好的前景。在考察文昌里街区时，林建超主席对抚州文化兴市，推广汤显祖文化品牌给予高度评价，尤其是将围棋与文化旅游的深度融合给予充分肯定。他建议抚州市可以申办目前国内活动规模和影响都比较大的全国围棋大会，也可考虑结合汤显祖国际文化艺术节，举办中国抚州"汤显祖杯"国际围棋邀请赛。

此后，抚州市体育局、抚州市围棋协会有关领导围绕抚州围棋发展之路，再次拜访林建超主席。林建超主席鼓励抚州积极申报"全国围棋之乡"，鼓励抚州结合汤显祖、王安石等名人文化，申请承办中国围棋大会；支持抚州文昌里围棋文化城纳入与中国围棋协会战略合作框架协议，做大做强抚州围棋文化产业。

2018年11月18日，林建超主席在参加浙江省绍兴市举办的第十二届全国历史文化名城围棋邀请赛期间，再次宣传推介抚州围棋。他说："我一来就问抚州的代表队来了没有，告诉我没来，我看上面有抚州啊。抚州市现在也在申请'全国围棋之乡'，这个城市有非常大的特点，以才子文化著称，他们的围棋文化在全国地级市中是非常深厚和著名的。抚州市委、市政府的有关部门组织围棋界做了一件非常有意义的事情，他们已经把《围棋与抚州》，这本为围棋历史文化名城立传的书搞出来了。书的初稿我已经看到了，很受感动。这是由市领导亲自抓的围棋文化建设工程。大家对抚州有一定的了解，最出名的是汤显祖，举办了汤显祖国际戏剧节。大家知道在汤显祖的戏剧中，有非常生动的围棋情节，所以抚州要在汤显祖戏剧节内容中增加围棋元素。另外，还有著名的北宋政治家、改革家、军事家王安石，一生写了几十首围棋诗，对围棋情有独钟，在北宋的政治家中是少有的对围棋有深刻见解的人。他的围棋下得不错，对围棋很热爱，理解得很深，留下了很多的围棋诗。还有很多大诗人，元朝的四大家之一的虞集，是《〈玄玄棋经〉序》的作者。对围棋在封建社会定位最高的就是虞集，他和元文宗谈围棋，时不时地与皇帝来下棋。这些都是抚州人。抚州还特别挖出了明朝的藩王编写的一本棋谱，抚州的同志把复印本也给了我一本，我看了说：'你们的功夫下到这种地步，你们抚州的围棋文化一定可以挖掘得很好、很深。'"

2019 年 1 月 21 日，林建超主席还专门听取抚州市围棋协会工作情况汇报。林建超主席高度肯定抚州市委、市政府对围棋工作的支持，赞扬抚州围棋事业取得的成果，再次表示中国围棋协会将给予抚州围棋大力支持：一是支持在文昌里挂"中国抚州文昌里围棋城"牌子，这是全国第一个使用"中国"二字的围棋城；二是支持授予抚州市"中国历史文化名城围棋产业化先进示范城市"称号；三是支持中国围棋协会与抚州市签署战略合作协议；四是支持将抚州列为中国围棋协会文化旅游基地，为抚州围棋发展提供了千载

▲ 2017 年 5 月，聂卫平来抚州开展中国围棋甲级联赛的赛事解说

难逢的机遇。

（二）中国围棋协会副主席兼技术委员会主任、中国棋院技术顾问聂卫平来抚州作赛事讲解

2017年5月3日，"金立智能手机杯"2017中国围棋甲级联赛江西新晶钛业队与民生银行北京队赛事在抚州开赛。他应邀来抚州讲解赛事，当时听讲的棋迷非常多，群众观棋热情度非常之高，聂棋圣看到此景很是感动，由衷地说"中国围棋的希望看江西，江西围棋的希望看抚州"，对抚州组织开展的围棋交流活动给予高度评赞，并给抚州围棋爱好者签名留念。聂卫平是现代中国围棋的一面旗帜，在我国围棋界有着巨大影响力，获得他的点赞实属不易。想必是浓厚的抚州围棋氛围给"聂棋圣"留下了较好印象。2020年11月，聂卫平再次受邀参加在抚州举办的第四届江西省互联网大会人工智能围棋展示活动，现场讲解中欧围棋对抗赛。

（三）国家围棋队领队华学明来抚州挂盘讲棋

2017年5月3日，国家围棋队领队华学明来抚州挂盘讲棋，她与棋圣聂卫平来抚州讲解金立智能手机杯2017年中国围棋甲级联赛江西新晶钛业

▲2018年7月，洪礼和带领江西四特酒队来抚州参加中国围棋甲级联赛

队对阵民生银行北京队赛事。期间，她对抚州围棋赛事市场化运作给予充分肯定。

（四）江西省围棋协会名誉主席洪礼和带队来抚比赛

2018 年 7 月 15 日，江西省围棋协会名誉主席洪礼作为江西四特酒队名誉领队，带领队员辜梓豪（职业九段）、许嘉阳（职业六段）、杨楷文（职业五段）、屠晓宇（职业三段）、李翔宇（职业五段）、卞相壹（职业九段）来抚州参加 2018 年中国围棋甲级联赛江西四特酒队与苏泊尔杭州队的比赛。他在欢迎仪式上说道："近些年，抚州的围棋就像是江西围棋的一匹黑马。这里有第一位江西围棋女棋手，也创造了围棋市场化的历史。"他的发言充分肯定了近年来抚州围棋取得的成绩，指出抚州围棋在全省围棋中的重要地位。

（五）江西省发展和改革委员会党组书记、主任，抚州市围棋协会顾问张和平关心支持抚州围棋事业

2011 年 8 月至 2015 年 3 月，江西省发展和改革委员会党组书记、主任，抚州市围棋协会顾问张和平在抚州工作期间，非常关心抚州围棋事业的发展，积极推动抚州围棋协会的换届，对换届后的抚州市围棋协会的办公场地和举办大型围棋赛事给予很多支持。离开抚州工作岗位后，仍然一如既往地关心、支持抚州围棋事业，经常听取抚州围棋协会工作汇报，对抚州围棋产业发展给予帮助指导，多次出席抚州举办的大型围棋赛事活动，对抚州围棋发展起到重要作用。

（六）中国围棋协会文化顾问，湖南湘潭大学教授、博士生导师何云波来抚州指导抚州围棋文化挖掘、推介工作

2019 年 8 月 9 日至 11 日，中国围棋协会文化顾问，湖南湘潭大学教授、博士生导师何云波教授出席抚州围棋协会新址揭牌仪式，还饶有兴致地参加了抚州市第六届业余围棋锦标赛，并获得嘉宾组个人冠军。经过三天的考察，何云波教授对抚州围棋文化的挖掘、推介提出许多宝贵建议，鼓励抚

▲ 2017年5月，世界冠军时越与抚州围棋爱好者开展"一对五"互动交流

州围棋人积极参加国内高端围棋文化课题研究，不断推广抚州围棋经验，努力打造围棋发展的"抚州模式、中国样板"。

此外，柯洁、时越、古力、范廷钰、马晓春、江维杰、芈昱廷、周睿羊及韩国籍的崔哲瀚、李世石、金志锡等多位世界冠军多次来抚州参加围棋赛事，并与抚州市围棋爱好者开展形式多样的围棋互动交流，通过与世界冠军近距离互动，增强了抚州围棋爱好者的学习兴趣和荣誉感，有效推动抚州围棋普及发展，促进抚州围棋棋技水平的大幅提升。

三、围棋发展赢得社会热心参与

抚州围棋的繁荣发展还得到了一股重要力量的支持，那就是有一批企业和企业家，他们热心资助抚州围棋公益事业，慷慨支持开展围棋赛事、帮助改善围棋组织办公条件等，如抚州市鹰王家电家俱销售有限公司2014年至2018年连续赞助开展了五届的"鹰王·格力中央空调杯"围棋赛事。2017年5月，江西省海铄建筑工程有限公司赞助了"金立智能手机杯"2017中国围棋甲级联赛江西新晶钛业队—民生银行北京队赛事。广东天幕彩妆涂料有限公司多次支持赞助抚州围棋协会开展围棋活动，连续冠名开展了四届"金飞马杯·石彩墙妆杯"抚州市围棋大赛，并为抚州市围棋协会新址建设出资出力。2018年7月，江苏惠民交通设备有限公司冠名赞助2018年"华为手机杯"中国围棋甲级联赛江西四特酒队—苏泊尔杭州队比赛"江苏惠民"专场赛事。2018年11月，抚州市投资发展（集团）有限公司赞助江西省第四届互联网大会人工智能围棋展示活动。抚州市同鑫建设工程有限公司赞助了2018年"华为手机杯"中国围棋甲级联赛江西四特酒队—苏泊尔杭州队比赛"江苏惠民"专场赛事。其中部分企业连续多年举办冠名围棋赛事，如"鹰王·格力中央空调杯""敏敏百货杯""金飞马杯"等已经成为抚州围棋界的品牌赛事。深圳市力雅体育投资发展有限公司、江西京抚投资发展有限公司、江西多木园林有限公司、抚州恒大御府房地产有限公司、大自然家居（中国）有限公司、江西抚州敏敏百货、抚州市圣航洁具有限公司、抚州天玺一品房地产开发公司、抚州三洋电梯公司、抚州正安工程咨询公司、智利红智鹤葡萄酒——抚州酒庄公司、抚州百汇建设集团等40多家企业先后给予抚州市围棋协会及围棋赛事大力支持，积极参与抚州围棋活动。

中央电视台体育频道、腾讯网、新浪网、弈城网、中国围棋报、江南都市报、抚州电视台、抚州日报、临川晚报、抚州市全媒体中心、抚州微视等媒体对抚州围棋赛事活动、抚州棋手都给予了广泛的宣传报道，为抚州围棋事业发展作出了积极贡献。

第三节 围棋人物

战国时期齐国棋手弈秋是我国第一位有文字记载的围棋人物。这虽然相对于围棋活动的记载已经滞后了很久，但围棋人物一直都是推动围棋发展的核心。自古以来，抚州众多历史文化名人如王羲之、谢灵运、曾巩、王安石、陆九渊、虞集、汤显祖、陈用光、刘绪、谭其文、舒同等都喜爱围棋，共同谱写了因"才"而名的才子围棋文化。在此之前，在抚州区域还流传着麻姑，王、郭二真君等仙人弈棋的故事，留下许多宝贵的围棋文化资源，共同推动着抚州才子围棋文化的发展壮大。

一、古代客籍围棋人物

麻姑是中国道教中的女神，她在洞天福地的道教圣地——南城县麻姑山修道成仙。唐代书法家、抚州刺史颜真卿在登临麻姑山祭拜麻姑时，撰写了《麻姑山仙坛记》，记述了麻姑修道成仙的故事，而《麻姑山仙坛记》的墨迹也成为了倍受历代书法爱好者争相临习的书法字帖。麻姑曾言三次目睹了"沧海变桑田"的盛况，而她仍是年若十八岁的妙龄貌美女子，在她身上完全看不到岁月留下的痕迹。在王母娘娘寿宴上，麻姑带着自酿的灵芝酒向王母娘娘祝寿，这就是广泛流传的"麻姑献寿"的来历。因此，千百年来，人们认为麻姑是长寿的象征，并将她作为能够恩赐长寿的女神来供奉，祈求平安长寿。相传，东汉桓帝刘志年间，仙人王方平下凡居住在蔡经家里，准备度化蔡经成仙。王方平因思念五百年未曾谋面的妹妹麻姑，便派人召麻姑来蔡家下棋。不久，麻姑应邀而至，与哥哥王方平在蔡经家下了一局棋。麻姑执白子先走棋，胜半子。期间，蔡经在旁观棋，看见麻姑貌美如花，尤其是看到她拈棋的手指指甲修长，便心生俗念，心想麻姑若是给他挠背该有多好啊。可念头刚动，蔡经的背上就像是被无形的鞭子抽打一样，剧痛难忍。蔡经因冒渎神仙，受到了应有的惩罚。后来，蔡经经过王方平度化成仙。麻姑兄妹对弈的那局棋也流传下来。南宋初期的南丰籍道士王文卿在麻姑山修道时说"麻姑报道桑田变，一曲仙棋尚未残"，提到了麻姑沧海变桑田和仙人弈棋的神话故事。元代的黄庚题写了《麻姑仙弈图》"碧玉花冠素锦裳，对拈棋子费思量。终年不下神仙着，想是蓬莱日月长"的观感题跋，记述了麻姑仙弈的经过。明代时期，朱常涝将这局棋收录在《万汇仙机棋谱》之中，取名为"仙姑真迹图"，一直流传至今。

王、郭二道士，汴州陈留县人。东汉末年，两人因避乱迁居临川县城西郊西津湖一带。当时西津湖西岸的人们进城很不方便，二人乔装和尚化缘筹资建桥，用了4年多的时间在西津湖上修建了一座木桥，极大地方便了当地百姓的通行。后来，当地百姓为纪念二人恩泽，便将这座木桥命名为"二仙桥"，这就是抚州城西"二仙桥"的来历。两人度化成仙后，在抚州区域留下许多与围棋有关的故事。两人非常喜好下围棋，他们在抚州修道时间很长，先后跟随师傅浮丘真君在南城麻姑山、乐安县大华山、临川灵谷峰等地修道炼丹、闲暇对弈。唐代书法家、抚州刺史颜真卿非常仰慕二仙，并主持重修仙坛，他撰书《华盖山王郭二真君坛碑铭》，旨在宣扬二真君济世利民的事迹。相传，二仙随师傅在华盖山浮邱峰炼丹，有一年夏天，天气酷热，二仙便脚踏青云来到另外一个山峰的小草坪乘凉，此峰巍峨壮观，风景秀丽，凉风习习。于是二仙在此一边乘凉，一边摆开阵势，全神贯注地下起围棋。正当他们杀得难解难分的时候，突然雷鸣电闪，下起倾盆大雨，二仙来不及收拾棋子便腾云驾雾，匆匆离去。后来留下的棋盘和棋子化成了石棋盘和石棋子。人们为了纪念二仙便以石棋盘为中心建了一个亭子，取名为"著棋亭"，把这座山峰称为"著棋峰"。明代的罗汝芳、谢允璠等名家游历此山时，写了咏赞"著棋峰"的诗文。至今，著棋峰山顶上的著棋亭和石棋盘已经成为大华山重要的人文景观之一。

葛洪，字稚川，号抱朴子，丹阳郡句容（今江苏省句容县）人。他是东晋时期著名道士，内擅丹道，外习医术，研精道儒，著作宏富。著有《神仙传》《抱朴子》《肘后备急方》等。曾隐居南城麻姑山炼丹。他不仅喜欢下围棋，而且还在他的著作中记录了许多与围棋有关的事情。如他在《神仙传》中记载了麻姑仙女及王、郭二真君在抚州仙弈的故事；他在《西京杂记》中记载西汉时期西安的围棋高手杜夫子每天全神贯注地对着棋盘精研棋技，不懂围棋的人们看到后，讥笑他说："你这样简直就是浪费时间。"他回答道："仔细研究围棋的棋理，完全可以和接受孔圣人的教诲一样，让人受益无穷。"他还在《抱朴子·辩问》中说：下围棋从未遇到能战胜他的人，这样的人就叫棋圣。因此，葛洪是我国最早用文字定义"棋圣"的人。

王羲之，字逸少，号雪园，别号澹斋，又称王右军、王会稽。原籍琅琊临沂（今山东省临沂市）。东晋时期著名书法家。咸和四年（329），他由会稽王友改授临川太守，期间，他在临川郡东边的高坡上建造自家房院，取名为"新城"，并在院内建造供生活用的水井和练习书法的洗墨池。咸和六年（331），他的哥哥王籍之和母亲相继去世。王羲之将他们的灵柩都安葬在临川，辞官在临川为母守孝3年，期间刻苦练习书法，使得"墨池尽黑"，最终成为中国书法史上一座不可逾越的高峰。北宋时期，曾巩应邀作《墨池记》，高度赞扬王羲之刻苦练习书法的精神。他出身于仕宦世家的琅琊王氏，家族成员中很多人不仅书法写得好，而且围棋下得也好，从伯父王导，从兄弟王悦、王恬，以及儿子王献之都喜欢下围棋，据范汪《棋品》记载："彪与王恬等棋第一品，导第五品。"王羲之承家学，不仅擅长书法，而且还喜好下围棋。据清代严可均辑录的《全晋文·王羲之集》中记载了他写给朋友的一封信札，信中与友人述说，炎热夏天着实让人像患病一样昼夜难耐，他知道友人也是患暑热，于是他告诉友人，说围棋是消暑解患的"良药"，建议友人下棋消暑。而他那里没有围棋下得好的对手，只能整天忍受着让人心力交瘁的暑热。可见王羲之的棋艺也是相当出色。据载，永和九年（353）三月，王羲之在浙江省会稽山阴邀请四十二位友人在兰亭雅会，其中有谢安、殷渊源和褚季野三位棋友。王羲之、王献之父子也常常到谢安府中下围棋。因此，王羲之经常与这些围棋高手对弈，也是王羲之棋艺超群的重要原因之一。

谢灵运，名公义，人称谢客。袭封康乐公，世称谢康乐、谢康公。世居会稽（今浙江省绍兴市）。南宋著名诗人。元嘉八年（431）出任临川内史。其间，先后兴修中洲圩堤，开辟灵谷十景，并在临川宝应寺与僧人慧观等编译《大盘涅槃经》（南本）三十六卷。后来，人们将他翻译经书的地方取名为"翻经台"。谢灵运出身东晋陈郡阳夏名门谢家，曾祖父谢安、从高祖父谢玄都是围棋高手。谢安围棋定军心，很快就取得了战役的胜利，这次战役就是历史上著名的"淝水之战"。谢安与谢玄围棋赌墅的故事也是广为传颂的佳话，台北故宫博物院现藏有宋代时期的绘画作品《谢安赌墅图》。谢灵运诗文写得好，又善书法绘画，尤喜好下围棋。相传他还撰有棋书及论弈诗三十余首。谢灵运辞官后隐居临川灵谷峰，经常下山为老百姓免费治病或书写对联。一天，他下山返程途中看到一位老翁坐在路边石板旁独自下围棋。谢灵运走过去轻声地对老翁说："老先生，我来和您下盘棋吧！"老翁回答："欢迎！欢迎！"两人对弈三局，老翁全胜。这时，天色已晚，谢灵运便说："今天到此为止，改天再来求教"。老翁满脸笑容地回答："不敢，不敢！我铁拐李常在这和张果老对弈，开始我是常败将军，后来，我俩胜负各半，若你常能来与我下棋，必能胜我。"谢灵运忙说："相互切磋，相互切磋。"拱手作揖，两人相互辞别。道别之后，谢灵运上山去了，老翁也不见踪影。不久，谢灵运便将二人下棋的石板手书为"棋坪石"。后来人们在棋盘石四周建造了一个亭子，供上下山的行人歇息。有人在此石板上画棋盘，供歇息者

围棋与抚州

对弈。明代时期，棋坪石已经成为灵谷峰最具仙气的景点之一，明代临川籍文学家傅占衡以诗文记之，当时著名的围棋爱好者汪廷讷在《卧游杂记》中说道："英巨山（灵谷峰）在抚州，城东有石人坐棋盘石上。"而今，灵谷峰已成为抚州市的 AAAA 级旅游景区。汪廷讷所说棋盘石上的石人早已不存在，景区管理者根据仙人对弈的故事传说，在此处雕塑张果老和铁拐李两位仙人对弈的石像，供游人观赏。

刘义庆，字季伯，原籍彭城（今江苏省徐州市），南宋文学家。宋武帝刘裕之侄，长沙景王刘道怜次子，其叔父临川王刘道规无子，即以刘义庆为嗣，袭封临川王。他主持编著的《世说新语》是我国最早的一部文言志人小说集，以精炼含蓄、隽永传神的语言记载了东汉后期至晋宋年间一些名士的言行轶事，其中包括一些名士有关围棋的言行轶事，如：三国时期魏文帝曹丕忌惮弟弟任城王，担心曹彰势力日益壮大后，会直接威胁到他的皇位。经过一番密谋，他就找来曹彰一起下围棋。期间，曹丕将事前放了毒药的枣子，赏给曹彰，曹彰因专心下棋，没去多想拿起枣子就吃了起来，不久，便中毒身亡。还有"王中郎（坦之）以围棋为坐隐，支公（遁）以围棋为手谈"的故事等，因此，"坐隐""手谈"还演变成围棋的雅名。该著作中首次将围棋归入"巧艺"门类。该著作作为我国围棋文化的发展保存了非常珍贵的文献资料，在我国围棋文化发展史上具有重要价值。

苏舜钦，字子美，号沧浪翁，河南省开封市人。北宋时期诗人、书法家。景祐元年（1034）进士，他得到范仲淹的推荐，召为集贤校理。曾任建昌军（驻地在今南城县）通判。著有《苏学士文集》、《苏舜钦集》十六卷。他喜好下围棋，隐居苏州后，创建沧浪亭，经常与友人在此亭弈棋，以围棋寄情，终日以围棋排遣罢官后的苦闷生活。庆历六年（1046），他又在亭子边一口井的方石上，题刻"沧浪亭弈局，庆历丙戌，子美题"。后来，苏州人陈伯雨作《题苏子美沧浪亭》诗——"整履上飞虹，风高退酒容。叶黄翻乱蝶，树老卧苍龙。古径秋霜滑，空山暮霭浓。沧浪棋石在，题笔暗尘封"，以记怀苏舜钦当年在沧浪亭弈棋的故事。

李纲，字伯纪，号梁溪先生，福建邵武县（今福建省邵武市）人。两宋之际抗金名臣，民族英雄。历官三朝，官至宰相，任宰相不足三个月就被罢免，后被贬至南城县任麻姑山仙都观提举。后来人们在麻姑山仙都观建立三忠祠，供奉他和颜真卿、文天祥。著有《梁溪集》，文集中收录了许多与围棋有关的诗文。他一生酷爱下围棋，常常寄情于围棋诗文；在生活中与友人雅聚时往往是"棋酒助嬉遨""竹窗夜色棋方适""客来花下同围棋"，表达了与友人同乐愉悦的心情；惨遭贬谪时则用"忘言聊隐几，得趣剩围棋""世故俯仰间，反复若棋局"来表达悲苦郁闷的心情。他作"论天下之势如弈棋""用兵如弈棋""战如弈棋"等弈论，借用围棋类比用兵布阵、平定天下，来表达抗金救国的爱国情怀。

陆游，字务观，号放翁，越州山阴县（今浙江省绍兴市）人。南宋著名诗人，官至宝章阁待制。著有《老学庵笔记》《剑南诗稿》《渭南文集》《放翁逸稿》《南唐书》等。淳熙六年（1179），陆游任江西常平茶盐公事，掌管江西茶盐钱粮事务。十二月间抵达抚州任所，次年十一月离任，在抚州任官一年。当时正值抚州发生大旱灾，百姓颗粒无收。看到这样的灾情，他一方面积极救灾，一方面果断打开官家粮库救济百姓，至今仍为抚州人们所怀念。陆游嗜好围棋，一生写了许多与围棋有关的诗文，存世的就有百多篇，是我国围棋诗文存世最多的诗人。围棋在他生活中占有极其重要的分量，尤其是到了晚年更是棋不离手，并从围棋中悟出"世事无穷似弈棋""文章如弈棋""吾棋一局千年事"等许多棋如人生的感慨。

白玉蟾，原名葛长庚，字白叟、如晦等，世称紫清先生。南宋琼山县（今海南省琼山区）人，后定居福建闽清。著名道士、诗人。白玉蟾是道教中金丹派"南宗五祖"之一，首创道教金丹派南宗。著有《海琼集》《海琼白真人语录》《罗浮山志》《海琼白玉蟾先生文集》等。他的足迹几乎遍及抚州市境内，其诗文中有许多描写抚州山水人文的佳作。相传，白玉蟾"羽化盱江"（逝世于今南城县）。他一生嗜好饮酒和下围棋，许多诗文如"三杯淡酒邀明月，一局残棋惊落霞""自劝之酒三两杯，无争之棋三两局""早已棋中悟死生，不须须上看勋名"等，都是借用酒与棋来表达道家与世无争的生活状态和人生态度。

文天祥，初名云孙，字宋瑞、履善，号文山。吉州庐陵（今江西省吉安市）人。宝祐四年（1256）中状元。官至右丞相兼枢密使。著有《文山全集》二十卷。宋理宗景定元年（1260）二月，文天祥任南城县麻姑山上仙都观提举。咸淳元年（1265），他得知南城籍包恢（字宏父）升任刑部尚书、签书枢密院事，便手书一封长长的祝贺信——《上宏斋帖》，此帖草书纸本，现藏于北京故宫博物院，书法古雅精湛，劲秀流畅。他不仅爱下围棋，也喜欢下象棋。他下起棋来，往往是废寝忘食，几近痴迷，但从不会因下棋而耽误工作。作为南宋抗元英雄，他时常借助"纷纷玄白方龙战，世事从他一局棋""众人皆醉从教酒，独我无争且看棋"等弈棋诗文，表达他心忧政局、居安思危的心情。据载，他在被元军拘禁四年间，大义凛然、置生死不顾，仍手谈不辍。可见不论下围棋还是象棋都是他毕生爱好和心灵寄托。

揭傒斯，字曼硕，号贞文，龙兴富州（今江西省丰城市）人。元代著名文学家、书法家、史学家。延祐元年（1314），经程钜夫等人举荐，由布衣特授翰林国史院编修，迁应奉翰林文字，前后三入翰林，历官奎章阁授经郎、迁翰林待制，拜集贤学士，翰林侍讲学士阶中奉大夫，封豫章郡公。著有《文安集》。揭傒斯与抚州渊源较深，娶程钜夫堂妹为妻。他一生写下许多与抚州相关的诗文。如《抚州灵感庙记》、《送程叔永南归序》及反映当时临川人民悲苦命运的诗篇《临川女》等。受时代影响，他对待围棋多是从艺术角度来诠释，如他在题刘商《观弈图》时题诗"不知弈者何代人，虽无名姓若有神"。

王思任，字季重，号谑庵、稽山外史，山阴人（今浙江省绍兴市人）。万历二十三年（1595）进士，官至礼部尚书。隆武二年（1646），绍兴为清

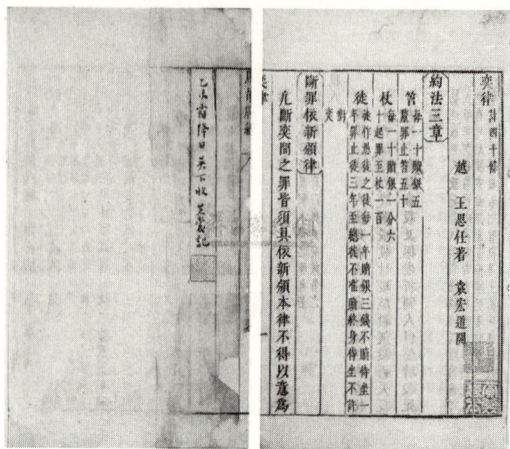

▲明·王思任 《奕律》

兵所破，他便绝食而死。著有《王季重十种》《奕律》等。王思任与抚州有着深厚的渊源。万历十年（1582）至十四年（1586），其父王承德任南城益王府医官。期间，王思任随父母住在南城县城金斗寨，还师从临川吴闻所读书学习。在这里他结识了汤显祖、王一言、张位、益定王朱由本等良师益友。天启五年（1625），王思任赴南城县观音庵为母亲还愿，顺道来抚州吊唁汤显祖。他善诗文，尤嗜好围棋，明末清初战乱之后，他还背着一副棋四处奔走。他编撰了我国围棋史上的第一部围棋"法律"——《奕律》。用"法律"条文来遏制弈棋者的恶劣弈风，规范棋规，重视棋品，营造高雅公平的围棋氛围。可见当时下围棋已经是风靡全国的活动，但又因为社会上下围棋风气不够好，不得以动用"法律"来加以规范约束。

二、古代本籍围棋人物

李觏，字泰伯，号盱江先生，南城县人。北宋时期哲学家、思想家、教育家。宋仁宗皇祐初年（1049），范仲淹举荐他担任太学助教，后来升职为直讲。今存著作有《直讲李先生文集》三十七卷、《外集》三卷。他在《疑仙赋序》记载了一则与他息息相关的围棋故事。故事发生在祥符元年（1008），起初李觏的母亲一直未能生育，家里人都非常着急，到处求医问药，始终不见效果。一天晚上，其母梦见二位道士在他们家门外面下棋，便前去看他们下棋。这时，其中一个道士取出一枚棋子给其母。其母接过棋子后，便从梦中醒来。不久，便发现自己怀有身孕，经过十月怀胎，产下一"奇"子，全家人万分欣喜。此子便是后来成为一代名儒的李觏。

曾巩，字子固，北宋建昌军南丰县（今南丰县）人。北宋时期文学家、史学家，"唐宋八大家"之一。官至中书舍人。著有《元丰类稿》《续元丰类稿》《外集》《隆平集》等。曾巩对围棋棋理有很深的感悟，他虽官阶不高，却时刻关心国家大事。当他看到国家军事用兵上存在重西北而轻东南的弊端，便上殿奏议请求减五路城堡，建议西北用兵应重在选择任用良将，东南应多调集士兵。为提高说服力，曾巩用下围棋的思路比作带兵布阵之法。他说："夫将之于兵，犹弈之于棋。"高手下棋放置的棋子少，却据点多；不善下棋之人，下棋放置的棋子多，而据点少，这说明了围棋的功用不仅仅在棋盘内。他还时常用"棋枰""棋局"的诗文感怀与友人诗书对弈之事。史料中虽未见直接记述曾巩下围棋的情况，但从他的围棋诗文中，不难看出曾巩也是一位善下围棋的好手。

王安石，字介甫，号半山，北宋临川县人。著名思想家、政治家、文学家、改革家，"唐宋八大家"之一。王安石一生致力于富国强兵的政治改革，两度出任宰相。著有《王临川集》《临川集拾遗》《三经新义》残卷等存世。北宋时期，围棋活动在士林之间交流非常活跃，甚至有些官员因沉迷于围棋而影响工作。王安石作为宰相是反对官吏下围棋的。王安石得知侄女婿叶致远因下围棋耽误工作，就写一首长诗《用前韵戏赠叶致远直讲》，规劝叶致远不要沉迷围棋。王安石说，围棋盘就是"木野狐"，像狐狸精一样，一旦受到它的媚惑，就难以自拔。后来人们把"木野狐"作为棋盘的别称。王安石也喜欢下围棋，但不会因为下围棋而影响工作。他仅是把下棋当作一种"适性忘虑"的娱乐和消遣的工具。一次，王安石与弟子薛肇明下棋，为了增添乐趣，双方约定，输棋之人要以梅花为题作一首诗。两人棋逢对手，不相上下，第一局王安石输了，随后作《与薛肇明弈棋赌梅花诗输一首》；第二局薛肇明战败，却支支吾吾作不出一句诗来。王安石看到他这样子，便以梅花为题代他作《代薛肇明一首》："野水荒山寂寞滨，芳条弄色最关春。欲将明艳凄霜雪，未怕青腰玉女嗔。"后来，薛肇明在王安石的教导下，发奋学习，后任金陵提学副使。薛肇明赴任期间，韩子苍作诗讥笑曰："好笑当年薛乞儿，荆公座上赌新诗。而今又向江东去，奉劝先生莫下棋。"一时传为笑谈。

谢薖，字幼盘，自号竹友居士，北宋临川县人。江西诗派诗人。他与其兄谢逸、汪革、饶节称为"江西诗派临川四才子"。著有《竹友集》（又名《谢幼盘文集》）传世。北宋时期，围棋成为都市文化生活中的时尚活动。当时，抚州的围棋发展十分繁荣，出现了经营围棋子的街巷，甚至都发展成为"茶肆围棋"，出现一大批以围棋谋生的棋工。谢薖淡泊明志，布衣一生，常以诗、棋为伴，以观棋、下棋为乐事，时常与友人前往一些"棋肆"雅聚，自然就会和棋工交往频繁。一次，他又在棋肆饮酒对弈，心情十分惬意。这时看到身边的棋伎，随兴赋《减字木兰花·赐棋伎》一篇，描绘了一个以围棋为营生的社会底层女性优裕的生活场景，也反映出围棋已成为当时文人士大夫的重要娱乐方式。谢薖家族中有很多人喜欢下围棋。其兄谢逸也喜欢围棋，时常与友人酒后对弈数局，以棋寄寓文人的情趣。当时围棋受到市井风气的熏染，有些人下围棋赌博，在社会上产生极坏的影响，谢薖看到这种情况，又作《棋局铭》以自警，同时也告诫家中晚辈，不要参与围棋赌博。

曾丰，字幼度，号樽斋，南宋乐安县人。文学家、诗人。乾道五年（1169）进士。历任永州教授、赣县县丞，义宁、浦城县令，广东经略司曹，德庆知府，湖南参帅，朝散大夫等职。著有《缘督集》（又名《搏斋集》）四十卷。曾丰善下围棋，罢官归里后，友人来访时，常与友人下围棋寄兴；独处时闭门著书。对于这样的日子，他不由感叹"围棋或著书，不觉岁月换"，体现了他远离政治之后清雅恬静的生活情趣。在以文治天下的宋代，著书是生活中非常重要的事情，而曾丰将下围棋与著书看作是同等重要的事情，可见他对围棋的热爱也是非同一般。

陆九渊，字子静，南宋金溪县人。著名思想家，陆王心学的开创者。世称存斋先生、象山先生。乾道八年（1172）进士，官至荆门知军。著有《象山先生全集》。陆九渊对围棋有着超乎常人的天资异禀，堪称围棋界的"神童"。南宋时期，围棋十分盛行，在京城临安市井巷间都有很多以围棋为生计的商家棋肆。少年时期的陆九渊居住在临安城，他经常在临安城内的市井棋摊非常专注地看别人下围棋。一来二往，棋肆里的棋工认为他是围棋高手，便邀他下棋，而他则以实情相告，并说三天后来请教。于是他就买一个围棋盘，挂在家里的墙壁上。而他躺在床上观看了两天的棋盘，突然感悟到棋盘与河图是同样的道理。随后，他便来到棋肆与棋工对弈，连续赢了棋工两局，棋工由衷地称赞他是京城第一棋手。这就是被广为传颂的少年陆九渊观棋悟河图的故事。尽管故事未必真实可信，也说明陆九渊对围棋确实有较好的悟性。后来，陆九渊创办书院，教授学徒，其中很多弟子门生跟着他一边学习知识，一边学围棋。他还经常与弟子们切磋棋艺、感悟棋理。他在写给南城籍弟子包敏道的书信中说："近旬日，棋又甚进，春弟又少不逮矣。凡此皆在精神之盛衰耳。"一次，弟子杨简还用诗文记述了他跟随象山先生在游船上观看象山先生指导同游的两位弟子胥必先和周元忠两人下棋的情景。他还对弟子们说，下围棋可以增加精气神，弹琴可以培养人的品性，艺即是道，道即是艺。可见，陆九渊将下围棋提升到"道"的哲学高度来体会和认识围棋的作用和意义。

许安国，字献忠，南宋临川县人。淳熙四年（1177）进士，曾任巴县知县，省令史。嗜好琴、棋，曾建"琴堂""棋轩"两室，并将琴和棋放置其中，客人来访时，邀请客人弹琴、对弈，非常悠闲惬意。筑室不久，请友人程洵（字允夫，婺源人）为新室作《琴堂棋轩记》，文中记述了许安国创建"琴堂""棋轩"，以琴、棋待友的雅趣。程氏作为友人又不忘提醒许氏，琴、棋仅是"玩物适情"的工具，不能过分玩赏。如若让他从中二选一，他会选琴，不选棋。他认为弹琴可以增添儒雅之气，而下棋则不利于"故本先正"。故以此文告诫警醒许氏不要玩物丧志，耽误前程。

吴曾，字虑臣，南宋崇仁县人。笔记文作家。宋高宗时应试不第，以布衣特补右迪功郎，后官至严州知州。吴曾博学宏识，能文能诗。绍兴三十二年（1162），他编写的笔记文集《能改斋漫录》是一部研究唐宋文史的重要参考资料。文集中记载了很多关于古代围棋的诗文轶事，如："太宗万几之暇，留心弈棋，自制三势。一曰对面千里势，二曰天鹅独飞势，三曰海底取明珠势。"黄庭坚的弈棋诗："坐隐不知岩穴乐，手谈胜与俗人言。"杨雄、杜预等人的围棋故事。他从这些围棋诗文中得到启发，曾说"视易君如弈棋，士鲜知节义"等，表达他对围棋的关注和感悟。

艾性夫，字天谓，今东乡区人。宋末元初诗人。与其叔艾可叔、艾可翁合称"临川三艾先生"。著有诗集《孤山晚稿》，已佚。艾性夫善下围棋，尤精于对棋艺的研究，时常把对棋艺的思考用诗文记述下来。曾作《解棋》《观棋》《定气》等诗文，诗文善用围棋专业术语生动形象地将双方互相做眼、破眼等攻防、退守的情景展现出来，读起来让人身临其境。这在抚州众多围棋诗文中很有代表性。

吴澄，字幼清，晚字伯清，元代崇仁县人。理学家、经学家、教育家。学者称其为"草庐先生"。他与许衡同为元代名儒，时称"北有许衡，南有吴澄"。吴澄是元代名儒，他对围棋的喜欢从下围棋发展到欣赏围棋题材的书画作品，兴致之时，赋上数首寄兴遣怀的题跋诗文。如本书收录他的《刘商观棋图》《题皓图》均是具有鲜明时代特征的围棋题画诗。元代是书画题跋诗文与书画作品艺术合璧的鼎盛时期，吴澄的这种艺术行为，也是将围棋与绘画诗文的完美结合，充分体现文人雅趣。吴澄之孙吴当，字伯尚，历任礼部员外郎、监察御史、肃政廉访使、翰林学士等职，从学于吴澄。曾作题画诗《观弈图》："仙人棋局静忘机，松下灵芝似玉肥。樵客归时柯已烂，云间谁制芰荷衣。"可见吴氏祖孙对围棋及围棋历史典故都有所关注。

虞集，字伯生，号道园，世称邵庵先生。元代著名学者、诗人、书法家。十三岁随父亲侨居崇仁县。十四岁拜吴澄为师。官至奎章阁侍书学士，卒赠江西行中书省参知政事、护军、仁寿郡公，谥"文靖"。虞集不仅深明弈理，而且积极推广围棋。他曾劝说皇帝昭告全国人民都来学习围棋，并且说全民下围棋有利于社会稳定，还能让百姓有居安思危的思想。一天，元文宗突然问道："卿家虞愿尝与宋明帝言，弈非人主之所好，其信然耶？"虞集奏对曰："自古圣人制器精义入神，非有无益之习也。故孔子以弈为之犹贤乎己，孟子以弈之为数不专心致志，则不得也。（弈）攻守审决之道，犹国家政令出入之机，军师行伍之法。举而习之，亦居安虑危之戒也。"然后文宗"深纳其言"，让他作《棋盘铭》："圆周天，方画地。握化机，发神智。动制胜，静保德。勇有功，仁无敌。"在全国范围内大规模地开展围棋活动，从而推动了围棋在元代的普及发展。此外，虞集还为元代棋手严德甫、晏天章编撰的《玄玄棋经》作序，鼓励培养发现围棋人才。他退休回到崇仁之后十多年的时间里，还有许多善下围棋的名家登门求教。可见虞集不仅对围棋在当时全国普及发展起到了积极的推动作用，而且对抚州围棋发展也产生了深远影响。

何中，字太虚，一字养正，元初乐安县人。元初文学家、诗人、学者。南宋末年进士，无意仕途，致力古学，以布衣讲学终老。著述丰富，今仅存《知非堂稿》《通鉴纲目测海》《通书问》等。他是隐居乡间的雅士，无庙堂之忧愁，所以围棋在他的笔下多是友朋之间寄托淡雅之情的信物，常常于青藤下、行舟中、凉亭边等清幽雅静场景中与友人对弈。何中下起棋来，也是全神贯注、全心投入。一次，在乘船的途中与友人在船篷里下棋，船行的快慢全然不知，到岸才想起来是在舟中弈棋。

朱常淔，字仙源，益宣王朱翊鈏次子，第五代益藩王。万历二年（1574）四月封世曾孙，万历九年（1581）封世子，万历三十三年（1605年）

袭封益王，万历四十三年（1615）去世，谥"敬"。他是一位对围棋十分用心的人。政务之余，经常与郡中文人雅士相约切磋棋艺，因此，棋技日渐提升，每次下到精妙的棋局便记录下，时间久了集成一本棋谱，并于万历三十七年（1609）编印成《会弈通玄谱》四卷。此外，他曾作《围棋》诗二首，如"两人相对坐，俱被木狐迷"，表达出与友朋对弈时无穷的乐趣，可见他对下围棋十分痴迷，甚至痴迷到"被木狐迷""空教日又西"的程度。

汤显祖，字义仍，号海若、若士、清远道人。临川人。明代戏曲家、文学家。著有《牡丹亭》《邯郸记》《南柯记》《紫钗记》，合称"临川四梦"，其中《牡丹亭》是他的代表作，讲述了柳梅梦与杜丽娘的人鬼恋的爱情故事。这些剧作已传播到英、日、德、俄等很多国家，被视为世界戏剧艺术的珍品。今有《汤显祖全集》传世。汤显祖酷爱下围棋，常与谢廷谅等友人一起把酒对弈、诗文唱和，其中友人如汪廷讷、王思任等都是当时围棋界的名家。汤显祖曾为汪廷讷《坐隐先生集》作记，为王思任《王季重小题文字》作序，等等。他的多篇与围棋有关的诗文中都提到"下棋""弹棋"等。此外，他还将历史上著名的围棋赌墅历史典故写入他的作品中，评价友人高太仆有"酒德棋品"之风。可见汤显祖把围棋棋品作为衡量文人雅士艺术品质的标准之一来看待。相传，临川城有个名叫慧蕙的大家闺秀，很有才学，琴棋书画无所不通。一天，她以围棋为题拟出"黑白相间，看去不分南北"的上联贴在门外的大街上，征联招婚。汤显祖听说后，便装成乞丐模样来到街上。他看了看墙上的出句，沉思片刻，拿起旁边备好的笔，一挥而就，写出了"青黄不接，走来讨点东西"的下联。慧蕙小姐一看，顿时芳心大悦，忙将汤显祖请进府内，并以窗外竹林又出一联"竹本无心，皮外多生枝节"。汤显祖一听，连忙对道"藕自有窍，腹内满藏情丝"。最后汤显祖连过三关，终于赢得娇妻。

郑之文，字应尼、豹先，南城人。万历三十八年（1610）进士，历官南京工部主事、真定知府。工诗词散曲，作《白练裙》杂剧，传奇《旗亭记》

及《芍药记》各二本;《曲录》《旗亭记》今尚存,友人汤显祖为之作序。诗文有《远山堂》《锦砚斋集》存于世。万历四十二年(1614)五月五日,他为徽派围棋名家汪贞度(字本一,安徽休宁人)撰并辑的围棋谱书《弈志》作序。《弈志》初版于明万历四十一年(1613),共五卷,第五卷散失,第一卷至四卷现存于国家图书馆。郑之文少年时开始学下围棋,自谦说棋技不高,后来进入仕途看到下棋是当时士大夫间极为普遍的一种娱乐活动,很多人都会下围棋,但是下棋能像汪贞度这样的高手则不多。自己读了《弈志》之后,棋技进步很多,甚至他与汪贞度下棋有胜有负,他认为棋力相当。可见郑之文的棋技应当是比较出众的。

傅占衡,字平叔。临川人。明末清初文学家。少时涉猎经史百家,过目不忘。其父傅魁为明末御史,曾随父游京师,所交皆一时知名人士。明亡后,在家奉养父母,谢绝一切事务,专事著述。著有《汉书撼言》《编年国策》《鹤园笔略》等若干卷,今皆不存。所作围棋诗文中多次使用"让国""应劫""落子""楸玉"等围棋专业术语,可见他对下围棋是十分娴熟。

周亮工,字元亮,别号陶庵、缄斋、适园、栎园等,学者称栎园先生、栎下先生。金溪县人。明末清初文学家、篆刻家、收藏家。历官明清两代,一生饱经宦海沉浮,曾两次下狱,被劾论死,后遇赦免。他生平博极群书,爱好绘画篆刻,工诗文,富收藏。著有《赖古堂集》《读画录》《书影》等。他在《书影》中记述不少与围棋有关的史料,对马融《围棋赋》、"圆棋盘"、"素纸为围棋盘"等围棋史料加以评赏考证,并针对当时士大夫们业余时间大多痴迷于"马吊"游戏的行为感到不耻,从而倡议文人士大夫要多学习下围棋,通过下围棋培养善于独坐、习惯于守静的高尚品质,可见周亮工认为下围棋是文人雅士要学习的一项高雅艺术行为。

陈用光,字硕士,新城县(今黎川县)人。嘉庆六年(1801)进士,历官内阁学士兼礼部右侍郎,福建、浙江学政等职。桐城派古文家,著有《太乙舟文集》八卷等。陈用光酷爱下围棋,自言"好弈",他的很多友人、门

寄青霞馆弈选书后

王子展观察属余校勘寄青霞馆弈选业既竣或有难余者曰子固尝好言庶务者也若兹之役其果当於庶务乎哉曰古人有言治国通於弈棋古以来贤智臧否而成功者或反出於天幸尚论者不能无太息焉弈之为道则人定可以胜天故一切虚憍之气苟且塗饰之说举不得参厕其开斯亦三代直道之务求精密则伊始眇营之要也克敌致果参伍奇变则兵家之行矣若夫雄才大略经营伊始规模宏远之献也因革损益之言也以秉为取以退为进则道家之旨也贵明遥弈变则兵家之史择弗贵模棱因形弗贵先机坐课默而识之神而明之技也而进乎道矣日用寻常之际莫不有至理存焉弈之为艺之专精者耶

国朝亦围诸公於虚实之中分虚实向背之中分向背先后之中分先後非其识量之一度越前贤乎後有作者交易变易统任大者不贤者议之其小者信斯言也虽以某局作世局观殆无不可者庶务云乎哉光绪二十三年丁酉八月南丰谭其文识

◀ 谭其文跋文

生知道他往往会因吟诗对弈，而"尽日暮，忘所事而返"。如弟子梅曾亮作《寄怀硕士》一诗："重归东观罢南台，帝意三长重史才。未碍退之耽杂戏，棋奁研匣一时开。"梅曾亮在祭文中也提到陈氏酷爱下围棋，他第一次见到老师也是在下棋的时候，后来自己经常"囊棋提局，命择幽敞，酬答累公，我得恣览"。蔡逸在跋陈用光之子兰瑞《自题携儿小像》中说："（陈用光）雅好弈，为设棋奁，虽劣手，先生亦喜与覆局，竟日忘倦。"陈用光不仅是爱下围棋，而且学习围棋非常用功。为了学好围棋，曾复盘国手董六泉棋谱，反复研究围棋理论与阵法，后来抓住机会，当面向十八国手之一的董六泉学习围棋，并为其《董君棋谱》作序。作为古文学家的陈用光对围棋不仅"游于艺"，而且"载于道"，他认为围棋之道首先要切记"贪"，然后懂得舍得之法。他还评价李秉礼"弈品殊胜"，可见在他看来围棋是能体现文人的文化涵养和艺术修为的重要因素之一。

谭其文，号和伯，南丰县人。光绪年间任广东河源知县。其父谭承祖为同治七年（1868）进士。他精围棋，善书法，有书法作品存世。他在围棋史料整理方面倾注大量精力，先后编撰了《弈选诸家小传》《槐阴堂钞存弈谱》，参与编撰《寄青霞馆弈选》，对我国围棋历史人物和古代棋谱收集贡献甚大。光绪二十三年（1897）八月，谭其文应邀为《寄青霞馆弈选》作尾跋。跋文论述了下围棋诸多好处。如围棋不仅可以技进乎道，通兵家之言、道家之旨，而且还能够锻炼人的"制变因形"的能力，棋局亦可作世局观等等，论述可谓精辟入理。

刘凤起，字未林，南城县人。光绪二十九年（1903）进士，历任翰林院编修、咨议局议绅、宪政筹备处咨议、江西省教育总会会长等职。辛亥革命后，曾任江西民政长。民国十一年（1922）后寓居上海，以卖字画为生。工诗文、善书画，亦好围棋。1933年去世后，其子将他生前遗留的黑白棋写进诗文里，来表达对他的无限追思。他所作围棋诗文如"棋争界外无结局，身涸尘中是簸箕"等多是借棋局观晚清民国时期动荡的世局，体现了个人在纷纭复杂的世局中的无奈。他在退居上海后，依靠卖字画来维持全家生计，依靠围棋来慰藉怀才不遇的心灵。

欧阳祖经，字仙贻，别号阳秋，南城县人。光绪三十四年（1908），考入日本东京高等师范学校学习，后加入中国同盟会。民国十六年（1927）任江西省图书馆馆长，之后执教于江西国立中正大学、兰州大学。民国三十年（1941）四月，抗战时期为近代围棋国手过旭初和胡检汝编著的《围棋布局要则》作序。序文中论围棋古今之流变，指出国人下围棋于"胜负若无指意"，而日本围棋追求"人娴劫杀，志在必胜"；借用"围棋赌墅"典故暗指抗日战争必胜信念。在《欧阳祖经诗词集》中有一首词《减字木兰花》："化城何有，艳市迷楼知不久。故垒重探，铁销横江虎视眈。万花齐瞑、座上兵曾角胜、劲敌休辞、正是围棋赌墅时。"表达他救国存亡的决心。序中还提到他的棋艺，仅仅是自谦说"心知其意，而手不足以应之"。棋艺高低暂不评说，但他对围棋文化的了解确是广博，同时，他还很重视围棋教育传承，其子欧阳谊师从过旭初学习围棋。

三、现当代本籍围棋人物

舒同，原名文藻，字宜禄，东乡人。民国九年（1920）考入江西抚州师范学校。期间，投身于进步思潮的学生运动，并与同学在东乡县（今东乡区）组建"金兰学社"，创办《师水声》。民国十五年（1926）加入中国共产党，此后参加中央苏区反"围剿"活动。民国二十九年（1940）到延安，后任原总政治部宣传部长，山东省军区政治部主任，新四军政治部、华东军区政治部主任。新中国成立后，历任华东局常委、宣传部部长兼《解放日报》总编，华东军政委员会文教委主任，华东人民革命大学校长，山东省委第一书记兼济南部队第一政委，陕西省委书记。1978年后任军事科学院副院长兼战史编辑室主任，中国历史学会顾问，全国政协常委，中国书法家协会首任主席、顾问、终身名誉主席。1982年9月，当选为中共中央顾问委员会委员。1998年5月27日，病逝于北京，享年93岁。毛泽东称他为"红军书法家""党内一支笔"。舒同不仅酷爱写书法，也喜好下围棋。1946年，新四军北撤山东时，陈毅任新四军军长，舒同任新四军政治部主任。只要有空闲，陈毅总要找舒同和他下围棋。人们都知道陈毅是围棋高手，不敢和他对弈。陈毅就对舒同妻子石澜说："石澜，你把老舒请来和我下棋，我先让他几颗子。"两人坐下来就开始讨价还价，舒同说："你先让我几颗子？"陈毅说："让两颗吧，让得太多了，你就是赢了我也没有意思……"就这样，两人一边下棋，一边又不断地吵吵嚷嚷，最后又是呵呵大笑，尽欢而散。1949年5月上海解放，陈毅担任上海市第一任市长，舒同随同第三野战军进驻上海，协助陈毅接管上海市，担任华东局常委兼宣传部部长、华东军区政治部主任、上海市委机关报《解放日报》总编辑。直到1954年8月舒同调任中共山东省委第一书记，才离开上海。1954年9月，在第一届全国人大会议上，陈毅被任命为副总理，不久离开上海。两人同在上海期间，政务之余，对弈言欢。舒同直到晚年仍坚持下围棋。

欧阳谊，祖籍南城。欧阳祖经之子。毕业于中央大学（现为东南大学）

围棋与抚州

园艺系，抗战时期迁居泰和县，在江西省农业院资助下，创建了中国历史上第一座信鸽场——捷通鸽场，饲养训练信鸽，颇有名气。新中国成立后，在南昌市第二中学任生物老师。"文革"时期，被停职下放至新建县（今江西省新建区）石埠乡。"文革"结束后，回到南昌。晚年以围棋和读书为伴。他是新中国成立以来至六七十年代抚州业余围棋界的重要代表人物之一。欧阳谊喜好下围棋，经年不辍，师从著名国手聂卫平的启蒙老师——过旭初。民国二十八年（1939），过旭初应江西胡检汝之邀，和胞弟过惕生任江西省政府公余联欢社围棋指导，后在泰和县组织成立了中国围棋总会江西分会。民国三十年（1941）七月，过旭初与胡检汝编译出版《围棋布局要则》。欧阳谊的父亲欧阳祖经在《围棋布局要则》序言中说："旭初先生又予幼子谊所从学弈者也，既承雅命，不敢辞。"可见，欧阳谊应是在民国二十八年（1939）至民国三十年（1941）七月之间师从过旭初学习围棋。经过名师指点和自己勤奋练习的欧阳谊，后来成为南昌市知名的业余围棋高手，经常有一些围棋爱好者登门求教。欧阳谊下棋非常重视定式的活用，强调外势和实利的相互联系，受过旭初老师的"落子无悔"棋德影响较深。他常说下棋时，坐姿要端正，不能发出影响对方思考的声音，标准的执棋子动作是食指和中指夹住棋子，轻轻地放在棋枰上，放在哪个交叉点要肯定，不能模棱两可，放下去就不能移动。如果把棋子拍的很响，是向对手示威，那是十分不礼貌的表现。下棋绝不能悔棋，那是最丢脸的事。同时，他十分欣赏日本棋道，早期反复研读《围棋布局要则》，平时喜欢阅读收藏围棋方面的书籍，经过多年积累，家里藏有许多棋书。比如《围棋》月刊每期都不缺，但从不外借，因为他担心外借就会残缺，如朋友实在是想看，也只能在他家阅读。他甚至说，如果谁一定要借，他宁可手抄一份赠送，这样一来，想借书的人不好意思借了。欧阳谊直到耄耋之年，仍坚持读书下棋，一直保持着很好的棋感，经常给青年棋友讲述一些围棋名家如吴清源的下棋故事。欧阳谊的棋德和棋艺影响了二十世纪五六十年代南昌市一大批的围棋爱好者。

卢天圣，1992年2月出生，资溪县人。现为国家一级运动员，围棋职业三段，中国棋院杭州分院教练。1992年出生的孩子属猴，父亲卢铁军联想到神通广大的孙悟空，又叫齐天大圣，便为他取名天圣，希望儿子长大后，能像"齐天大圣"那样有一番大作为，寄托着父亲望子成龙的一片深情。卢天圣六岁开始和父亲下棋，那时就显示出他超常的围棋天赋。九岁时，他参加全市校园少儿围棋选拔赛，入选抚州少儿围棋集训队。2002年2月进入抚州少儿围棋培训班学习，期间接受了刘晓君、陈军、章复杰、王华等老师的启蒙教育。在刘晓君老师的建议下，卢天圣于2003年至2009年间，到北京学习围棋，先后从学于吴肇毅、周睿羊、聂卫平等国手，接受高水平的专业训练。六年的外出学习，让卢天圣见到古力、常昊、胡耀宇等许多棋坛高手，有幸和他们相识、交手。正是在多位名师指导下和与高手们的过招中，卢天圣的棋技有了质的飞跃，使他在全国许多比赛中过关斩将，战果斐然，为此还赢得许多国手的称赞，如吴肇毅评价他："勤奋、胜负感强、中盘稍弱、进步稳定。多加磨炼，必能成功。"2009年10月，卢天圣在台湾一举拿下台北业余围棋三强赛和台北名人赛2项冠军，直接向台湾职业棋手定段赛发起攻击。2010年出台的全国职业围棋定段赛事新规定，把原来的段位赛分为十七岁以下组（U17组）和十八岁至二十五岁组（U25组），规定U25组前两名可以升为职业初段。这对卢天圣来说是绝好的消息，一定不能再错过机会，于是他稳扎稳打，在预赛阶段以5胜2负的战绩挺进复赛。复赛第一轮，他战胜了同在吴肇毅道场学棋的河北沧州棋手李建宇；第二轮，他又拿下了"黄河杯"全国业余围棋赛第三名得主苏广悦；第三轮，他战胜了湖南长沙名将黄星灿。连下"三城"的卢天圣以U25组第一名的战绩冲段成功。风雨六载，梦想成真，卢天圣感慨良多。他在入段感言中说道："心里的石头终于落地了，在以后的职业比赛中希望能取得好成绩。"入段后的卢天圣于当年9月签约杭州棋院运动员。2011年定为职业二段。2016年转为杭州棋院冲段班教练，多次代表中国棋院杭州分院参加国际赛事。在职业赛事中，多次战胜罗洗河九段、连笑九段、李钦诚九段等世界冠军。卢天圣围棋生涯中多次在省、市围棋比赛中取得骄人的成绩：2002年6月获抚州市少儿围棋比赛冠军；2002年11月获江西省少儿围棋比赛冠军，并代表南昌晚报社参加全国"晚报杯"比赛；2005年3月获江西省业余围棋大奖赛冠军；2006年11月获江西业余联赛"伟梦杯"团体冠军，21连胜，并荣获个人连胜奖、最高胜率奖；2006年12月代表南昌参加第三届"四川泸州杯"团体赛，夺得团体冠军、个人第四名；2007年11月代表云南参加第四届"四川泸州杯"团体赛，再次夺冠；2008年8月获江西省丰城市"钨业杯"全国围棋大奖赛亚军；2008年11月代表抚州市参加江西业余联赛"伟梦杯"获得团体冠军；2009年7月获第二届"丰城杯"业余全国围棋大奖赛第三名；2009年11月获台湾业余围棋三强赛冠军；2009年12月获台湾业余围棋名人赛冠军。2010年1月代表南昌晚报参加全国"晚报杯"业余围棋赛，夺得团体冠军、个人季军；2010年5月获全国"五一道场杯"业余围棋赛冠军。

万乐奇，1995年11月出生，临川区人。毕业于武汉体育学院，主修围棋专业，现为国家一级运动员，围棋职业二段。自幼受父亲影响，对围棋产生浓厚的兴趣。父亲邱润荣（万乐奇随母亲姓）喜好围棋，经常在家里下棋，万乐奇在旁边看，慢慢就产生了兴趣。2002年2月进入抚州少儿围棋培训班学习，得到了启蒙老师刘晓君、陈军、王华等老师的指导。2005年开始自学围棋的他，总是能在学业和围棋方面做出合理安排，他曾说："我是边上学，边学习围棋的，周末就会去围棋培训班学习，在家的时候喜欢与父亲对弈，看围棋方面的书籍。最喜欢的就是在电脑上与世界各地围棋爱好者们联机对弈。"正是由于他对围棋的这份喜爱与执着，围棋特长帮助他圆了大学梦，2013年他被武汉体育学院运训学院围棋专业录取（全国仅招5人），实现了学业与爱好的完美结合。进入大学后，万乐奇坚持下棋，一直没放弃要成为一名职业棋手的目标。2014年7月，万乐奇参加了在无锡举行的全国职业围棋定段赛，来自全国500多名男棋手竞争20个职业棋手名额。万乐奇以 9 胜 4 负的战绩获得全国第 16 名成功晋升为职业初段，是继卢天圣之后抚州市第二位职业围棋选手。万乐奇成为职业围棋选手后，有更多机会参加全国及国际比赛，先后去山东青岛、福建泉州、香港、上海等地参加围棋赛事交流或者担任围棋教练，进一步开阔了视野，积累了经验。2016 年升段为职业二段。万乐奇是抚州市本地培养出来的职业棋手，获得了骄人的成绩：2003 年获得江西省少儿围棋男子 C 组冠军；2004 年获得抚州市少儿围棋赛冠军；2008 年获得江西业余联赛团体冠军；2013 年 5 月获得"金陵杯"全国围棋大赛季军；2014 年 3 月获得湖北大学生赛冠军；2014 年 7 月获得世界大学生赛季军；2015 年参加全国职业围棋丙级联赛 4 胜 3 负；2015 年打入中国职业围棋"名人战"本选赛；2017 年获得"南昌棋院杯"全国围棋公开赛冠军。他多次代表平煤集团参加国内、国际职业赛事。职业生涯中，在日本著名 AI "DEEPZEN" 上线之际，成为全世界唯一一位将其战绩打成 7 比 2 的职业棋手。

秦驰远，1997 年 9 月出生，九江市都昌县人。其母亲余建红是崇仁县人，并在崇仁工作。秦驰远五岁时开始在南昌市少年宫围棋班学棋。一年后，他就在江西少年围棋选手中崭露头角。之后赴北京继续求学，先后在汪见虹围棋俱乐部、天津陈瑞道场、武汉阮云生道场、马晓春道场辗转求道。通过不断学习、集众家所长，秦驰远屡创佳绩：2003 年 1 月获"南昌市 2003 年迎新春三项棋类比赛"中围棋 A 组二等奖；2006 年 6 月获湖北省"楚天杯"少儿围棋锦标赛第一名；2008 年 8 月获"全国少儿围棋锦标赛"第三名；2008 年 1 月，在江西省丰城市举办的全国首届"钨业杯"围棋业余大奖赛中摘取了金牌；2008 年 7 月，在浙江省杭州市举行的全国围棋定段赛中，尚未满十一周岁的秦驰远被中国围棋协会评定为职业围棋初段选手。这是江西省首位少年职业围棋手，也是江西围棋史上第五位职业棋手。2010 年，秦驰远在河北省石家庄举办的全国围棋段位赛中升为职业二段棋手，再次创造了江西围棋史上年龄最小晋级为职业二段棋手的纪录。据专家证实，在十三岁这个年龄就获得围棋职业二段棋手，目前国内仅有两人，秦驰远就是其中之一。在获悉秦驰远成为职业二段棋手之后，世界冠军马晓春评价说："秦驰远这个小孩，大局观好，计算精确，判断出色，是可造之才。"秦驰远在取得职业初段后，便跟随母亲余建红在抚州市崇仁县上学，对于学习围棋他仅是在晚上完成作业后，在网上下棋自悟，除了参加每年举行的段位赛，下棋的机会少得可怜。尽管如此，他仅仅用了两年的时间，成功打进职业二段棋手的行列，业内人士说他是以业余的学棋模式在职业比赛上取得了成绩，可见秦驰远在围棋方面确有天赋，也是国内少有的围棋"天才"。

王梓莘，女，2001年出生，抚州市人。现任王梓莘围棋道场法人代表、负责人，职业初段棋手。六岁时跟父亲王华开始学围棋，从启蒙阶段开始，王梓莘一直接受正规的围棋培训。2012年她以9战全胜的佳绩获得当年江西省业余围棋棋王赛女棋王组冠军，被授予"江西女棋王"称号；2015年12月，她又夺得全国业余围棋公开赛女子组冠军；2017年6月获得第三十一届"八闲科技·黄河杯"全国业余围棋公开赛女子组冠军；2017年7月获第十三届全运会业余女子组亚军。王梓莘一直都有一个职业棋手的梦想，渴望能够走上职业棋手的道路。在国内只有参加全国职业定段赛才是成为职业棋手的唯一途径。2013年，她第一次参加全国职业定段赛，可赛程没有过半就被淘汰出局了。在通往职业棋手的道路上，她没有气馁，一次次失利之后，又一次次地冲刺。为了积累大赛经验，从2014年开始，她就在父亲王华陪伴下参加全国各类比赛，在这些大赛中得到历练、得到成长。从最初的一无所获，到后来多次获得全国女子业余围棋赛冠军等多项好成绩，终于在2017年7月，她代表杭州棋校参加了在广东省汕头举行的"泰恩康杯"全国职业围棋定段赛，在总共13轮的比赛中取得10胜3负的战绩，成为江西省首位职业女棋手，填补了江西省女子职业围棋的空白。同年8月，她成为中国棋院杭州分院签约棋手。近年来，她多次参加全国性比赛，并取得了优异的成绩：2018年获"方太杯"第十一届全国业余围棋公开赛女子组第四名；2018年获"梦百合杯"围棋精英公开赛女子组第二名；2019年获第十二届"丰城杯"全国业余围棋赛女子组第一名；2019年获"丽水·清韵杯"全国业余围棋公开赛女子组第二名；2019年代表山西"书海路鑫"队参加女子围棋甲级联赛。

陈更昌，东华理工大学教授，抚州市围棋协会第一届主席。他出身于教育世家，父亲陈蕴琴文理兼修，多才多艺，曾任抚州一中校长，兄妹四人都从事教育工作，为抚州市教育事业作出了积极贡献。陈更昌酷爱下围棋，早年跟随父亲学围棋，1989年获围棋业余3段。陈更昌大学毕业后，执教于原抚州师范专科学校体育系，对于围棋教育和人才培养更是不求回报的甘心付出，曾多次自掏经费举办围棋赛事活动。2003年积极组建了抚州市围棋协会，当选为抚州市围棋协会首任主席；2015年担任抚州市老干部围棋协会主席。多年来，他积极向青少年灌输围棋知识，开展少儿启蒙围棋教练员培训，精心组织全市各种围棋赛事，致力于抚州围棋的普及推广，先后积极推动崇仁棋院等县级围棋培训机构和围棋组织的成立，提升抚州围棋爱好者的凝聚力。他是推动现代抚州竞技围棋发展的奠基人，被誉为抚州市围棋界泰斗人物。

丁国英，上海下放知青，曾任原抚州师范专科学校物理系副教授，2000年左右调回上海。他喜好下围棋，20世纪80年代已是围棋业余4段棋手。新中国成立以来，上海市的围棋水平一直处于全国领先地位。丁老师来到抚州工作，给当时的抚州围棋带来了新知识、新理念，进而推动了抚州围棋竞技水平的大幅提升。当时抚州地区许多围棋爱好者如刘晓君等人得到他较多的技术指导，在当时抚州围棋界享有较高声誉，是20世纪80年代抚州围棋界公认的代表人物。

陈志宏，曾任广昌县农行副行长。1984年，陈志宏开始学习围棋。对于学习围棋，他非常专注，读书期间就一直坚持购买围棋书籍，日夜研读，身边朋友也多是因为围棋而结缘。据棋友回忆，一次，他去北京出差，还专程到中国围棋最高殿堂中国棋院学棋求教，与高段位棋手下棋，获胜而归，有幸还同"棋圣"聂卫平等国手合影留念。这事对他产生较大影响，他逢人就会将此事非常荣耀地告诉对方。为此，抚州棋友"敲"他请客。在不知不觉中，围棋几乎成为他生活的全部。他对待围棋的态度非常认真，如"落子无悔"等围棋格言在他身上都有体现。一旦下起棋来，不论对手棋技如何，他都是全神贯注应对，对弈时具有较好的全局意识，从不纠结于小范围的一时之利弊，如若棋子落下便不容悔棋，哪怕对方翻脸也不会顾及情面。每次与人对弈后，他都坚持将棋局复盘，分析总结经验，为此，他还专门买了许多空白棋谱记录册，收录他与别人对弈时的许多棋谱。他的围棋水平在当时抚州围棋界算得上为数不多的高手之一。他的棋风很厚实、很沉稳，关键处常能静心思考，不冲动、不谁手，不下无理棋，棋路十分清晰，十分缜密，应对起来往往做到滴水不漏，常常处于险境仍能做到全胜而归。曾有棋友评说："他下棋有大将之风！我与他下棋多年，胜率只有5%！"2003年一场突如其来的交通事故夺去他三十五岁的生命，抚州围棋界失去一个围棋奇才。围棋界的朋友都为之惋惜，棋友梁家田还为他写下《念棋友》的文章，发表在《抚州日报》等刊物，追忆他的围棋人生。

孙宜国，1969年11月出生于北京，祖籍抚州市宜黄县。现为围棋业余8段棋手。他是我国第一位在世锦赛中夺冠的纯业余棋手，1973年便开始跟父亲启蒙学棋，1974年在北京市什刹海体校师从刘月如学棋，1981年获北京市围棋比赛少年组冠军，1984年在昆明参加全国少年集训赛，1989年首次代表北京市参加"晚报杯"比赛，1993年1月获得第六届全国"晚报杯"业余围棋锦标赛冠军，1993年5月在日本福冈代表中国获得第十五届世界业余围棋锦标赛冠军，1999年获第十二届全国"晚报杯"业余围棋锦标赛冠军，1993年8月获"黄河杯"冠军并连续六届蝉联冠军；2007年6月获"Kings Field杯"亚洲业余围棋锦标赛冠军。

孙超，1998年10月出生，临川区人，现为围棋业余6段棋手、国家二级运动员。孙超2004年4月开始学习围棋，十几年来始终坚持读书、下棋两不误，积极做到学业、棋力双丰收：2006年5月获2006年江西省体育传统项目学校围棋比赛男子I组第三名；2017年2月获第一届"南湖红船杯"中国青少年业余围棋锦标赛U21组第七名，晋升业余6段棋手；2017年、2018年，孙超作为南昌三连星队外援，连续两届夺得广西北海"沚泊园酒店杯"泛北部湾围棋联赛（甲级组）第一名；2017年4月获第十三届全运会江西围棋选拔赛第一名，取得唯一代表江西省参加2017年7月在天津举行的第十三届全运会男子业余围棋个人、男女团体赛资格；2017年11月获2017年"高品高安杯"江西省业余围棋棋王赛暨全国"晚报杯"选拔赛第一名，并获"江西棋王"称号；2017年12月代表江西省参加"老拔云堂杯"七省市业余围棋对抗赛荣获团体第三名；2007年至2017年先后七次代表抚州围棋队参加"伟梦杯"江西省业余围棋联赛并屡获佳绩；2018年2月获"瓷都杯"江西省围棋公开赛第四名；2018年8月获中国围棋大会南北大学生围棋对抗赛冠军奖章；2018年8月代表抚州众智围棋队参加2018年中国围棋大会"百千万工程"全民围棋团体锦标赛总决赛，获第1台第五名；2018年8月，获江西省第十五届运动会围棋赛成人组第二名；2018年12月获海南"平安城科杯"七省围棋联盟对抗赛冠军；2019年1月获"三宝国际瓷谷杯"江西省围棋公开赛第三名；2020年9月获"中国体育彩票杯"2020年江西省第三届智力运动会围棋公开组男子个人第一名。

　　20世纪80年代以来，抚州先后出现一批围棋教育工作者、围棋组织管理者和围棋赛事裁判员，通过围棋培训和赛事交流培养了许多优秀棋手。截至2020年底，全市有业余3段（含3段）以上棋手500余人，业余5段（含5段）以上棋手如万国胜、邹义文、周垅、刘寅婧、刘畅等125人。

第三章
围棋赛事与产业

　　随着人们生活水平不断提高，文化生活日益丰富，围棋作为一种益智游戏，被越来越多的人所喜爱。近年来，抚州市充分利用区位优势和文化资源，频繁举办各级围棋赛事交流活动，基本上实现周周有活动，月月有赛事，年年有"围甲"的目标。抚州青少年围棋培训成绩喜人，现有19家围棋培训机构，每年在校青少年学员4000余人，接受过围棋教育的人数2万多人，全市围棋人口约6万人。抚州天元围棋大酒店等一批以围棋为主题的基础设施开工兴建，为抚州围棋赛事和文化产业发展奠定了坚实基础。

第一节　围棋赛事

20世纪80年代，抚州市首次举办全市定段、定级围棋赛。仅从围棋赛事交流方面看，抚州围棋赛事发展可分为两个阶段：一是1980年至2012年，全市举办的围棋赛事不够多、规模不大。二是从2013年至2020年，全市不断加大围棋赛事文化交流，承办全国围棋甲级联赛专场赛事10余次；还举办了抚州市业余围棋锦标赛、全市少儿围棋段级位比赛、"金飞马杯"围棋赛和五届"鹰王·格力中央空调杯"干部围棋赛；外出参加省内各类赛事以及省外如上海、绍兴、温州、金华、衢州、武夷山、福建、广东等地举办的围棋赛事，取得了较好成绩。先后吸引10余位围棋世界冠军来抚州开展赛事解说、人机大战、一对多围棋交流等，通过赛事交流进一步提升抚州围棋整体水平和社会影响。

一、抚州举办的重要围棋赛事

（一）国家级赛事

2011年中国围棋甲级联赛第十八轮——"临川才子"专场，爱慕先生队对阵大连上方衡业队的比赛。

2013年中国围棋甲级联赛第六轮——"才子之乡抚州"专场，广西华蓝队对阵重庆银行队的比赛。

2014年11月9日，"金立智能手机杯"中国围棋甲级联赛第十九轮——"人文抚州"专场，西安曲江队对阵大连上方衡业队的比赛。

▲ 2017年中国围棋甲级联赛世界冠军时越对阵韩国李东勋比赛现场

2015年9月24日，"金立智能手机杯"全国围棋甲级联赛第十四轮"江西临川圣航洁具"专场——山东景芝酒业队（主场）对阵重庆银行队的比赛。经过一天的比赛，主、客队双方战成2比2，山东队主将江维杰胜重庆客队主将王檄，为本队赢得2分。范廷钰对阵古力、江维杰对阵王檄、丁世雄对阵杨鼎新、周睿羊对阵谢赫（快棋）。比赛中，范廷钰和古力两位世界冠军的局棋，备受棋迷关注。最终，古力战胜了范廷钰、江维杰胜王檄、杨鼎新胜丁世雄、周睿羊胜谢赫，山东队主将获胜。两对共有4位世界冠军，7位九段国手参加。

2017年5月3日，"金立智能手机杯"2017中国围棋甲级联赛江西新晶钛业队主场对阵民生银行北京队——抚州专场。经过一天的博弈，由世界冠军时越领衔的民生银行北京队大比分战胜韩国外援李东勋领衔的江西新晶钛业队。"棋圣"聂卫平大师与中国围棋队领队华学明现场挂盘讲解了北京队选手时越和江西队选手李东勋的比赛情况。"聂棋圣"的讲解内容生动、妙语连珠，让观众在欣赏围棋比赛的激烈竞技的同时，感受了博大精深的围棋文化。

2018年7月15日至17日，2018"华为手机杯"中国围棋职业甲级联赛第十一轮江西四特酒队对杭州苏泊尔队——"江苏惠民"抚州专场。中国围棋协会主席林建超、江西省围棋协会名誉主席洪礼和莅临指导，世界冠军辜梓豪、卞相壹、李钦诚、朴廷桓以及中国名人战冠军九段连笑等来抚州观棋祝贺，主办方邀请了李康（六段）、唐弈（三段）挂盘讲棋。期间，参赛的职业棋手与本地39名棋手在文昌里玉隆万寿宫展开了1对3或1对6的车轮大战。

2019年6月10日，2019华为手机杯中国围棋甲级联赛常规赛第八轮江西四特酒队对阵龙元明城杭州队——南丰专场。本次比赛采用积分编排制的方式进行，设快棋赛和慢棋赛2个项目，其中快棋赛1轮、2人对弈，慢棋赛3轮、6人对弈。以辜梓豪九段、许嘉阳八段、杨楷文七段、屠晓宇五段为队员的江西队2比2战胜以邬光亚七段、夏晨琨六段、丁浩五段、张紫良四段为队员的龙元明城杭州队，主场拿到2分。比赛期间还举行了签名仪式、挂棋讲解和1对4围棋交流等活动。新浪网、奕城网对此次比赛进行全程直播。

（二）省级赛事交流

2015年4月，在抚州举办江西省"慕思寝具杯"第九届少年儿童围棋比赛，共有来自南昌、景德镇、九江、上饶、鹰潭、新余和抚州市等设区市470名小选手组成的12支代表队。选手按年龄大小被分在8个组进行角逐。经过两天角逐，抚州市小选手一举夺得团体、个人共7块金牌。抚州市棋手夺得F组团体亚军、G组团体冠军、H组团体冠军；个人获得各组前三名的分别是：A组女子冠军付小禺、B组男子季军陈宇麒、C组男子亚军邓子悦、F组亚军黄彬城、F组女子冠军艾梦欣、G组男子亚军李熙城、G组女子冠军周子墨、H组男子冠军黄睿、H组女子冠军廖函君。本次比赛由江西省体育竞赛管理中心主办，抚州棋院、抚州晓青围棋学校等单位承办。

2017年11月10日至11日，第三届江西省互联网大会人工智能围棋展示活动在抚州举行。世界冠军时越职业九段与清华大学人工智能"神算子"、世界冠军柯洁职业九段与"星阵围棋"分别上演精彩绝伦的人机大战。

2018年11月16日至17日，第四届江西省互联网大会人工智能围棋展示活动示活动在抚州市文化广场举行。世界冠军时越九段与人工智能"星阵围棋"展开一场人机大战，最终"星阵围棋"在让先并倒贴8目半的情况下，以2目半的微弱优势战胜时越。"围甲"民生银行北京队的陶欣然职业七段、沈沛然职业五段、李云生职业三段、石豫来职业初段等职业棋手，分别与抚州16名业余棋手展开1对4多面打车轮大战。这次抚州棋手与职业围棋高手零距离纹枰论道，虽然败下阵来，但都很高兴，认为自己学到了很多东西。职业棋手表示，抚州围棋的氛围和棋手的热情给他们留下深刻印象。

2019年5月19日至21日，台湾围棋教育推广协会理事长伍晋居一行7人来抚州开展围棋文化交流活动。5月20日上午在抚州文昌里抚州围棋协会开展抚台围棋文化交流座谈。会上，双方表示，要进一步以围棋文化为纽带，不断增强两地棋友交流，共谋发展。伍晋居对抚州美好优雅的环境十分喜爱，对围棋协会的向心、团结、努力打拼的精神面貌大加赞赏，对抚州

▲ 2019年台湾—抚州两地围棋文化交流活动

市热情的接待表示衷心感谢，表示非常珍惜因围棋而与抚州结缘，衷心希望抚台两地共同努力推动中国围棋事业更加欣荣发展。此外，抚州围棋协会与台湾围棋教育推广协会签订友好协会协议书，开展多场围棋棋艺交流切磋活动，交流两地围棋文化事业和围棋产业发展合作事宜。

2019年11月22日至23日，第五届江西省互联网大会人工智能围棋展示活动在抚州市数字街区中阳国际前广场举行。我国首位职业围棋世界冠军马晓春九段、陶欣然八段等多名国手亲临现场纹枰论道、挂盘讲棋，并与抚州10名业余棋手展开"多面打"车轮大战。同时现场30台平板电脑内置了围棋AI"棋精灵"，棋迷可根据预先设定的围棋段位挑战不同水平的"棋精灵"。让现场围棋爱好者受益匪浅，吸引一大批青少年投入到围棋这项智力运动当中。

2020年11月6日至7日，第六届江西省互联网大会人工智能围棋展示活动在抚州市数字街区中阳国际前广场举行。本届人工智能围棋展示活动邀请了中国围棋协会副主席、"棋圣"聂卫平九段亲临指导。6日下午3时许，来自抚州的3位棋手吴志华（业余5段）、修纬（业余4段）和马逢山（业

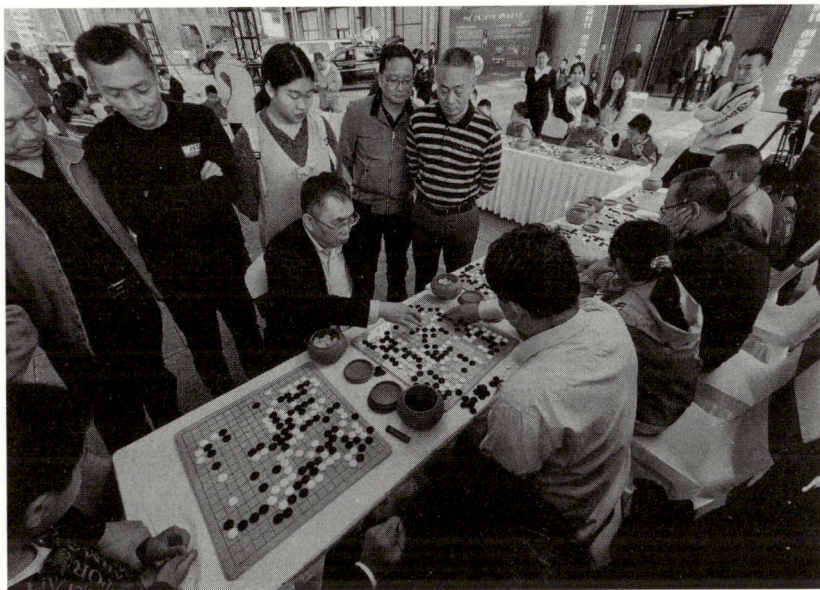

▲ 2020年11月，"棋圣"聂卫平与抚州围棋手开展"1对3"互动交流

余 3 段），分别与比利时棋手 Lucas Neirynck（业余 6 段）、法国棋手 Camille Leveque（业余 4 段）、法国棋手 Milena Bocle Reznikoff（业余 4 段）在线进行了中欧国际网络围棋对抗赛，"棋圣"聂卫平现场对中欧国际网络围棋对抗赛进行大盘讲解。经过一个半小时激烈的角逐，东道主以 3 比 0 的成绩战胜欧方。此外，还举行了"棋圣"聂卫平同时与 3 位棋手进行围棋对弈；人工智能专家樊麾（职业二段）为百余名学生作了《围棋与人工智能》的精彩演讲，讲述了 AlphaGo 的故事、分享了人工智能的相关知识；棋迷零距离体验"棋精灵"等一系列的精彩活动。

二、外出参加的围棋赛事

（一）国家级赛事

2008 年 5 月，抚州市派员参加了在上海举办的第八届"同洲杯"国际城市儿童围棋邀请赛。参加本次比赛的 319 名小棋手分别来自中国的上海、浙江、江苏、江西、河南、香港、台湾等省市和地区的 18 个城市及美国、加拿大、法国、新加坡等国，其中抚州市幼儿中班组获得女子亚军，男子中班组获得团体第三名。

2016 年 2 月，抚州市王梓莘参加了在江苏省如皋市奥体中心举行的第四届"MLILY 梦百合杯"全国业余围棋精英赛，来自全国 19 个省市的 216 名业余围棋高手参赛，经过 4 天 10 轮的激烈对弈，王梓莘脱颖而出，战胜众多高手，以 10 战 7 胜 3 负的成绩勇夺女子组第一名，成为本次比赛江西队成绩最好的棋手。

2016 年 6 月，抚州市少年棋手王梓莘参加第六届"青岛出版杯"暨2016 "住友杯"全国业余围棋公开赛业余 5 段以上组的比赛，取得 8 胜 3 负的战绩，名列女子组第二名、总排名的第二十三名。来自全国各地的 460 名选手报名参赛。本次公开赛由中国围棋协会、青岛出版集团、辽宁省体育局主办。

2017 年 7 月，抚州市女子业余围棋选手王梓莘代表杭州棋校参加在广东省汕头举行的 2017 年"泰恩康杯"全国围棋定段赛。比赛采用最新中国围棋规则。女子组采用积分编排淘汰制，共赛 13 轮，负 6 局即被淘汰，自第十轮起不再淘汰，录取前十名授予职业初段称号，第十一、十二名可申报业余 6 段称号，前十六名可申请授予一级运动员称号。本次比赛吸引了来自全国 77 支参赛队 120 名业余 5 段以上的女子围棋运动员参加比赛。王梓莘以 10 胜 3 负的战绩获得女子组第六名的佳绩，成功定为女子职业初段，成为江西首位女子围棋职业棋手。本次比赛由国家体育总局棋牌运动管理中心、中国围棋协会主办，广东省汕头市围棋协会承办。

2018 年 8 月 12 日至 16 日，抚州围棋协会组队参加了在广西南宁举办的中国围棋大会，孙超（业余 6 段）、舒雷（业余 5 段）、吴志华（业余 5 段）、万国胜（业余 5 段）、刘寅婧（女，业余 5 段）5 位棋手参赛。抚州队是 19 支参赛队中唯一一支市级围棋队。在 6 轮比赛中，抚州队以 3 胜 3 负的成绩位列第十二名，抚州棋手孙超获个人成绩第五名。随后，抚州市考察团与中国围棋协会相关部门负责人交流座谈，增进中国围棋协会对抚州市围棋文化的了解。先后与大会主办方南宁市体育局、南宁市围棋协会座谈交流，了解中国围棋大会申办和筹备过程、做法，以及中国围棋大会活动对当地的影响。观摩了中国围棋大会相关活动，包括围棋博览会、万人围棋大赛、中国—东盟国际围棋邀请赛、职业围棋联谊会等。

2019 年 8 月 19 日至 25 日，抚州作为"全国围棋之乡"应邀参加在山东省日照市举行的中国围棋大会。本次围棋大会分为 6 项主题，分别是"全国围棋之乡"联展、新中国成立七十周年围棋成果展、新中国成立七十周年围棋图书展、中国围棋人工智能成果展、八雅中的围棋文化展和日照城市特色展，全方位地展示中国围棋协会改革成果、围棋产业化发展进程、围棋文化建设成就等，描绘中国围棋发展蓝图，吸引数万名围棋爱好者和职业棋手参加。在本次"全国围棋之乡"联展中，抚州市选送的展品种类众多，有抚

▲ 抚州市围棋代表队参加"金螳螂·2019 中国围棋大会"

州茶叶，安石坊老酒，刻有抚州名人棋诗的精品棋罐，抚州名人围棋的绘画作品及书法扇面、精品瓷器，抚州收藏家收藏的围棋相关藏品，《围棋与抚州》书籍及文昌里宣传册等。抚州围棋文化特色展品吸引众多参观者驻足欣赏、购买。本次大会由中国围棋协会、山东省体育局、日照市人民政府共同主办。

（二）省级赛事

1994 年，派员参加江西省第九届运动会围棋比赛，万国胜获得个人第四名。

2002 年，派员参加江西省第一届全民健身运动会围棋赛，万乐奇获得金牌，刘寅婧获得银牌。

2006 年 7 月，抚州市代表队参加了"临川晚报杯"全省第三届育苗围棋赛暨首届全省少儿段位赛。在此次比赛中，抚州市代表队 30 余名选手进入前八名。其中，夺得冠军 3 个、亚军 6 个、季军 3 个。抚州市代表队荣获团体第一名的好成绩，万乐奇夺得男子 A 组第一名，刘寅婧夺得女子 A 组

▲ 江西省第十四届运动会少儿围棋团体赛抚州市选拔比赛现场

第一名，孙超夺得男子 C 组第一名。全市 189 名棋手参加了比赛。

2006 年 9 月，抚州市围棋协会组队参加首届"伟梦杯"江西省业余围棋联赛，领队陈更昌，参赛选手：万乐奇、程国龙、万国胜、韩辉平、涂蔚、邹义文。

2008 年 7 月，抚州派员参加在赣州市举行的江西省第五届"育苗杯"少儿围棋赛，崇仁县小棋手熊祺晟荣获男子 G 组第八名。

2011 年 8 月，抚州市围棋协会派员参加"江西省体校棋类比赛"。

2014 年 8 月，抚州市派出少儿选手参加在赣州市举行的江西省第十四届运动会少儿围棋比赛。抚州市 13 名少儿棋手在全部 6 项比赛中夺得 4 金 1 银 1 铜，是 14 届省运会开赛以来的最好成绩。其中抚州一中学生孙超获男子中学组冠军，临川二中学生周垅获男子中学组亚军，临川三中学生王梓莘获女子中学组冠军，市实验小学学生周婧获小学女子甲组冠军，临川一小学生刘畅获小学男子乙组冠军，临川十小葛朝文获小学女子乙组季军，临川十小学生黄彦博获体育道德风尚奖运动员。本次比赛由江西省人民政府主办，江西省体育局、赣州市人民政府承办。

2014 年，抚州市组队参加江西省老干部围棋赛，获活动团体赛第三名，

▲ 江西省第十四届运动会少儿围棋选拔赛抚州赛区获奖小棋手

周德荣荣获个人第四名。

2015年，抚州市组队参加第十届江西省老干部围棋赛，获活动团体赛第三名，周德荣获个人第二名。

2015年，抚州市组队参加华东地区老干部围棋赛，周德荣获老干部组第三名。

2015年12月，抚州代表队派出于清泉（外援、业余6段）、周垅、王梓莘（女）、孙超、刘畅、徐浩棋6名棋手参加在北京中国棋院举行第十届"伟梦杯"江西省业余围棋联赛，江西省11个设区市及"全国围棋之乡"丰城市共12支队伍参加此次比赛。

2016年4月22日至25日，王梓莘、孙超、刘畅等10人组队参加了"晶环稀土杯"湘、赣、粤、闽四省围棋赛。

2016年7月，抚州市围棋协会派出刘畅参加了在新余市开赛的第十三届江西省"育苗杯"少儿围棋锦标赛，来自各设区市、县、围棋协会、学校、围棋培训机构的330多名小棋手按性别、年龄分组逐鹿，决出名次。刘畅作为抚州市少儿棋手的唯一代表，以9战全胜的战绩获得男子B组冠军。本次比赛由江西省围棋协会主办，新余市棋牌运动协会、新余棋院承办。

2016年，抚州市组队参加第十一届江西省老干部围棋，获活动团体赛第四名，周德荣荣获第六名。

2016年，抚州市组队参加华东地区老干部围棋赛，鞠润华获科技组第十二名。

2016年11月11日至13日，抚州市围棋协会派员参加"鼎兴杯"沪浙苏赣黔城市业余围棋邀请赛。

2017年3月，抚州市组队参加在九江市老干部活动中心举办的江西省四地市老干部围棋赛，荣获团体第一名，周德荣荣获个人第一名，李志刚荣获个人第二名，鞠润华荣获个人第六名。

2017年12月30日至2018年元2日，抚州市围棋协会派员参加在赣州市举办的2017年"晶环稀土杯"业余围棋棋王赛暨围棋公开赛。

2018年1月20日至21日，抚州市围棋协会派员参加2018赣闽围棋名人交流赛。

2018年5月19至20日，抚州市围棋协会派员参加在上饶市举办的"大通燃气杯"江西名人围棋联谊赛。

2018年8月24日至27日，抚州市派出16名棋手参加在景德镇举办的江西省第十五届运动会群众比赛项目（社会部）围棋决赛。江西省11个设区市派队参赛，抚州市棋手参加男子儿童组（十二岁以下）、女子儿童组（十二岁以下）、男子少年组（十三岁至十七岁）、女子少年组（十三岁至十七岁）、成人组（十八岁至五十九岁）、老年组（六十岁以上）的分组比赛，他们当中年龄最大的六十三岁，年龄最小的仅十岁。其中孙超获成人组第二名，周德荣获老年组第六名，黄彬城获儿童男子组第八名，刘畅、葛朝文荣获体育道德风尚奖。本次比赛由江西省政府主办，江西省体育局、景德镇市政府承办。

▲"中行杯"第九届江西省领导干部、名人围棋联谊赛抚州代表队合影

2018年11月25日至29日，抚州市围棋协会派员参加在成都棋院举办的2018年"伟梦杯"第十三届江西省业余围棋联赛。

2019年5月24日至26日，抚州派出城投传媒代表队由抚州市政协副主席戴晓文带队参加在新余举办的2019年"中行杯"第九届江西省领导干部、名人围棋联谊赛。本次围棋联谊赛以自发性、联谊性为特征。赛制采用中国围棋协会审定的2002年版围棋竞赛规则，积分编排制；比赛用时：每方45分钟包干，单官计时，超时判负；比赛分为厅级组、处级组、社会名流组、双人组。近百位领导干部和社会名流参加了比赛。经过两天的激战，抚州战队获得团体赛第六名，邓伟喻获得名流组第二名，梁茂华、黎明获得双人赛组第六名。

2019年4月13日至14日，抚州围棋代表队参加在浙江衢州举办的2019年"全国围棋之乡"联谊赛衢州柯城分站赛。抚州市首次参加"全国围棋之乡"联谊赛，派出万乐奇（职业二段）、孙超（业余6段）、刘畅（业余5段）、邓伟喻（业余5段）、邹义文（业余5段）、刘寅婧（女，业余5段）等棋手参赛，他们沉着应战最终获得第四名的好成绩。

2019年9月8日至12日，抚州派出孙超、邓伟喻、吴志华、胡盟（女）、程怡静（女）组成的代表队参加在南昌市举行的江西省第四届职工运动会围棋赛。来自全省34支队伍共有114名运动员参赛。比赛分产业组和设区市组，为期5天，总共9轮，竞赛项目为男、女个人赛及团体赛。采取积分编排制，每轮比赛用时包干90分钟，超时判负。团体赛取各队名次最佳的2名队员的成绩计算团体成绩。各组男女个人、团体均录取前八名予以奖励。经过9轮角逐，抚州代表队夺得设区市团体组中女子组团体冠军、男子组团体亚军，综合团体亚军；在个人组中棋手孙超以积14分的成绩获得男子组亚军，女棋手胡盟以积16分的成绩获得女子组亚军，女棋手程怡静获得女子组第五名。

2020年10月31日，抚州市作为"全国围棋之乡"派出孙超、吴志华、赵子琪、王语之、饶师逢参加中国围棋协会主办的"2020全国围棋之乡联赛江西抚州分赛区"第一阶段比赛，取得了E组第五名的成绩，按照赛制未能进入第二阶段的决赛。

▲"2020中国围棋之乡联赛江西抚州分赛区"的比赛现场

三、市内举办的围棋赛事

（一）段级位赛、选拔赛

1988 年，举办了抚州地区定段、定级围棋赛，规模 230 余人，产生业余 1 段棋手 10 人，其中何宇获第一名、车国华获第二名、邹义文获第五名。

1989 年，举办了抚州地区定段、定级围棋赛，规模约 300 余人，产生业余 1 段棋手 10 人。

1990 年，举办了抚州地区第八届围棋选拔赛。

2001 年，举办了抚州市第一届少儿围棋选拔赛，参赛人数超过 300 人。

2015 年 11 月，在临川十二小举行抚州市冬季围棋段级位赛，来自临川、东乡、南城等 7 个县区 348 名选手参加比赛。本次比赛由抚州市体育总会、抚州市围棋协会主办，抚州市圆方围棋文化发展公司承办。

2017 年，在南城县举办了 2017 年抚州市春季少儿业余围棋段位比赛，进一步推动各县区少儿棋手对围棋认识，得到各县区围棋协会和培训机构的好评。

2018 年 4 月 30 日至 5 月 1 日，在抚州职业技术学院举行江西省第十五届运动会群众比赛项目抚州赛区围棋选拔赛。来自全市各区及市本级 50 余名运动员参加比赛。比赛项目设置了少年组男、女个人赛，儿童组男、女个人赛。临川区刘畅、抚州市陈佳莉分别获少年组男、女个人赛冠军，抚州市朱锐翔、杜玥瑶分别获儿童组男、女个人赛冠军。本次比赛由抚州市体育局、抚州市体育总会主办，抚州市围棋协会承办。

2018 年 5 月，在金溪县锦绣小学举行抚州市 2018 年春季少儿业余围棋段位级位大赛。来自全市各区县的 428 名围棋少年参加 10 级、8 级、4 级、3 级、2 级、1 级、1 段、2 段、3 段九个组别的比赛，经过 7 轮激烈角逐，大赛圆满结束。本次比赛由抚州市围棋协会主办、金溪县围棋协会承办、金溪县锦绣小学协办。

2018 年 12 月 30 日至 31 日，抚州市围棋协会举办了 2018 年抚州市冬季少儿业余围棋段级位赛。

2019 年 5 月 3 日，2019 年抚州市春季少儿业余围棋段级位比赛在文昌里举行。此次比赛执行中国围棋协会审定的围棋竞赛规则，采用电脑积分编排方式，参照江西省段级位管理办法录取定段升级赛名次，对成绩优秀选手发放金、银、铜牌。本次段级位赛共有 602 名少儿棋手参加，其中段位赛共232 人，业余 1 段 121 人，业余 2 段 66 人，业余 3 段 45 人。级位赛共 370人参加，其中 1 级组 38 人，2 级组 55 人，3 级组 64 人，4 级组 35 人，5 级组 104 人，10 级组 74 人。整个比赛井然有序，小棋手们纷纷拿出看家本领在棋盘上冲锋陷阵。比赛结束时，江西棋王孙超现场指导少儿棋手，分析成败，为提高小棋手的水平和积累赛事经验起到积极作用。本次比赛由抚州市围棋协会举办。

2019 年 11 月 30 日，抚州市围棋协会举办的 2019 年全市冬季少儿业余围棋段级位赛在文昌里历史文化街区成功举行。当天来自全市各地的围棋少

▲ 2019 年，抚州市冬季少儿业余围棋段级位比赛现场

儿爱好者共 765 名选手参赛，其中，参加级位赛 459 人，段位赛 306 人，参赛选手的年龄为五周岁至十二周岁。

（二）冠名赛

1989 年 12 月，举办第一届"星星杯"围棋擂台赛。

1998 年，举办"红桃 K 杯"抚州地区围棋比赛。

2000 年 10 月 2 日至 5 日，在抚州市体育馆举办了"东乡宾馆杯"抚州首届围棋棋王赛，来自全市 44 名棋手参加比赛。金溪县余诧获得第一名、市直万国胜获得第二名、市直邓伟喻获得第三名。

2001 年 10 月 19 日至 21 日，在抚州市国康娱乐城举办了"天元杯"抚州市首届围棋大赛，来自全市 66 名棋手参加了比赛。

2012 年 4 月 7 日至 8 日，第十二届"同洲杯"国际城市儿童围棋邀请赛在临川区举行。参加本届比赛的有上海市、广东省、浙江省、江苏省及南昌市、樟树市、萍乡市、抚州市部分棋院和学校的 200 名小棋手参加比赛。本届比赛设幼儿园小班组、中班组、大班组，小学组等组别的团体和个人赛，共进行 2 天比赛。上海市钱霖祥围棋俱乐部的魏诚获得小班组第一名；上海市杰盛围棋学校的节东林获得中班组第一名；上海市青少年活动中心清一队的颜正霖和秦思玥分获大班组男、女第一名；南昌市少年宫的曾子荣获得小学男子组第一名，临川围棋院的汤筱也获得小学女子组第一名；临川七小、临川围棋院、上海市青少年活动中心清一队、上海市杰盛围棋学校分获特邀组、小学组、幼儿园大班组、幼儿园中班组的团体冠军。本次比赛由临川区教育局、临川区文化体育广播电影电视局主办，临川围棋协会、临川围棋院、临川七小承办。

2014 年 8 月，举办了"天玺一品杯"抚州市第一届业余围棋锦标赛。此次比赛是近十年以来，参赛选手水平最高的一次业余围棋赛。经过激烈比赛，最终获得个人项目前三名的选手分别是：第一名市直一队万乐奇获得 6000 元奖金，第二名南丰县二队孙超获得 3000 元奖金，第三名临川区二队王梓莘获得 1000 元奖金。可喜的是前三名全是青少年棋手，在前十名之中有 6 人是青少年棋手。获得团体项目前五名的代表队分别是：南丰县二队、市直一队、乐安县队、崇仁县队和南丰县一队，根据获奖名次分别获得 600~3000 元的奖金。本次比赛由抚州市体育局、抚州市体育总会联合主办，抚州市围棋协会承办。

2015 年 2 月，举办江西省"体育·惠民 100"全民健身系列活动暨"金飞马杯·石彩墙妆"首届抚州市"才子之乡"围棋年度大赛。共有 14 支代表队，100 余名运动员参加比赛，年龄最大运动员六十六岁，最小运动员九岁。经过 9 轮的角逐，抚州市直代表队的周垅、王华围棋教室的王梓莘、南丰县代表队的赵子琪分获前三名。本次比赛由抚州市体育局、抚州市体育总会联合主办，抚州市围棋协会承办，抚州职业技术学院协办。

2015 年 5 月，举办江西省体育社会组织"体育·惠民 100"全民健身公益主题活动暨抚州市第二届"鹰王·格力中央空调杯"县级干部围棋选拔赛，共有县处级领导干部 21 名选手参赛，最终进入个人前八名的选手获奖，分别是：第一名乐安县代表队梁茂华、第二名市直代表队刘海泉、第三名市直代表队吴鉴铭、第四名资溪县代表队邵吉明、第五名市直代表队周平星、第六名金溪县代表队刘文波、第七名市直代表队艾文茂、第八名市直代表队黄乐程。本次比赛由抚州市体育局、抚州市体育总会主办，抚州市围棋协会承办。

2015 年 10 月 5 日至 7 日，举办了江西省体育社会组织"体育·惠民 100"全民健身公益主题系列活动暨"圆方杯"抚州市第二届业余围棋锦标赛。共有 12 支运动队，100 余名运动员参加比赛。本次比赛为个人赛，不分性别、不论年龄，但要求选手是业余 3 段以上水平的抚州市围棋协会会员。来自市直代表队的王梓莘以 9 战全胜的成绩夺得冠军，南城县代表队的余敬南、市直代表队的孙超分别获得亚军和季军。本次比赛由抚州市体育局、抚州市体育总会主办，抚州市围棋协会承办，抚州市职业技术学院协办。

2016 年 1 月 29 日至 31 日,举办了"金飞马杯·石彩墙妆"第二届抚州市"才子之乡"迎春围棋年度大赛。市直一队代表队夺得团体冠军,市直一队代表队的刘畅、市直二队代表队的周垅、南丰县代表队的吴润泉分别获得未来之星组、精英中坚组、政务运动组的个人冠军,并分别获得2000 元、4000 元、2000 元的奖金。本次比赛由抚州市体育局、抚州市体育总会主办,抚州市围棋协会、抚州职业技术学院、抚州圆方围棋文化发展有限公司承办。

2016 年 4 月 8 日至 10 日,举办"鹰王·格力中央空调杯"第三届抚州市县级干部、老干部围棋比赛。县级领导干部组 18 名参赛选手、老干部组21 名选手各经过 5 轮的"厮杀",市直代表队的吴鉴铭、市直代表队的李志刚分别获得两个组的冠军,两组的前十名选手获颁证书和奖品奖励。本次比赛由抚州市体育局、抚州市体育总会主办,抚州市围棋协会、抚州市老干部活动中心、抚州职业技术学院承办,抚州市鹰王家电家俱销售有限公司冠名支持。

2016 年 8 月 20 日至 22 日,举办抚州市第五届全民健身运动会"广西一建·敏敏百货杯"抚州市第三届围棋锦标赛。在此次围棋赛中,青少年棋手表现尤为抢眼。最终,获得公开组前三名的选手分别是:市直代表队孙超、南丰县代表队吴俊、南城县代表队李秋峰。获得嘉宾组前三名选手分别是:乐安县代表队的缪友祥、崇仁县代表队黄志强、市直代表队袁凤辉。市直代表队的孙超、乐安县代表队的缪友祥分别获得公开组、嘉宾组的个人冠军,并分别获得 6000 元、3000 元的奖金。本次比赛由抚州市政府主办,抚州市体育局、抚州市体育总会承办,抚州市围棋协会、抚州职业技术学院、抚州圆方围棋文化发展有限公司协办。

2017 年 3 月,举办了江西省"体育·惠民 100"暨抚州市第四届"鹰王·格力中央空调杯"领导干部围棋赛。来自全市在职的县处级领导干部、

▲2016年8月，"广西一建·敏敏百货杯"抚州市第五届全民健运动会围棋比赛现场

科级干部及离退休老干部12个参赛队100余名运动员、教练员参加此次比赛。经过2天5轮激烈角逐，金溪县王安安、南丰县平亮、抚州市袁凤辉分别获老干部组、科级干部组、县级干部组冠军。本次比赛由抚州市体育局、抚州市委老干部局主办，抚州市围棋协会、抚州市老干部活动中心承办。

2017年10月，举办了"江西洪泰·敏敏百货杯"抚州市第四届围棋锦标赛。在此次比赛中，青少年棋手表现最为抢眼。市直代表队的孙超、王梓莘、周垅分别获得公开组的前三名。崇仁县代表队的陈晓光、黄志强，南丰县代表队的吴润泉分别获得嘉宾组的前三名。本次比赛由抚州市体育局、抚州市委老干部局主办，抚州市围棋协会承办。

2018年2月，举办了"敏敏百货杯"抚州市迎新春围棋比赛。比赛主题为"新时代、新景象、新发展"，来自全市各县区和市直单位的12支代表队，运动员、教练员、裁判员、新闻界朋友、社会各界人士共计100余人参加比赛。此次比赛以团体赛形式进行，每队同时上4人比赛，参赛运动员必须是本地户口。经过5轮激烈的角逐，市直一队、南城县、崇仁县获得团体前三名。本次比赛由抚州市体育局、抚州市体育总会主办，抚州市围棋协会承办。

2018年10月12日至14日，举办了2018年"百千万工程·中国体育彩票杯"抚州市第五届围棋锦标赛。

2019年8月9日至11日，举办了2019年"全民健身日·中国体育彩票杯"抚州市第六届围棋锦标赛。本次比赛共有来自临川、东乡、南城、南丰、金溪、崇仁、乐安、黎川等县区和市直代表队的110多名选手参赛。比赛为个人赛，分为公开组、嘉宾组、小棋王组（2008年1月1日以后出生），参赛的都是业余3段以上（含业余3段）水平的社会各界人士，比赛采用国家体育总局审定的最新围棋竞赛规则进行，采用积分编排制，共7轮比赛。经过激烈角逐，市直代表队的孙超以7战全胜的成绩，夺得公开组个人冠军；市直代表队的刘畅，南丰县代表队的吴润泉分别获得第二名、第三名；湖南湘潭的何云波夺得嘉宾组个人冠军，崇仁县代表队的刘卫华和金溪县代表队的王安安分别获得第二名、第三名；崇仁县代表队的黎煜宸夺得小棋王组个人冠军，市直代表队的吴净文和南丰县代表队的邓由飞分别获得第二名、第三名。本活动由抚州教育体育局主办，抚州市围棋协会、抚州众智围棋文化发展有限公司承办。

2019年11月1日至3日，在抚州市金溪县陆九渊文化艺术中心举办了"象山杯"江西省名人围棋团体邀请赛。比赛赛制新颖，各地市分别由1名厅级干部、2名县级干部、1名科级干部和1名社会名流共5人组成一个队，进行5轮团体对抗，来自全省11个设区市和省直机关代表队共计50余人参加了比赛。经过激烈角逐，最终鹰潭市代表队勇夺冠军，萍乡市代表队夺得亚军，南昌市代表队获得季军。本次比赛是由江西省围棋协会主办，抚州市围棋协会承办，金溪县教育体育局、金溪县围棋协会协办。

（三）运动会围棋赛

1997年，举办了临川区运动会围棋比赛，涂蔚获得第一名。

▲2019年，"象山杯"江西省名人围棋团体邀请赛冠军队领奖现场

1999年，举办了抚州地区运动会围棋比赛，涂蔚获得第一名。

2017年8月，举行了抚州市第五届运动会中国象棋·围棋比赛。本次比赛设中国象棋个人组、团体组和中国围棋个人组、团体组4个组别。经过3天的比赛，公安系统雷冯林、教育系统吴志华、修伟获得围棋个人组前三名的成绩，团体组前三名由公安系统、教育系统、检察系统获得。邮政系统、教育系统、公安系统、检查系统获得体育道德风尚奖。本次比赛由抚州市人民政府主办，抚州市体育局承办，抚州市围棋协会、象棋协会协办。

（四）老干部围棋赛

2015年5月，举办了第一届全市老干部围棋赛。参赛对象为全市爱好围棋的离退休老同志。共有24名选手参赛，其中年龄最大的八十岁。最终，前八名获奖选手分别是：第一名临川区代表队周德荣、第二名南城县代表队黄裕华、第三名市直代表队龚国泉、第四名宜黄县代表队徐润泉、第五名乐安县代表队吴明日、第六名临川区代表队周建华、第七名黎川县代表队吴振国、第八名市直代表队黄晓翔。本次比赛由抚州市委老干部局主办，抚州市围棋协会、抚州市老干部活动中心承办。

2016年4月，举行了江西省体育社会组织"体育·惠民100"全民健身特色主题活动暨2016年抚州市第三届县级干部、老干部围棋赛。经过两天的角逐，市直代表队吴鉴铭、万泽兵及金溪县代表队刘文波荣获县级领导干部组前三名。市直代表队李志刚、宜黄县代表队徐润泉、乐安县代表队吴明日荣获老干部围棋赛前三名。本次比赛以"健康江西动起来"为主题，来自全市11个县（区）的16支参赛队参加了比赛。本次比赛由抚州市体育局、抚州市委老干部局、抚州市体育总会主办，抚州市围棋协会、抚州市老干部围棋协会承办。

2018年4月19日至21日，举办了江西省第四届"四地市"老干部围棋赛。

（五）趣味赛

2019年10月1日，在文昌里举办了庆祝中华人民共和国成立七十周年暨"梦湖天玺"全民围棋竞猜大赛活动。本次活动内容丰富、形式多样，有抚州棋迷对抗赛、职业棋手多面打对抗赛、游客和棋迷竞赛胜负抽奖等内容。当天下午分别由50名棋迷分别组成红、蓝2队开展了围棋对抗赛，大家在黑白大战中，感受围棋的无穷魅力。晚上进行的职业棋手多面打对抗赛掀起了此次全民围棋竞猜大赛活动的高潮，抚州籍职业棋手万乐奇二段、职业女子棋手王梓莘一段、江西棋王孙超业余6段与抚州棋迷分别进行了1对5的多面打对抗赛，授让子数由双方相互商定，结果万乐奇5胜0负、王梓莘3胜2负、孙超3胜2负。同时吸引了众多游客和棋迷参与有奖竞猜，凡猜中万乐奇胜、王梓莘胜、孙超胜的棋迷和游客均可凭竞猜券领取礼品一份。本次活动是推广抚州趣味围棋、大众围棋的一次成功的创新尝试，取得了较好的社会反映。

（六）网络赛

2020年1月6日，举办抚州—金溪业余围棋居家网络擂台赛，各队共

11 名队员，各队赛前将队员出场顺序确定，中间不得更改，双方按排序安排队员出战。经过角逐，最终金溪队获得擂台赛的胜利，进一步丰富特殊时期广大围棋爱好者居家防疫文化生活。

第二节 围棋培训

　　抚州围棋少儿培训始于 20 世纪 90 年代末期，这些培训机构的核心师资多是抚州市原国企改制后再次择业的围棋爱好者。他们经过二次就业，选择从事围棋培训教育工作。十余年来，抚州市少儿围棋教育培训机构逐步壮大，源源不断地培养一批批围棋人才。抚州少儿围棋教育已成为抚州围棋教育培训的亮点。1992 年出生的卢天圣已成为职业三段，1995 年出生的万乐奇已成为职业二段；1998 年出生的孙超是业余 6 段棋手，并荣获"江西棋王"称号，2000 年以后出生的围棋手，如 2001 年出生的女孩王梓莘已是职业初段，2006 年出生的刘畅已是围棋业余 5 段棋手，2012 年出生的张善弈荣获 2019 百灵杯全国少儿围棋公开赛冠军；2010 年出生的黎煜宸以第一名入选"江西黑猫集训队"等等，他们已成为抚州竞技围棋的中坚力量。2019 年以来，抚州市围棋协会举办了两期全市围棋启蒙教练员培训班，致力培养一批专业化高素质的围棋启蒙教练员队伍。

一、培训机构

（一）王梓莘围棋道场

　　2000 年成立，原名为王华围棋教室。王梓莘任法人代表、负责人。现有师资 3 人，其中王梓莘为职业初段，王华、王一帆均为业余 5 段。在校学员 100 人。成立 10 余年以来，培养出一大批少儿围棋棋手，其中业余 5 段棋手 30 位，省级冠军 20 多人，全国业余围棋赛冠军 4 人。

（二）抚州棋校

2002年成立，刘晓君（业余5段）任法人代表、负责人。教练员艾青、章复杰、王志刚3人，均为业余5段。在校学员120人，创办以来共培养学员2000余人。

（三）抚州晓青围棋学校

2002年成立，原名抚州棋院，2012年更名抚州晓青围棋学校。成立以来傅晓青任校长，在校学员400余人。

（四）东乡棋院

2005年成立，廖振武、丁学平任教练，两人均为业余5段。10多年来，培养了许多热爱围棋的学员，带动东乡围棋事业的发展。现有学员中黄雨澄、李默根为业余5段学员，乐之好、张哲、陈卓成为业余4段学员，业余3段学员数十人。

（五）临川围棋院

2006年9月成立，2018年12月经临川区教育体育局审批正式成立临川区围棋学校。马长银任院长，韩辉平任总教练、副院长，邹友桂任副院长。近年来，在校学生基本稳定在300余人。棋院在市区和上顿渡城区共有5个分部和1个合作授课点。现有专业老师12人，其中业余5段4人、业余3段1人、业余2段3人、业余1段2人；国家一级裁判4人、三级裁判6人；江西省优秀教练员8人。先后培养了马慧、周泽乔、江育伟、徐婧杰等多名业余5段小棋手。自创办以来，先后组队参加各类赛事，共获得团体冠军27次、亚军62次、季军56次；个人金牌66块、银牌102块、铜牌123块。2011年至2018年围棋甲级联赛抚州专场比赛中，临川围棋院都参与或承担了赛事裁判工作。

（六）南丰桔都棋院

2006年8月成立，位于南丰附小对面。张秋英任法人代表、负责人。设有1个分院，有专业教师7名，其中张桂华、揭松胜为业余5段，徐平根、祝冬安为业余 4 段。现有学员 150 多人，共开设启蒙班、初级班、中级班、高级班和竞赛班等 5 个班级。拥有 9 个教室，含 2 个多媒体教室共计 400 多平方米，另有 100 多平方米的学生操场。院内共有围棋书籍 1000 多册，供学生借阅。办院以来，培养出了大批优秀的围棋人才，业余 5 段的有揭阳、章钱睿、姜鸣华，业余 4 段有邓由飞、黄万辰、汤绍轩等 10 多人，业余 3 段有吴睿辰、吴昊鹏、陈哲昊、张曾辉、邱崇彧、胡凯等 20 多人，业余 2 段至业余 1 段学员 50 多人。

（七）崇仁棋院

2007 年 7 月成立，程国龙担任院长。现有教练 3 人。每学期定期分派老师到县城各中心小学上围棋普及课，每年参加培训的学生数 300 余人。学员中业余 5 段 2 人，业余 4 段 4 人及其他各级段位者 20 余人。先后培训学员近万人，多名学员曾在市、省乃至全国围棋比赛中获奖。其中，胡盟 2 次获江西省少儿围棋比赛同年龄女子组冠军；2018 年 7 月，张善弈在由聂卫平围棋道场和 Google 联合主办的"寻找围棋小先锋"南昌站的比赛中获男子 F 组冠军；同年 9 月，张善弈获得在北京举行的总决赛参赛资格，进入前四名。

（八）南城棋院

2007 年 10 月成立，刘明宇任法人代表，邱平任负责人。成立之初，朱银辉、邱平、余敬南、刘明宇 4 人任教练。现有教师 10 余人，其中邱平、余敬南、刘明宇均为业余 5 段，每年培训学员 800 多人。现设两家分部，地点分别在南城一小和南城二小附近，开设启蒙班、初级班、中级班、高级班和速成班。自创办以来，先后组队参加国内国际各类棋赛，获得较好成绩。2010 年 5 月，获抚州市少儿围棋比赛团体第三名；2012 年 12 月，获抚州市少儿围棋比赛团体第一名，万官辉获抚州市少儿围棋锦标赛 A 组第二名（授于业余 3 段），吴培晃获抚州市少儿围棋锦标赛 A 组第三名（授于业余 3 段），范伯望获抚州市少儿围棋锦标赛 A 组第四名（授于业余 2 段），程天阳获得抚州市少儿围棋锦标赛 B 组第一名（授于业余 1 段）。第十二届"同州杯"国际围棋邀请赛，范伯壁获特邀组第二名，尧文灏获一、二年级组第四名。目前棋院有胡诗昊、朱著域、熊峥嵘 3 位学员获业余 5 段。

（九）金溪县锦绣文化艺术培训中心

2010 年 6 月成立，舒钰任法人代表，现有师资 30 人。坐落象山公园，下设围棋部，尹建兰为围棋部负责人，尹建兰（业余 3 段）主要从事围棋教育和心理素质教育推广，每年培训学员 100 余人。

（十）抚州阳光城围棋天地

2012 年成立，吴国忠任负责人，目前是抚州最小的一家围棋培训机构，位于阳光城小区内，教室面积仅 20 余平方米，一次性接纳学员十七八人。成立以来，学员从几人发展到几十人，其中涌现出几位佼佼者，如张星宇（业余 5 段，现执教于江西棋院）、饶子灏（业余 4 段）等。

（十一）乐安棋院

2013 年 7 月成立，曹贵芳任主要负责人。开设围棋班、象棋班，共有学员 70 人。

（十二）黎川县少儿围棋培训中心

2014 年 10 月成立，涂建腾（业余 4 段）任法人代表、负责人。培训中心面积 250 平方米，现有教练骆新平、马文胜等 5 人，其中骆新平老师为业余 5 段。现有学生 30 人，业余 1 段学生以上有 16 人，其中有业余 5 段 1 人、业余 4 段 1 人、业余 3 段 5 人。

（十三）南丰天元围棋

2014 年成立，饶国英任法人代表。现有师资 3 人，学员 50 人。

（十四）宜黄棋院

2014 年 4 月成立，李陶（业余 5 段）任负责人兼授课老师。坐落在宜黄县凤冈镇桥头大厦对面的何氏超市六楼。现有学生 25 人，其中徐紫阳业余 4 段、钟垂仟业余 4 段，另有业余 3 段 4 人、业余 1 段 2 人。

（十五）金溪县小博士围棋学校

2015年成立，金溪县围棋协会秘书长左荣生老师执教。近年来，学生数稳步增长，学员水平也有较大提高。目前，学员张达为业余5段棋手、肖俊文为业余4段棋手。

（十六）南丰围棋培训中心

2016年6月，经南丰县文体局批准成立，吴俊任法人代表，业余5段。现有专业教师7人。现有学员86人，其中业余5段2人、业余2段1人、业余1段3人，其他各级段位者10余人。多名学员曾在省、市各级少儿围棋比赛中获奖。吴昊鹏获2017年江西省青少年校外教育学生成果三等奖，被授予业余5段；姜鸣华获江西省段位赛冠军，授业余5段。

（十七）南丰棋院

赵子琪任院长，业余5段。现有饶鸿翔（业余4段）、方英、陈玲、李东芳等教师5人。成立以来，先后培养了章钱睿、刘为等一批省、市少儿围棋冠军，小棋手共计3500多人。

（十八）资溪围棋培训中心

2018年初成立，邹建新担任院长、主教练。

（十九）抚州市众智棋院

2019年成立，由抚州弈秋围棋学校与原抚州棋校合并后直属抚州市围棋协会，2021年正式加盟全国围棋知名品牌弈飞围棋，成为抚州市唯一一所专业少儿围棋弈飞加盟校，现有业余5段以上教练员8人，学生在历次省、市乃至全国比赛中成绩优异，多人次获全国少儿冠军。现有学员300多人。

二、围棋教练

马长银，1969年出生，临川区人。现任临川围棋协会法人代表、秘书长，临川围棋学校法人代表、理事长，上海市同洲杯国际城市少儿围棋邀请赛组委会副主任。曾获得围棋国家优秀领队、江西省社会团体先进工作者等荣誉称号。2006年9月发起成立临川围棋协会，同年组建临川围棋院。2009年获围棋国家一级裁判员资格。2012年担任全国"围甲"联赛抚州专场比赛裁判长，多次受邀担任"围甲"抚州市专场比赛裁判长。

刘晓君，1970年出生，临川区人。围棋业余5段，现任抚州棋校法人代表、负责人、教练员。早年师从陈更昌、丁国英学习围棋，善于向书籍学习围棋知识，长期养成了钻研棋理的好习惯。他是第一批从事抚州市少儿围棋培训的教练员，现教龄18年，前后培养出围棋业务5段棋手有20余人，门下弟子有卢天圣、万乐奇等职业棋手。先后帮助崇仁、南城等县区拓展围棋培训。

邓伟喻，1970出生，临川区人。围棋业余5段，曾任抚州棋校教练。20世纪90年代起，多次抚州市围棋比赛，并多次获得前三名的成绩。2001年开始从事少儿围棋教育，曾作为抚州市少儿围棋总教练带队参加江西省首届少儿围棋锦标赛，队员取得团体亚军，夺得少儿男子C组和女子组个人冠军，以及多个组别的前六名的好成绩。在短暂的几年少儿围棋培训生涯中，先后遇到欧阳盟、刘寅婧、周垅、雷昕宇、孙超等优秀学生，在他们的刻苦努力和坚持下也取得了较好成绩。

王华，1970年出生，大学学历。围棋业余5段。现任王梓莘围棋道场教练。2000年创办王华围棋教室，后改名为王梓莘围棋道场。2001年，在抚州市体育局的支持下组织举办了抚州市第一届少儿围棋大赛，从中遴选出卢天圣等78名优秀小棋手，组成抚州少儿围棋集训队。此后连续两年分别举办了第二届和第三届少儿围棋大赛。2014年作为抚州队教练带队棋手参加江西省运动会，夺得4金1银1铜的好成绩。2017年又作为江西队教练带女儿王梓莘在全运会上夺得江西省围棋项目唯一一块银牌。2003年王华当选为常务副主席，同年与陈更昌老师开展了两期围棋教练员培训，为抚州围棋教育培训师资。王华凭着对围棋的深深热爱，更让自己家成了真正的"围棋之家"，女儿王梓莘，跟随父亲学棋10余年，2017年成为围棋职业初段棋手，是江西首位女子职业棋手；两个儿子经多年专业训练也成为业余 5 段棋手。

余敬南，1970 年出生，南城县人。围棋业余 5 段。现任南城县围棋协会副主席。1987 年自学围棋，2015 年获得围棋一级教师资格。多次荣获南城县围棋比赛冠军和抚州地区比赛亚军及十强名次。自担任南城棋院围棋老师以来，培养学生业余 5 段以及段位棋手百余人，学生们曾荣获团体冠军。

黄平平，1970 年出生，抚州市人。围棋业余 5 段，抚州众智棋院主要创始人，小学数学高级教师，江西省数学学会理事，2020 年当选为抚州市围棋协会副秘书长。从小酷爱围棋，大学期间拜师专业学习围棋，刻苦钻研棋艺，个人曾获得抚州市围棋大赛第四名，参加抚州市全运会代表抚州市教体系统获围棋项目团体冠军和个人第三名。2006 年、2008 年被评为抚州市优秀围棋教练员。1995 年开始从事少儿围棋教育，在多年的围棋教育中逐渐摸索出一套科学的训练方法，让学生能很快掌握围棋基本技能，技巧及基础理论知识，小学员们能在学棋当中体会乐趣，学到技能，启迪智慧。先后培训数千名少儿棋手，如第一批学员李一航留学德国，黄逸民留学澳大利亚，两人在各自的大学组织成立围棋社。2020 年，积极推动抚州众智棋院弈秋分校与抚州棋校合并，成立抚州众智棋院，致力于少儿围棋教育的科学化、系统化管理，进一步促进抚州市少儿围棋教育的发展。

李明，1971 年出生，临川区人。围棋业余 5 段。2009 年获江西省体育传统项目学校棋类围棋比赛优秀教练员称号。初中期间开始学习围棋，1989 年在抚州市第二届段级赛定为业余 1 段棋手。此后在参加江西省升段赛期间，获得过江西省优秀运动员称号。1991 年以来，曾三次获得抚州市、临川区围棋比赛个人冠军。曾作为抚州市围棋代表队主力队员多次协同队友荣获市（区）全运会团体冠军。

陈军，1972 年出生，临川区人。2001 年开始从事少儿围棋教育，2009 年后去外省从事围棋教育工作。在抚州从事少儿围棋培训期间，先后有幸遇上卢天圣、万乐其、刘寅婧、周垅、孙超、雷昕宇、张可馨等一批优秀学生。2001 年到 2008 年间，带领学员多次获得省、市级别男子各组冠军及前六名的成绩，包揽了六届的女子组各级别冠军。

廖振武，1972 年出生，临川区人。现任东乡棋院负责人。2001 年开始从事少儿围棋教育，曾带领抚州少儿围棋队参加江西省少儿围棋锦标赛，多次获得江西省团体冠军和个人好成绩。先后培养出三位围棋业余 5 段棋手以及众多业余 4 段、业余 3 段棋手。

吴俊，1972 年出生，南丰县人。现任南丰围棋培训中心法人代表、教练。1988 年获得抚州市围棋十强赛第六名，1989 年获得抚州市全运会围棋比赛第三名，2016 年获得抚州市围棋锦标赛第二名等。曾培养出多名业余 5 段棋手，其中学生章钱睿、揭阳、姜鸣华都曾获江西省围棋冠军，吴昊鹏获得江西省青少年校外教育学生成果围棋一等奖。

赵子琪，1973 年出生，南丰县人。围棋业余 5 段。现任南丰棋院院长。1986 年，父亲便送他到上海学习围棋。1988 年开始参加江西省各类围棋比赛，获得过江西省"伟梦杯"团体冠军，多次获得抚州市围棋比赛冠军。2004 年创办南丰棋院，带出了一批品学兼优的好学生。如章钱睿于 2006 年、2007 年连续获得江西省青少年围棋比赛女子组冠军；李思颖于 2007 年获省青少年围棋比赛女子组亚军。曾获得抚州市青少年围棋冠亚军学员有：刘为（华中科技大学）、钱辰耀（华中师范大学）、李博文（西安交通大学）、李思颖（中南财经政法大学）、张博超（华东政法大学）、罗志远（合肥工业大学）。

艾青，1973 年出生，临川区人。从事围棋培训 13 年。他与章复杰、王志刚都是抚州棋校合伙人，先后培养出业余 5 段棋手 30 余人，多名学生曾获得江西省比赛的团体冠军及个人冠军。

邱平，南城县人。本科学历，国家级社会体育指导员，一级围棋教师，围棋业余 5 段，现任南城县围棋协会副主席、南城棋院负责人。2007 年开始从事围棋教学工作，能针对学生的特点进行围棋教学，教学成果显著，所教学生多次在县、市级围棋比赛中名列前茅。先后培养出朱著域、胡诗昊、熊峥嵘等多名少年业余5段棋手。2018年被评为江西省优秀社会体育指导员。

程国龙，崇仁县人。围棋业余5段，曾荣获抚州市围棋比赛冠军，代表抚州市参加2006年江西省首届"伟梦杯"业余围棋联赛。现为崇仁棋院、崇仁益智少儿围棋培训中心创办人，围棋教学经验丰富，从事少儿围棋教学10余年。先后培养了张善弈、黎煜宸、胡盟、黄博洋等优秀少儿棋手。

第三节　围棋产业

围棋是我国优秀传统文化之一，已有 4000 多年的历史，而绵延至今，逐渐发展成为一种职业化、产业化和国际化的体育竞技与文化交流活动。围棋产业是以围棋赛事为核心的衍生产业，既属于文化产业，也属于体育产业。创新发展围棋产业，有利于吸引大量的外来人流，提升抚州旅游人气，带动抚州旅游业发展，促进抚州旅游产业和体育产业消费，为实现"文化强市"助力，成为抚州经济新的增长点；有利于打造抚州精品文化产业，促进抚州文化体育事业发展，不断满足人们精神文化需求；有利于提高抚州城市和抚州文化知名度，进一步提升抚州历史文化名城和抚州文化影响力。目前，抚州围棋正在增强自身造血功能，主动加强与文昌里的"联姻"，不断推进围棋与文化旅游、生态科技和互联网等领域的深度合作，激活围棋文化消费，开展各类围棋赛事文化等活动，不断满足人们群众美好精神文化追求，努力打造围棋产业发展的"抚州模式"。

一、抚州地理优势明显

抚州市境内山灵水秀，风光旖旎。2015 年 12 月，抚州入选中国大陆城市氧吧五十强的榜单。抚州空气质量指数排名第一，森林覆盖率达 65.6%，城市绿化覆盖率达 41.43%，被誉为全国"天然大氧吧"，先后被评为国家园林城市、国家森林城市、国家卫生城市、全省生态文明先行示范市、全国第二个国家生态产品价值实现机制试点市和省级历史文化名城等，具有优良的自然生态环境。

当前，抚州是南昌都市圈、海西经济区、向莆经济带的重要节点。沪昆高铁、昌福铁路贯穿全境，济广高速、福银高速穿境而过，境内交通便捷，县县通高速，村村通公路，实现了与南昌、武汉、福州、厦门等大中型城市的有效对接，融入了南昌半小时经济圈、闽三角三小时经济圈、长三角四小时经济圈。若抚州机场、昌抚城际铁路建成，还将进一步改善该区域对外交通条件。抚州也是南昌市、昌福铁路沿线城市休闲度假后花园和闽三角、长三角、珠三角城市群的休闲度假的生态文化旅游目的地，区位优势十分凸显。

自古以来，抚州人文鼎盛，孕育着众多的名胜古迹和悠久的历史文化，形成了人文底蕴深厚、丰富而独特的旅游资源。历史文化名人众多，如北宋词人、宰相晏殊，"唐宋八大家"中的王安石、曾巩，"心学鼻祖"陆九渊，明代剧作家汤显祖，红军书法家舒同等名儒巨匠。市区有汤显祖纪念馆、王安石纪念馆、汤显祖艺术大剧院、拟岘台、梦湖、梦岛、三翁花园、文昌里历史文化街区等景区景点。截至 2020 年底，抚州境内有国家 AAAAA 级景区一个，国家 AAAA 级景区 24 个，全国乡村旅游重点村 5 个，有金溪县浒湾镇、广昌县驿前镇、乐安县流坑、金溪县竹桥古村等全国历史文化名镇、名村 10 个，境内资溪大觉山、南城麻姑山、南丰军峰山、乐安大华山、临川金山寺、市区正觉寺、金溪疏山寺等名山古刹，构成了全域旅游大网络。

二、围棋产业基础良好

抚州境内围棋文化资源丰厚。乐安县大华山至今有著棋峰，峰巅建有著棋亭，麻姑兄妹弈棋的棋局收录于《万汇仙机棋谱》，临川内史谢灵运在灵谷峰与仙人对弈，至今留有棋坪石，其他如乐安流坑棋盘街、南城棋盘岭、宜黄仙洞山、荆公路历史文化街区棋子巷等都是与围棋有关的文化遗存。抚州刺史颜真卿林下仙弈、曾巩殿奏用兵犹弈棋、王安石"围棋赌诗"、陆九渊"观棋悟河图"、汤显祖"以围棋对联赢娇妻"。此外，北宋词人晏殊、元代吴澄、明代聂大年、清代刘未林等都写下了有关围棋的诗文。元代虞集为著名棋书《玄玄棋经》作序，明代益敬王朱常淔辑印《会弈通玄谱》，郑之文作《弈志》序，李自芳作《坐隐先生订谱》序，清代陈用光作《董君棋谱序》，谭其文著有《弈选诸家小传》《槐阴堂钞存弈谱》，民国时期欧阳祖经为《围棋布局要则》作序等，共同谱写着灿烂多姿的抚州才子围棋文化。至今，国家图书馆、首都图书馆等机构保存着抚州围棋文献。对此，中国围棋协会主席林建超评价说："抚州是中国围棋文化四千多年发展过程中，最具代表的三个城市之一，是唐宋以来才子围棋文化最典型的代表。"

近年来，抚州市不断加大围棋赛事文化交流，基本上实现每周有活动，月月有赛事，年年有"围甲"的浓厚氛围。先后参加国家级赛事 10 余次、省级赛事数十次，连续举办 10 余次全国围棋甲级联赛，主办市级赛事 100 余次。通过赛事交流，先后吸引聂卫平、柯洁、时越、古力、范廷钰、马晓春、江维杰、芈昱廷、周睿羊及韩国籍的崔哲瀚、李世石等 10 余位世界冠军来抚州开展赛事解说或围棋交流。此外，在抚州举办的 4 届江西省互联网大会上多次上演世界冠军与计算机的"人机大战"，吸引了国内外围棋精英

▲乐安县大华山远景图

云集抚州，进一步提升抚州围棋的知名度。2019年抚州首次作为"全国围棋之乡"特邀代表参加中国围棋大会。2020年和2021年参加"全国围棋之乡"联赛。抚州围棋交流不仅赛事频繁，而且赛事级别较高。

抚州市围棋培训开始于20世纪90年代，到2020年底已成立市、县两级围棋培训机构19家，每年在校青少年学员4000余人，业余3段以上棋手700多人，接受过围棋教育的人数达2万多人，围棋人口6万余人。2020年，江西省共有职业棋手6人，抚州市有职业棋手4人，包括全省唯一一名女职业棋手。实践证明，少儿围棋教育培训是抚州市围棋培训的亮点，为新时代的抚州围棋产业发展积累了宝贵经验。

2017年，抚州市首开全国围棋甲级联赛赛事门票市场化运作的模式，通过宣传报道、广告、冠名、门票、与世界冠军合影和签名以及赠送抚州围棋文化礼品等方式先后吸引数十家企业支持赞助。中国围棋协会主席林建超对此高度评价："围甲"活动在抚州能设置门票，而且销售这样好，充分说明抚州关心围棋事业的人多，围棋群众基础好，围棋氛围浓，真正体现出抚州是一个文化大市和文化强市。2017年，抚州众智围棋文化发展公司推出"众智围棋牌"7个系列60多个品种的围棋文化产品。2018年11月，中国围棋协会授予抚州市"全国围棋之乡""全国围棋产业先进示范城市"等荣誉称号，帮助支持抚州围棋产业发展。2020年，抚州市委市政府启动了抚州天元围棋大酒店工程项目建设。

目前，抚州围棋产业蓄势待发，潜力无限。

三、注册围棋文化产业实体

2017年8月，成立抚州众智围棋文化发展有限公司，注册资金全部来自协会会员和会员单位。该公司独立核算，自负盈亏。主要从事围棋文化产品及围棋衍生产品的开发、经营，围棋高端培训、大型围棋赛事活动策划、组织和市场营销运作等经营活动。

组织架构：一是股东大会。由全体股东组成，股东大会是公司最高权力机关，拥有决定公司最重要事项的权限，并拥有选举董事、组成董事会和其他部门成员，罢免有关成员、追究部门和成员责任的权限。二是董事会。董事会是最高权力机构的常设机构，在股东大会闭会期间行使股东大会职权。董事会由股东大会选举产生。董事会设董事长1名。董事长由董事会选举产生（由抚州围棋协会提出候选人，采取等额选举），并报抚州围棋协会审定。董事会对股东大会负责，负责召集股东大会，并向股东大会报告工作；执行股东大会的决议；决定公司的经营计划和投资方案；制定公司的年度财务预算方案、结算方案；制定公司的利润分配方案；拟定公司合并、分立、解散的方案；决定公司内部管理机构的设置；聘任或者解聘公司总经理，根据总经理的提名，聘任或者解聘公司副总经理、各部部长等高级管理人员，决定其报酬事项；制定公司的基本规章制度。三是监事会。监事会由股东代表和公司职工代表组成。监事会的成员暂设5人（其中1人为职工代表）。监事会应在其组成人员中推选1名召集人。董事、总经理及财务主管人员等高级管理人员不兼任监事。

发展宗旨：以诚信为基础，以合法经营为原则，以传承文化、传播思想为使命，以不懈的创新精神、卓越的管理和服务水准，致力于发展抚州围棋文化产业；为社会倡导积极、健康、快乐、环保的价值取向；立足抚州，面向世界，专注于行业发展，实现公司快速持续成长。

经营模式：本公司以特定对象募集的方式设立，股东由抚州市围棋协会会员和会员单位构成。公司隶属于抚州市围棋协会，实行股份制模式运作。

主营范围：主要有四大块，分别是组织开展围棋培训、围棋赛事运营、研发推广文创产品、组织开展围棋文化旅游。

围棋培训：主要是针对社区居民、中老年、残疾人、机关干部、青少年学生等不同群体，进社区、进机关、进校园、进基层，有针对性地开展围棋培训活动。一是中老年人培训。可针对五十至六十五岁年龄之间（行动方便，男女不限），一期拟培训 40~200 人，优质服务，福利多多（水果、生日蛋糕、免费发汉服等）。二是少年围棋队选拔。通过一些赛事和竞猜正式打造以众智公司冠名的少年围棋队，根据少年队的年纪段位和入队时间，对获得成绩的抚州少年队进行重奖激励。三是少儿围棋培训。以抚州市围棋协会新址文昌里为中心，在全市范围内开展 3~10 个培训点，少儿围棋培训将突出特色。

赛事运营：以文昌里围棋大舞台为中心、以客户所在地为中心、以社区和小区为中心。一是以文昌里围棋大舞台为中心与各类商家签订长期商业宣传合作协议。二是以客户所在地为中心通过围棋的流量和粉丝，可以为景区、单位、饭店开业专业订制各种类型的赛事活动的商业运营。三是以社区和小区为中心寻找一些优质的商家，推广商家和围棋。

文创产品：自公司成立以来，陆续推出了一些文创产品，如 2017 年，该公司推出"众智围棋牌"围棋文化产品：棋俱、文房四宝、茶俱、折扇、香薰产品、茶叶、酒等系列产品 60 多品种。部分产品在 2018 年中国围棋甲级联赛抚州专场活动现场和文昌里展示，吸引众多嘉宾、媒体和棋迷的关注。目前，正在打造围棋小剧场包含智能围棋盘（10 个左右），拍摄了围棋微电影，制作了抚州围棋宣传片等文创产品。

文化旅游：围棋文化旅游是一个综合难度较高的项目。在争取中国围棋协会的支持下，以中国抚州文昌里围棋文化城为主线，辐射到各县区围棋文化资源所在地，整合抚州乃至江西所有的旅游景点，打造抚州围棋文化精品旅游路线。

四、围棋文化产业发展构想

围棋产业既属于文化产业，也属于体育产业。2018 年 12 月 21 日，国务院办公厅印发了《关于加快发展体育竞赛表演产业的指导意见》，指出要大力发展围棋职业赛事，打造围棋等具有民族特色的体育竞赛表演品牌项目，积极推进围棋体育竞赛表演产业专业化、品牌化、融合化发展。2019 年 8 月

10 日发布的《国务院办公厅关于印发体育强国建设纲要的通知》指出，到 2035 年我国体育产业将成为国民经济支柱产业，体育文化感召力、影响力、凝聚力将极大提高。这为抚州围棋产业发展指明了方向，为此，抚州围棋事业和围棋文化产业将会得到进一步的繁荣发展。

（一）编制抚州围棋文化发展规划

将打造中国围棋文化"抚州样板"纳入抚州市"十四五"文化发展规划，设立"才子围棋"文化智能产业园，鼓励和扶持企业和社会资本投资兴办围城文化产业实体，开展围棋文创产品研发生产，开设高端围棋培训机构，开发围棋文化旅游景点和围棋文化旅游线路，兴办和承接围棋文化旅游团体，鼓励和支持围棋文化高端人才引进，全力打造"围棋＋文化、围棋＋教育、围棋＋文创、围棋＋旅游、围棋＋人工智能"的围棋文化新格局。

（二）争取与中国围棋协会签署战略合作协议

借鉴山东日照、云南保山等地经验，争取中国围棋协会与抚州市政府签署战略合作协议，将"全国围棋文化产业示范市""全国围棋启蒙老师培训基地""全国围棋夏令营、冬令营""全国围棋文化与旅游合作基地""中国围棋国家队集训基地""中国围棋文化对外交流中心"等国家级围棋文化基地落户抚州。争取将"全国名校围棋邀请赛""全国新闻媒体围棋邀请赛""全国企业家围棋邀请赛""国际围棋邀请赛""中国围棋甲级联赛""全国围棋之乡邀请赛"等大型围棋赛事在抚开赛，打造全国围棋文化赛事高端品牌，将"才子围棋"打造成全国乃至国际性的抚州城市新名片。

（三）加强围棋教育普及和人才培训

围绕"全国围棋之乡"建设，普及推广围棋知识和围棋文化，做大抚州围棋人口。重点支持抚州市围棋协会、围棋教育培训机构开展围棋进校园活动，鼓励各级围棋组织有序开展围棋活动，力争实现"周周有活动，月月有赛事，年年有围甲"的目标愿景，重视加强对青少年围棋人才培养，建立健全高端围棋人才引进优惠政策。通过围棋的普及和文化推广，力争在

"十四五"期间抚州围棋人口达到 20 万以上，每年在学围棋人口达到 3~5 万，围棋有段位人口达到 1 万，职业段位棋手达 10 人以上，努力把抚州打造成为围棋基础扎实、影响大的"全国围棋之乡"。

（四）加快抚州围棋文化软、硬件建设

加快文昌里历史街区"中国围棋文化城"规划建设，打造全国唯一极具文化底蕴的"中国围棋文化城"，鼓励支持建立名人围棋道场等培训基地；加强对乐安大华山、南城麻姑山、临川灵谷峰、宜黄仙洞山等围棋文化遗存的保护宣传和开发利用，加强对抚州围棋历史文献、文化交流、赛事活动资料的收集整理，系统挖掘整理抚州围棋文化，鼓励支持出版传播抚州围棋文化的系列丛书，向世人讲好中国围棋故事的抚州篇章，进一步促进抚州才子围棋文化的创造性转化、创新性发展。

（五）拓宽抚州围棋文化产业链

抚州围棋文化产业的核心是做"流量"，通过围棋文化的力量不断吸引更多人来抚开展围棋活动和文化旅游，形成围棋文化产业链、商业生态圈。通过深度开发与围棋相关的棋具、棋服，以及洐生文创产品，在旅游景区举办全国性围棋赛事，营造优雅"弈境"，给棋友更多更好的体验，加大围棋与旅游的深度融合。依托全国围棋培训基地，做强围棋培训产业链，助推抚州市文旅产业发展，推动围棋产业成为抚州市经济高质量发展的重要力量。

围棋与抚州

第四章
围棋诗词文选

  抚州围棋文化，源远流长、底蕴深厚。古代抚州作家所写的围棋诗、词、文是其重要内容，读者可以从这中间窥见古代抚州人围棋活动的丰富多彩，也可见他们高雅的生活情趣与高品质的生活，是民众生活的剪影，如王安石、虞集、汤显祖等人的作品。本章不仅选取了抚州籍作家作品，还选取了为官宦游抚州者的作品，如陆游、揭傒斯等人的作品；所选的作品仅是众多作品中的一部分；对所选作品稍作注释，对于作者也仅作简介，以方便阅读。

第一节　本籍作者诗词选

灵谷 [1]

王益

灵谷神仙宅，言归肆目 [2] 新。

山光远如画，秋色老于人。

世事棋争劫 [3]，人心海变尘。

功成思范蠡 [4]，湖上一闲身。

【作者简介】

王益，字舜良，北宋临川县人，王安石之父。宋真宗祥符八年（1015）进士，历任建安（今福建省建瓯市）主簿，临江军（今江西省樟树市）判官，新淦（今江西省新干县）、庐陵（今江西省吉安市）、新繁（今四川省新繁县）知县，韶州（今广东省韶关市）知州等地方官，官至尚书都官员外郎，去世后赠工部郎中。

【注释】

[1]灵谷：又名灵谷峰，位于今抚州城东约十公里处。半山有南北二井，水清冽不竭，井旁有驻云亭、棋枰石等景。

[2]肆目：能观察四方的眼睛。

[3]劫：围棋术语，争夺某一从属未定的棋眼。

[4]范蠡：人名。范蠡，字少伯，春秋时期楚国人。著名的政治家、军事家、经济学家。曾献策扶助越王勾践复国，后隐居。

棋盘石

晏殊

洞仙[1]遗下石棋盘，人到壶天[2]静处看。

十九路[3]谁弹黑界[4]，几千年自带云寒。

面平可步流星势，尘净元无旧藓瘢[5]。

干雹声中闻子响，不知还许采樵[6]观。

【作者简介】

晏殊（991—1055），字同叔，宋代临川县人。宋代大臣、文学家。景德初年，以神童召试，赐进士出身。庆历中，拜集贤殿大学士、同中书门下平章事兼枢密使。后又历知宋州、颍州、陈州、许州、永兴军，河南府兼西京留守等。去世后谥号"元献"。晏殊一生著述丰富，有文集达二百四十余卷，但大多散佚，仅有《珠玉词》一卷、晏殊《元献遗文》一卷存世。本诗写的状如棋盘的石头，写得有声有色，思绪飞扬。

【注释】

[1]洞仙：仙人，传说其好居深山洞壑。

[2]壶天：仙境；胜境。

[3]十九路：指围棋。围棋盘有纵横各十九路线，交错成三百六十一个点，即为落棋处。

[4]黑界：此指黑子。围棋有黑白两类子。

[5]藓瘢：苔藓的斑点。

[6]采樵：砍柴的人。此指传说中观棋的砍柴仙人。

题修广[1]房

曾巩

世情衮衮[2]利名间，子有高情[3]独闭关[4]。

万事长年抛似梦，一堂终日静于山。

幽花 [5] 得地无妍丑，好鸟窥人自往还。

药箓 [6] 棋枰俱我好，几时能共此中闲？

【作者简介】

曾巩（1019—1083），字子固，北宋建昌军南丰（今南丰县）人。北宋文学家、史学家，"唐宋八大家"之一。嘉祐二年（1057），进士及第，官至中书舍人，卒于江宁府（今江苏南京），追谥为"文定"。一生著述丰富，有《元丰类稿》《续元丰类稿》《外集》《隆平集》等，其中《续元丰类稿》《外集》散佚。

【注释】

[1] 修广：人名，字叔微，俗姓王，钱塘人（今属浙江省杭州市）。景祐二年（1035）诏赐紫衣，景祐五年（1038），赐号"宝月大师"。

[2] 衮衮：大水奔流不绝、旋转翻滚的样子。

[3] 高情：深厚的情谊。

[4] 闭关：闭塞关口，不与外界往来。佛教用语。

[5] 幽花：僻静处的花。

[6] 箓：簿籍。

对棋与道源 [1] 至草堂寺

王安石

北风吹人不可出，清坐且可与君棋。

明朝投局 [2] 日未晚，从此亦复不吟诗。

【作者简介】

王安石（1021—1086），字介甫，号半山，北宋临川县人，著名思想家、政治家、文学家、改革家。宋仁宗庆历二年（1042）中进士，后签书淮南判官、鄞县知县、舒州通判等职，政绩显著。熙宁二年（1069），任参知政事，次年拜相，以"天变不足畏，祖宗不足法，人言不足恤"的大无畏精神进行变法。熙宁七年（1074）罢相。次年，宋神宗再次起用，不久又罢相，退居江宁（今江苏省南京市）。熙宁十年（1077）封舒国公，元丰二年（1079）改封荆国公。元祐元年（1086）病逝于江宁，赠太傅。绍圣元年（1094），获谥"文"，故世称王文公。他名列"唐宋八大家"中，散文以雄健刚劲著称，其诗词则遒劲清新、豪气纵横。今仅存有《王文公文集》《临川先生文集》等。

【注释】

[1] 道源：即沈道源。王安石的朋友，与王安石交游甚密。

[2] 明朝投局：明天下棋。

棋

王安石

莫将戏事扰真情，且可随缘道我赢。

战罢两奁[1]装白黑，一枰何处有亏成[2]。

【注释】

[1] 两奁：此指两局棋。奁，此指装棋的匣子。

[2] 亏成：输赢。

访隐者

王安石

童子穿云晚未归，谁收松下著残棋[1]。

先生醉卧落花里，春去人间总不知。

【注释】

[1]残棋：没下完的棋局。

用前韵戏赠叶致远直讲[1]

王安石

叶侯越著姓，胄出实楚叶[2]。

缙云[3]虽穷远，冠盖传累叶[4]。

心大有所潜，肩高未尝胁。

飘飘凌云[5]意，强御[6]莫能慑。

辟雍[7]海环流，用汝作舟楫。

开胸出妙义，可发蒙[8]起魇[9]。

词如太阿[10]锋，谁敢触其铗[11]。

听之心凛然[12]，难者口因嗋[13]。

抟飞欲峨峨[14]，锻堕今跕跕[15]。

忘情塞上马，适志梦中蝶。

若金静无求，在冶惟所挟[16]。

载醴[17]但彼惑，馈浆[18]非我谍。

经纶[19]安所施，有寓聊自惬。

棋经看在手，棋诀传满箧。

坐寻棋势打，侧写棋图贴。

携持山林屐，刺擿[20]沟港𦩗[21]。

一枰尝自副[22]，当热宁忘箑[23]。

反嗤褦襶子[24]，但守一经笈。

亡羊[25]等残生，朽箅[26]何足折。

欢然值手敌，便与对匕筴。

纵横子堕局，膈膊[27]声出堞。

樵父弛远担，牧奴停晏饁[28]。

旁观各技痒，窃议儿女嗫。

所矜在得丧，闻此更心慑[29]。

熟视笼两手，徐思捻长鬣[30]，

微吟静愔愔[31]，坚坐高帖帖[32]。

未快岩谷叟[33]曳，斧柯[34]尝烂浥。

趋边耻局缩，穿腹愁危巣[35]。

或撞关以攻，或觑眼而厌。

或羸行[36]伺击，或猛出追蹑[37]。

垂成忽破坏，中断俄连接。

或外示闲暇，伐事先和燮[38]。

或冒突[39]超越，鼓行[40]令震叠[41]。

或粗见形势，驱除令远蹀[42]。

或开拓疆境，欲并包总摄。

或仅残尺寸，如黑子著靥。

或横溃解散，如尸僵血喋。

或惭如告亡，或喜如献捷。

陷敌未甘虏，报仇方借侠。

讳输宁断头，悔误乃批颊[43]。

终朝已罢精[44]，既夜未交睫[45]。

翻然悟且叹，此何宜劫劫[46]。

孟轲[47]恶妨行，陶侃[48]惩废业。

扬雄[49]有前言，韦曜[50]存往牒。

晋臣抑帝手[51]，拨侯何啻涉[52]。

冶城子争道[53]，拒父乃如辄[54]。

围棋与抚州

争也实逆德，岂如私斗怯。

艺成况穷苦，此殆天所厌。

如今刘与李，伦等[55]安可蹑。

试令取一毫，亦乏寸金镊。

以此待君子，未与回参[56]协。

操具投诸江，道耕而德猎[57]。

【注释】

[1]叶致远直讲：叶致远即叶涛，字致远，王安石弟王安国之婿。北宋著名诗人，官至龙图阁待制，颇得王安石器重。宋熙宁六年（1073）中进士时，神宗召廷试，赞叹其才思过人，于御屏上书："政事何琬，文章叶涛"，授为国子直讲。直讲，官名。辅助博士讲授经学。

[2]楚叶：楚国的叶诸梁。叶诸梁，字子高，为叶县尹，称叶公，问政于孔子得近悦远来之语，为叶氏鼻祖。

[3]缙云：古地名，缙云县，今属浙江省。

[4]累叶：累世。

[5]凌云：直上云霄。形容志向崇高。

[6]强御：强而有力。

[7]辟雍：皇家礼制建筑明堂外面环绕的圆形水沟，环水为雍。

[8]发蒙：启发蒙昧；

[9]魇：迷糊，迷惑。

[10]太阿：古宝剑名。相传为春秋时欧冶子、干将所铸。

[11]铗：剑或剑把。

[12]凛然：严肃，令人敬畏的样子。

[13]噏：闭合。

[14]峨峨：高大的样子。

[15]跕跕：坠落貌。

[16]若金静无求，在冶惟所挟：此句化用了汉代董仲舒"若金之在镕，惟冶之所铸"句。

[17]载醪：携酒。

[18]馈浆：赠送较浓的饮料。

[19]经纶：本意为理蚕丝和编丝成绳，引申为筹划治理国家大事。

[20]擿：剖开，捶。

[21]艓：小船。

[22]自副：辅助自己。

[23]箑：扇子。

[24]觛襗子：指不晓事的人。

[25]亡羊：羊圈里丢了羊，比喻出了事情才想办法补救。语出《战国策》："见兔而顾犬，未为晚也；亡羊而补牢，未为迟也。"

[26]筴：夹子。

[27]膈膊：模声词，表示一种声音。

[28]晏馌：迟去给在田间耕作的人送饭。

[29]慄：恐惧，害怕。

[30]鬣：狮子等颈上的长毛。

[31]愔愔：和悦安舒貌。

[32]帖帖：温顺，服帖。

[33]岩谷：山谷。

[34]斧柯：斧子柄。《述异记》："信安郡石室山，晋时王质伐木至，见童子数人棋而歌，质因听之。童子以一物与质，如枣核。质含之，不觉饥。顷饿，童子谓曰：'何不去？'质起视，斧柯尽烂。既归，无复时人。"

[35]嶪：高耸的样子。

[36]羸行：隐藏身份改装而行。

[37]追蹑：跟踪追寻，追踪。

围棋与抚州

[38] 燮：谐和，调和。

[39] 冒突：冲冒。

[40] 鼓行：大张声势地前去。

[41] 震叠：震惊，恐惧。

[42] 蹀：顿足。

[43] 批颊：指掌嘴，打耳光。

[44] 精：活力、生气。

[45] 交睫：上下睫毛合在一块，指睡觉。

[46] 劫劫：匆忙急切的样子。

[47] 孟轲：字子舆，邹（今山东省邹县）人。战国时期思想家、教育家。受业于孔子之孙子思。是继孔子之后儒家学派的又一最有影响的思想家，古代被尊为"亚圣"，又与孔子并称"孔孟"。著有《孟子》。

[48] 陶侃：字士行（一作士衡）。浔阳县（今属江西九江市）人。东晋时期名将。

[49] 扬雄：字子云，西汉官吏、学者。西汉蜀郡成都（今属四川成都）人。扬雄曾撰《太玄》等著作。

[50] 韦曜：本名韦昭，字弘嗣，吴郡云阳（今江苏丹阳）人。三国时期著名史学家、东吴四朝重臣。著有《吴书》《官职训》等。

[51] 晋臣抑帝手：晋国臣子抑止皇帝下棋的手，故事出自《杜预传》。说："晋武帝与中书令张华围棋间，预表适至，华推枰敛手曰：陛下圣明神武，国富兵张。吴之荒淫骄虚，宜亟讨之。"

[52] 挼侯何宾涉：意思是成何言语激怒卫侯，涉佗又抓起卫侯的手。故事出自《左传·定公八年》："晋侯盟于刬泽。赵简子曰：'群臣谁敢盟卫君者？'涉佗、成何曰：'我能盟之。'卫人请执牛耳。成何曰：'卫，吾温、原也，焉得视诸侯？'将歃，涉佗挼卫侯之手，及腕，卫侯怒。"挼，推、抓。

[53] 冶城子争道：晋丞相王导常共子悦弈棋争道，导叹曰："相与有瓜

葛，那得尔耶?"冶城即今南京市。

[54] 拒父乃如辄：卫出公辄拒其父庄公。

[55] 伦等：同辈。

[56] 回参：指孔子弟子颜回与曾参。

[57] 道耕而德猎：道耕即耕道，致力于研求道之真谛；德猎即猎德，追求优秀道德。

与薛肇明[1]弈棋赌梅花诗输一首

王安石

华发寻春喜见梅，一株临路雪培堆。

凤城南陌[2]他年忆，杳杳[3]难随驿使来。

【注释】

[1] 薛肇明：即薛昂，王安石的弟子，常与王安石下棋。此诗正是王安石与薛肇明下棋论赌，谁输谁作诗。他们也有其他诗唱和，如王安石《又代薛肇明一首》《偿薛肇明秀才梐木》等。

[2] 南陌：南面的道路。

[3] 杳：无影无声。

送董伯懿归吉州[1]

王安石

我来以丧归，君至因谪徙[2]。

苍黄[3]忧患中，邂逅遇于此。

去年服初除，听赦相助喜。

看君数归月，但屈两三指。

茫然冬更秋，一笑非愿始。

篮舆杨柳下，明月芙蕖水 [4]。

僮饥屡窥门，客罢方隐几。

是非评众诗，成败断前史。

时时对奕 [5] 石，漫浪 [6] 争生死。

送迎皆幅巾 [7]，设食但 [8] 陈米。

亦曾戏篇章，挥翰疾蒿矢 [9]。

君豪才有余，我老惫先止。

东城景阳 [10] 陌，南望长干 [11] 紫。

欲蒯三亩蔬，于焉寄残齿。

经过许后日，唱和犹在耳。

新恩忽舍我，欣怅生彼己。

江湖北风帆，捩柂 [12] 即千里。

相逢知何时，莫惜缣 [13] 与纸。

【注释】

[1] 董伯懿归吉州：王安石在江宁丁母忧，董伯懿被贬至江宁，尝从王安石学，后董伯懿归里吉州，王安石以诗相送。吉州，今江西吉安市。

[2] 谪徙：因罪而被罚迁徙。

[3] 苍黄：此比喻变化不定，反复无常。

[4] 篮舆杨柳下，明月芙蕖水：引用杜牧诗："芙蓉露下落，杨柳月中疏。"篮舆：古代类似轿子供人乘坐的交通工具，以人力抬着行走。

[5] 奕：古通"弈"。

[6] 漫浪：放纵而不受世俗拘束。

[7] 幅巾：古代男子裹头的头巾。此代指平民百姓。

[8] 但：只，只有。

[9] 蒿矢：箭的一种。箭杆用禾秆制成。

[10]景阳：景阳宫在台城内。

[11]长干：巷名，在秣陵县（今属南京）东。

[12]捩柁：同"捩舵"，拨转船舵。指行船。

[13]缣：细密的绢。

酬王微之 [1]

王安石

一雨回飙助蓐收 [2]，炎曦 [3] 不复畏金流 [4]。

君家咫尺堪乘兴，想岸 [5] 乌巾对弈秋 [6]。

【注释】

[1]王微之：王安石好友，王安石与之唱和的诗不少。如《王微之登高斋三首》《和王微之秋浦望齐山感李太白杜牧之》《用王微之韵和酬即事书怀》等。

[2]蓐收：古代中国神话传说中的秋神，左耳有蛇，乘两条龙。分管的主要是秋收秋藏的事。

[3]炎曦：炽烈的日光。

[4]金流：形容酷热。

[5]岸：比喻高位。

[6]弈秋：秋，人名，因善下棋，人们称他弈秋。典出《孟子》。《孟子·告子上》："弈秋，通国之善弈者也。使弈秋诲二人弈，其一人专心致志，惟弈秋之为听。一人虽听之，一心以为有鸿鹄将至，思援弓缴而射之。虽与之俱学，弗若之矣。为是其智弗若与？曰：非然也。"

叶致远置洲田以诗言志次其韵二首（其一）

王安石

吟叹君诗久掉头，知君兴不负沧洲。

土山^[1]欲为羊昙赌^[2]，且可专心学弈秋。

【注释】

[1]土山：在今江苏省境内。李白《东山吟》："携妓东土山，怅然悲谢安。"

[2]羊昙赌：《晋书》卷七十九《谢安列传》里说："时苻坚强盛，疆场多虞，诸将败退相继。安遣弟石及兄子玄等应机征讨，所在克捷。拜卫将军、开府仪同三司，封建昌县公。坚后率众，号百万，次于淮肥，京师震恐。加安征讨大都督。玄入问计，安夷然无惧色，答曰：'已别有旨。'既而寂然。玄不敢复言，乃令张玄重请。安遂命驾出山墅，亲朋毕集，方与玄围棋赌别墅。安常棋劣于玄，是日玄惧，便为敌手而又不胜。安顾谓其甥羊昙曰：'以墅乞汝。'安遂游涉，至夜乃还，指授将帅，各当其任。玄等既破坚，有驿书至，安方对客围棋，看书既竟，便摄放床上，了无喜色，棋如故。"

次韵吕居仁送李商老兼简李去言兄弟诸同参^[1]五首（其四）

饶节

角中拂弹棋，运斤斫蝇翼^[2]。

当时未得妙，岂暇日入息。

譬如河漫流，难以一篑塞。

饮食男女间，僖笑中盗贼。

要须了其原，及此未曛黑。

【作者简介】

饶节（1065—1129），字德操，一字次守，自号倚松道人、倚松老人。出家后法名如璧。宋代临川县人，江西诗派重要诗人。就学于吕希哲，与谢逸、汪革、谢薖并称为"江西诗派临川四才子"。其诗纯真朴实，华而不绮，陆游称其为当时诗僧第一。

【注释】

[1]次韵吕居仁送李商老兼简李去言兄弟诸同参：次韵是古体诗词写作的一种方式。按照原诗的韵和用韵的次序来和诗的一种方式。也叫步韵。吕居仁即吕本中，字居仁，世称东莱先生，南宋东莱郡侯吕好问之子。宋代诗人、词人。李商老即李彭，李彭字商老，南康军建昌（今江西永修）人。精释典，称"佛门诗史"。诗属江西诗派。著有《日涉园集》。李去言即李恕，为李商老侄子。同参，同事一师。

[2]运斤斫蝇翼：比喻手法熟练，技艺高超；也形容自信。《庄子》："郢人垩慢其鼻端若蝇翼，使匠石斫之。匠石运斤成风，听而斫之，尽垩而鼻不伤。郢人立不失容。"

醉中排闷 [1]

谢逸

溪堂 [2] 日日春光好，问柳中丞 [3] 殊未来。

暂辍老妻棋局手，白头相对酌新醅 [4]。

【作者简介】

谢逸（1068—1113），字无逸，号溪堂。宋代临川县人。北宋文学家，江西诗派二十五法嗣之一。与其从弟谢薖并称"临川二谢"。曾写过三百首咏蝶诗，人称他"谢蝴蝶"。与汪革、谢薖同学于吕希哲，刻苦磨砺，诗文俱佳。两次应科举，均不第。一生不附权贵，过着清苦生活，以做诗文自娱，以布衣终老。谢逸是五代花间词派的传人，所著《溪堂词》雅洁清丽，蕴藉隽妙，在北宋后期的词坛上自成一家。其诗风格与南朝山水诗人谢灵运相似，清新幽折，时人称之为"江西谢康乐"。其文自由奔放，感情真挚动人，语言流畅自如。现存《溪堂集》《溪堂词》等。

【注释】

[1]排闷：排遣烦闷。

[2]溪堂：谢逸的住处。

[3]柳中丞：指柳宗元的哥哥柳宽。其兄任职邕州，建茅亭于马退山，自美自乐。柳宗元作《邕州柳中丞作马退山茅亭记》，并在文中提出："美不自美，因人而彰。"中丞，官名。汉代御史大夫下设两丞，一称御史丞，一称御史中丞。中丞掌管兰台图籍秘书，外督部刺史，内领侍御史，受公卿奏事，举劾按章。

[4]新醅：新酿的酒。

南乡子 [1]

谢逸

浅色染春衣，衣上双双小雁飞。袖卷藕丝 [2] 寒玉 [3] 瘦，弹棋，赢得樽前酒一卮。

冰雪拂胭脂 [4]。绛蜡 [5] 香融落日西。唱彻阳关人欲去，依依，醉眼横波 [6] 翠黛 [7] 低。

【注释】

[1]南乡子：唐代教坊曲名，后用为词牌。以咏南中风物为题，而得名。谢逸的这首词主要通过对与恋人下棋等活动的回忆，抒发了对恋人的思念之情。

[2]藕丝：莲藕折断后，藕丝仍相连续，常用来比喻情意绵绵。

[3]寒玉：比喻容貌清俊，此代指恋人。

[4]胭脂：化妆用的红色颜料，此代指恋人。

[5]绛蜡：红烛。

[6]横波：比喻女子眼神流动，如水横流。

[7]翠黛：眉的别称。古代女子用螺黛（青黑色矿物颜料）画眉，故名。

招李成德[1]

谢薖

妙年英伟定梗楠[2]，老大如樗[3]百不堪。

黍饭[4]莫孤元伯约[5]，山夫岂有德公谈[6]。

棋无多算愧三北[7]，诗要重论窥二南[8]。

只恐寻芳嗟较晚，夜来风蕊落毵毵[9]。

【作者简介】

谢薖（？—1116），字幼盘，自号竹友居士，诗人。宋代临川县人，与从兄逸以诗文并称。吕本中说："无逸诗似康乐（谢灵运），幼盘诗似玄晖（谢朓）。"三十多岁时参加科举，不第而归，淡泊功名之心。常开窗对竹，认为竹劲有气节，君子似之，因号竹友居士。布衣终老一生，其高节一直为人称许。其诗内容与谢逸诗相仿，主要写隐居生活的宁静恬谧，但诗名不如谢逸。其词存量不多，有天然之致。后人赞其词"尤天然工妙"。现有《竹友集》（又名《谢幼盘文集》）传世。

【注释】

[1]李成德：名公彦，宋代临川县人。哲宗元符三年（1110）进士。授临江军司户，改知分宁县，后任敕令所删定官。徽宗宣和三年（1121），中博学宏词科，升淮浙发运使，后为中书舍人、吏部侍郎，以疾致仕。

[2]梗楠：黄梗木与楠木，皆大木。借指栋梁之材。

[3]樗：臭椿。它与柞树，比喻无用之才，多用于自谦之辞，也作樗材。

[4]黍饭：指黍米煮成的饭。

[5]元伯约：《后汉书·范式传》："范式字巨卿，山阳金乡人也，一名泛。少游太学，为诸生，与汝南张劭为友。劭字元伯。二人并告归乡里。式谓元伯曰：'后二年当还，将过拜尊亲，见孺子焉。'乃共克期日。后期方至，元伯具以白母，请设馔以候之。母曰：'二年之别，千里结言，尔何相信之审邪？'对曰：'巨卿信士，必不乖违。'母曰：'若然，当为尔酝酒。'至其日，巨卿果到，升堂拜饮，尽欢而别。"

[6]德公谈：化用宋代刘敞诗句。刘敞《隐直感秋思南游予欲北还未得》："何当鹿门隐，数就德公谈。"《襄阳耆旧记》："诸葛孔明为卧龙，庞士元为凤雏，司马德操为水镜，皆庞德公语也。德公襄阳人。孔明每至其家，独拜床下，德公初不令止。德操尝造德公，值其渡沔上祀先人墓，德操径入其室，呼德公妻子，使速作黍，徐元直向云：'有客当来就我，与庞公谭。'其妻子皆罗列拜于堂下，奔走供设。"

[7]三北：多次失败。三，表示多数。《韩诗外传》卷十："《传》曰：'卞庄好勇，母无恙时，三战而三北。交游非之，国君辱之。卞庄子受命，颜色不变。'"

[8]二南：指《诗经》中的《周南》《召南》。《晋书·乐志上》："周始二《南》，《风》兼六代。"南朝梁刘勰《文心雕龙·明诗》："兴发皇世，风流二《南》。"

[9]毵毵：毛发、枝条等细长的样子。

观棋

谢薖

客憩茂林晚，风生凉簟[1]秋。

纵横飞碎玉[2]，胜败决中流。

北叟暂亡马 [3]，西风还覆舟。

谁能关许事，寓目且忘忧。

【注释】

[1] 凉簟：凉席。

[2] 碎玉：细小的玉片或玉屑，此指棋子。

[3] 北叟暂亡马：意指祸福无常，此指下棋输赢无常。《旧唐书·萧瑀传》："应遭剖心之祸，翻见太平之日，北叟失马，事亦难常。"

棋局铭

谢薖

世传神仙，弈棋山阿 [1]，樵者观旁，斧烂其柯 [2]。谓尧 [3] 教子，此理则那，不有博弈 [4]，犹贤乎已。为之不止，牧猪奴戏 [5]。不叩自警，曷告子弟。

【注释】

[1] 山阿：山的曲折处。

[2] 柯：此指斧子的木柄。

[3] 尧：传说中上古帝王名。

[4] 博弈：下棋。

[5] 牧猪奴戏：对赌博的鄙称。牧猪奴，指赌徒。

减字木兰花（其三）赠棋妓

谢薖

风篁 [1] 度曲。倦倚银屏 [2] 初睡足。清簟疏帘。金鸭 [3] 香销懒更添。

纤纤露玉 [4]。风雹纵横飞钿局 [5]。颦敛双蛾 [6]。凝伫 [7] 无言密意多。

【注释】

[1] 风篁：指风吹竹林。

[2] 银屏：镶银的屏风。

[3] 金鸭：金属铸作的鸭形香炉。

[4] 纤纤露玉：指女性的纤纤细手。

[5] 风钿纵横飞钿局：意指黑白双方在棋局拼杀得快而激烈。钿，用金翠珠宝等制成的花朵形首饰。

[6] 双蛾：指美女的两眉。蛾，与蝴蝶相似的虫子，此指如蛾的眉毛。

[7] 凝伫：凝望伫立。

麻姑坛[1]

王文卿

漉酒巾[2]笼五岳冠，懒携琴鹤[3]上朝端[4]。

丹房[5]昼睡烟霞[6]暖，紫府[7]夜归星斗寒。

诗就几教山鬼[8]泣，剑灵[9]那许俗人看。

麻姑报道桑田[10]变，一曲仙棋尚未残。

【作者简介】

王文卿（1087—1153），字予道（述道），号冲和子，又被称为"王侍宸"。南丰县人。南宋初著名道士，传神霄五雷法，为神霄派创始人。王文卿大多时间隐居家乡，著书立说，讲道授徒，以弘扬神霄道法为己任。绍兴十三年（1143），高宗诏书来召，推辞不赴。他擅长雷法。其弟子广布大江南北，历宋元至明清，道脉犹存。王文卿著有《冲虚通妙侍宸王先生家话》一卷，采用问答形式，专论雷法，强调召雷役神，必须内修为要，至于奏章、符诀等。有十余首关于麻姑山的诗传世。

【注释】

[1]麻姑坛：麻姑坛为麻姑升天坛，在南城县麻姑山中。

[2]漉酒巾：擦东西或包裹、覆盖东西的用品，多用纺织品制成。

[3]琴鹤：琴与鹤。古人常以琴鹤相随，表示清高、廉洁。

[4]朝端：位居首席的朝臣。

[5]丹房：道教炼丹的地方。

[6]烟霞：烟雾和云霞。

[7]紫府：道教称仙人所居。

[8]山鬼：山神。

[9]剑灵：宝剑的灵光。

[10]桑田：此指桑田沧海的相互变化。麻姑曾见沧海三次变桑田。

题会昌萧帝岩 [1]

曾丰

出门疑浪游 [2]，转眼逢杰观 [3]。

山斗 [4] 路将穷，脚欹 [5] 行大缓。

信筇 [6] 扪石根 [7]，恍若得一间。

鹘岏 [8] 欲上吞，浑沌 [9] 疑始判。

岂其蛟蠚 [10] 开，或者雷劈断。

洞转一曲关，磴道鬼为栈。

悬岩百仞余，僧坊 [11] 屋其半。

其旁磊苍崖，其下踏碧涧。

峰回若相朝，水虢 [12] 若相唤。

萝虬 [13] 百年枝，松鞠 [14] 千尺干。

溜皮鳞逆生，蛰若相倒贯。

三十六洞天^[15]，往往此其冠。

或传帝所栖，其说涉漫漶^[16]。

意古隐者徒，侨家避秦乱。

围棋或著书，不觉岁月换。

断编^[17]何处藏，但有竹可汗^[18]，

残局何年终，但有柯欲烂。

疑似姑置之，杯酒酬赏叹。

移这家山^[19]旁，破甑^[20]视浮宦。

归老似未迟，欠此清一段。

上疏乞鉴湖^[21]，故事吾可按。

悠悠天听高，此计卒未办。

意外今获兹，巾帻^[22]可小岸。

况在大化中，丑好俱是幻。

有暇得娱嬉，孰疑非汗漫^[23]。

【作者简介】

曾丰（1142—1224），字幼度，号樽斋，南宋乐安县人。文学家、诗人，陆象山门人。乾道五年（1169）进士及第，授永州教授，历任赣县县丞，义宁、浦城县令，广东经略司曹、德庆知府、湖南参帅、朝散大夫等职。不为韩侂胄所容，嘉泰四年（1204），被罢职回乡。曾丰一生发奋读书，以文章名噪一时，元代虞集称其文"气刚而义严，辞直而理性"。归乡后，筑室名"樽斋"，因以为号。以诗酒自娱。著有《缘督集》（又名《搏斋集》）四十卷。

【注释】

[1]萧帝岩：在今江西会昌县境内。《清一统志·赣州府一》："在会昌县南一百里。一名佛图岩。状如狮伏而张口，中虚可容百余人。相传齐武帝为赣令时，尝避难于此。"

[2]浪游：漫游。

[3]杰观：高耸的楼台。

[4]山斗：泰山、北斗的合称。此指高山。

[5]欹：倾斜，歪向一边。

[6]筇：实心竹，节高，多用于作拐杖。

[7]石根：山脚。

[8]鸲鹆：空谷中的八哥。

[9]浑沌：模糊不清。

[10]擘：分开，剖裂。

[11]圬：泥瓦工人用的抹子。此指抹墙。

[12]虢：水大而激。

[13]萝虯：藤蔓盘曲。

[14]鞦：引车前进的皮带，一端套在车上，一端套在牲口胸前。

[15]三十六洞天：道家称神仙居住人间的三十六处名山洞府。

[16]漫漶：因年代久远遭磨损而模糊不清。

[17]断编：指残缺不全的书籍。

[18]竹可汗：制简时须用火烤去竹的水分，如出汗。

[19]家山：故乡。

[20]破甑：不值一顾的事物。甑，蒸饭的一种瓦器，底部有许多透蒸气的孔格，置于锅上蒸煮食物。

[21]鉴湖：在浙江省绍兴城西南，为浙江名湖之一。

[22]巾帻：头巾，以幅巾制成的帽子。

[23]汗漫：广泛，无边际。

张京干[1] 还故廨[2] 创茅亭揭以清心（其二）

曾丰

岁月不饶与，簿书[3]无了期。

随缘赢取懒，著意倒成痴。

朝敛幕中板，晚围檐下棋。

更防闲散里，忙甚坐曹[4]时。

【注释】

[1]张京干：人名，生平事迹待考。

[2]廨：官吏办公处所的通称。

[3]簿书：官署中的文书簿册。

[4]坐曹：指官吏在衙门里办公。

题萧叔原[1] 江山图画

曾丰

玻璃[2]横眠苍玉[3]立，一段清姿天幻出。

霞作丹浆云墨汁，恢张[4]太素[5]以为质。

一时盘古纵横笔，万古玄冥[6]浓淡色。

乾坤两间一亭中，立人自下酬答功。

酒盏棋枰意气充，薰炉茗椀情性融。

耳阒目阒还大道，声尘色尘入长空。

客来且伴主人醉，机械[7]客犹梏仁智。

未知二者一之赘，休言一者赘之细。

上人[8]已悟细之至，何当更悟也无细，若至之谓□□□。

【注释】

[1]萧叔原：人名，生平事迹待考。

[2] 玻璃：比喻平静澄澈的水面。

[3] 苍玉：借指苍色河流。

[4] 恢张：张扬，扩展。

[5] 太素：朴素，质朴。

[6] 玄冥：深远幽寂。

[7] 机械：桎梏，束缚。

[8] 上人：道德高尚的人。

和友人同游普安

欧阳澈

碧云[1]章句慕汤休[2]，结客来寻物外[3]游。

茗碗翠涛[4]能破闷，棋枰飞雹[5]共忘忧。

须泉况味[6]参师正[7]，爱竹襟怀亚子猷[8]。

好事不须沽酒引，一溪风物自相留。

【作者简介】

欧阳澈（1091 或 1097—1127），北宋抚州崇仁（今属江西）人。喜谈世事，慷慨不稍屈。靖康元年（1176），应诏上疏宋钦宗，奏论朝廷弊政三十余事，陈述安边御敌十策。靖康二年（1127），金兵南侵，欧阳澈徒步到达南京（今河南商丘），伏阙上书，力抵和议。八月，宋高宗赵构将他与太学生陈东同时斩首，年三十一岁。绍兴年间（1131—1162），追赠秘阁修撰。

【注释】

[1] 碧云：云霄，多用以表达离情别绪。

[2] 汤休：借指诗僧。唐杜甫《大云寺赞公房》诗之一："汤休起我病，微笑索题诗。"

[3] 物外：超出事物之外。

[4] 翠涛：绿色的茶汤。

[5] 飞雹：迅疾飞落的冰雹，此指下棋落子速度快。

[6] 况味：境况和情味。

[7] 师正：即潘师正，字子真，赵州赞皇（今河北赵县）人，隋大业间师事王远知，尽受道门隐诀及符箓。随后至茅山，居嵩阳双泉岭逍遥谷修道二十余年。仪凤元年（676）高宗礼拜嵩山，召见师正。调露元年（679）高宗再祀嵩山，迎师正入居嵩阳观。

[8] 子猷：晋王徽之的字。王徽之为王羲之之子，其人性爱竹。

仙塘茅舍（其一）

利登

住在山深处，门前数曲滩。

近村烟势阔，傍水树阴寒。

钓客[1]嗔棋僻，高人借鹤[2]看。

只愁山水怪，嫌我着儒冠[3]。

【作者简介】

利登（生卒年不详），字履道，号碧涧。江湖派诗人，宋代南城县人。早年无意仕进，常与文友聚游登览，赋诗论文。绍定二年（1229），福建汀州爆发农民起义，很快波及南城。他带着家人逃奔在外三年之久。淳祐元年（1241）进士，后历官武安军书记、宁都县尉。诗多记流离奔走之苦，有时也触及社会不合理现象，语言质朴自然。著有《骳稿》一卷。

【注释】

[1] 钓客：垂钓的人。

[2] 借鹤：像鹤一样伸长脖子。

[3] 儒冠：此指儒者。儒冠，古代儒生戴的帽子。

读四皓[1]传

黄大受

白云茫茫歌紫芝[2]，人间无路瞻龙眉[3]。

太子介使[4]招忽往，高祖[5]问省心[6]先知。

翁身商山名八极，此时不出汉事[7]危。

敢惜双足惜汉鼎[8]，非私刘氏[9]私黔黎[10]。

欠呵[11]千年橘中棋[12]，华阴堕驴[13]者为谁。

【作者简介】

黄大受（生卒年不详），字德容，号露香居士，宋代南丰县人。一生未仕。

【注释】

[1] 四皓：即商山四皓，他们是甪里先生周术、东园公唐秉、绮里季吴实、夏黄公崔广。为秦时隐士，是居住在陕西商山深处的四位白发皓须、德高望重、品行高洁的老者。

[2] 紫芝：此代指贤人。紫芝，真菌的一种，类似灵芝。人们视之为瑞草，道教中以之为仙草。

[3] 龙眉：龙的眉毛，此指皇帝的眉毛。

[4] 介使：副使。

[5] 高祖：汉高祖刘邦。

[6] 省心：内心自省。

[7] 汉事：指汉朝国家治理大事。

[8] 汉鼎：汉代的鼎，为国之重器。

[9] 私刘氏：与刘邦有私情。私，秘密的，不公开的。

[10] 黔黎：百姓。

[11] 欠呵：呵欠。

[12] 橘中棋：橘中有人下棋。这即是橘中棋仙的故事。故事说：在隋唐时期，四川某橘子田里，橘子中传来下棋声音，农夫将橘子摘下剥开，发现里面有老叟下棋。后有成语"橘隐棋师"。

[13] 堕驴：宋代王偁《东都事略·陈抟传》："（陈抟）尝乘白驴欲入汴，中涂闻太祖登极，大笑坠驴，曰：'天下于是定矣。'"

王架阁[1]夙有棋癖，尝于和篇中讥其不工，架阁颇讳，恶其说，复次韵戏之

危稹

刘伶[2]耽于酒，渊明[3]玩于菊。

君乃癖于文，爱棋尤更笃。

文高新掌故[4]，棋只前秘读。

我昨却莱兵[5]，书法谨夹谷[6]。

不知君讳之，护名如护玉。

耻鼓赵王瑟[7]，欲举渐离筑[8]。

明发疾呼予，开枰数反覆。

盛气欲吞敌，厉响亦惊俗。

失利頳[9]凑颊，得隽喜填腹。

势固健于常，年终弱于仆。

君名高天下，此特一不足。

小负毋重争，旁观有静瞩。

大明[10]昧于小，月固不胜烛。

切勿罪刘五，此笔競所录。

自注：时涂任伯亦颇短架阁之棋，而和篇言不工者实予也。架阁乃归罪于任伯。

【作者简介】

危稹（1158—1234），原名科，字逢吉，自号巽斋，又号骊塘。文学家、诗人。宋代临川县人。淳熙十四年（1187）举进士，调南康军教授，擢著作郎兼屯田郎官，出知潮州（今广东潮州）、漳州（今福建漳州）。在漳州时创办龙江书院，亲自讲学，甚受乡人尊敬，俱有名绩。文为洪迈所赏，诗与杨万里唱和，著有《巽斋集》。

【注释】

[1]王架阁：王姓架阁库官，生平事迹待考。架阁库即档案库。

[2]刘伶：人名。刘伶字伯伦，沛国（今安徽淮北）人，魏晋时期名士，与阮籍、嵇康、山涛、向秀、王戎和阮咸并称为"竹林七贤"。刘伶嗜酒不羁，被称为"醉侯"，好老庄之学，追求自由逍遥、无为而治。

[3]渊明：人名。陶渊明，字元亮，又名潜，私谥"靖节"，世称靖节先生。浔阳人。伟大的诗人、辞赋家。曾任江州祭酒、建威参军、镇军参军、彭泽县令等职。一生素好菊。著有《陶渊明集》。

[4]掌故：故事，史实。

[5]莱兵：莱芜的兵士。

[6]夹谷：古地名，今山东莱芜市夹谷峪。

[7]赵王瑟：此化用了"渑池之会"的典故。昭王二十八年（前279），秦昭襄王为集中力量攻打楚国，主动与赵国交好，约赵惠文王会于渑池（今河南省渑池县）。蔺相如陪同赵王前往渑池。在赵王被迫鼓瑟的情况下，他为了使赵国取得对等的地位，据理力争，使秦王不得不击缶。后来，秦向赵要十五座城，他寸步不让，说要用秦国国都作为交换，使秦王毫无所得。蔺

相如机智地保护了赵王的安全并且不被羞辱，史称"渑池之会"。

[8]渐离筑：化用"渐离击悲筑"典故。燕王喜二十八年（前227），燕太子丹命荆轲到秦国去谋杀秦始皇。太子丹送荆轲到易水之上，高渐离击筑，荆轲慷慨悲歌："风萧萧兮易水寒，壮士一去兮不复还。"

[9]赪：红色。

[10]大明：指太阳。

送蒙斋[1]赴召六首（其四）

包恢

扶颠而持危，在天下大势。

拨乱而存亡，在国家大计。

一司一事间，未足系兴替。

马援[2]为郡守，尚不屑烦细。

惟大姓黠羌[3]，不容有违戾。

况为公与卿，不思大经济[4]。

今大姓黠羌，几倍过汉世。

中有根木存，犹在加护卫。

大都如弈棋，败局如已逝。

如有一胜著，败乃以胜继。

巽[5]当知衡权，是乃德之制。

果哉末之难，圆神妙龟筮[6]。

愿言其吉凶，大辟天地闭。

【作者简介】

包恢（1182—1268），字宏父，一字道夫，号宏斋，宋代南城县人。其父包扬与伯父包约、叔父包逊一起先求学于陆九渊，后又从朱熹游学。包恢从小聪明好学，博览群书，通经熟史。宋嘉定十三年（1220）中进士。初任金溪、光泽主簿，建宁府学教授，台州（今浙江临海）、临安府（今杭州）通判、台州、隆兴府知府等职。政声显著，后又转任多职。咸淳二年（1266）五月，升为刑部尚书、端明殿学士、签书枢密院事，封南城县侯。咸淳四年（1268），为资政殿学士。去世后，赠少保、谥"文肃"，今存《敝帚稿略》八卷。

【注释】

[1]蒙斋：指袁甫。袁甫，字广微，号蒙斋。袁燮之子。少承家学，又从学于杨简。宋嘉定七年（1214）状元，累官吏部尚书。卒谥"正肃"。师事杨简，主张"万物与我心契"。著有《蒙斋集》等。

[2]马援：人名。马援，字文渊。扶风（今属陕西）人。西汉末至东汉初年著名军事家，东汉开国功臣之一。

[3]黠羌：狡黠的羌人。《后汉书·马援传》："若大姓侵小民，黠羌欲旅拒，此乃太守事耳。"

[4]经济：经世济民。

[5]巽：谦恭，卑顺。

[6]龟筮：古时占卜用龟，筮用蓍，视其象与数以定吉凶。

杨源寺[1]

曾季狸

落日郊原独杖藜[1]，偶寻萧寺[2]坐移时。

下临稻垄[3]如棋局，细数僧房似蜜脾[4]。

风里长松能远韵，霜余残菊尚多姿。

因吟竹院[5]诗人语，笑我劳生力已疲。

【作者简介】

曾季狸，字裘父，号艇斋。宋代南丰县人。曾巩弟宰的曾孙。尝举进士不第，终身不仕。师事韩驹、吕本中、徐俯，又与朱熹、张轼探讨学问。其著《艇斋杂著》已佚。今存《艇斋诗话》一卷。

【注释】

[1]杖藜：拄着手杖行走。藜，野生植物，茎坚韧，可为杖。

[2]萧寺：佛寺。唐代李肇《唐国史补》卷中："梁武帝造寺，令萧子云飞白大书'萧'字，至今一'萧'字存焉。"后称佛寺为萧寺。

[3]稻垄：成垄的稻田。

[4]蜜脾：蜜蜂营造的酿蜜的蜂巢。其形如脾，故称蜜脾。

[5]竹院：栽了竹的庭院。

看花

谌祐

观空观化[1]此凭栏，会合人间景一团。

棋罢客随流水散，酒阑[2]花带夕阳看。

句（二）

谌祐

之一

晋墅风流棋局散，江东柱石酒壶倾。

之二

百年窗下棋千著，万事灯前酒一斟。

【作者简介】

谌祐（生卒年不祥），字自求，今南宋末期南丰县人。古貌古心，耿介寡谐。隐居山中穷经博古。文学以《左传》《汉书》《史记》为宗师，诗歌以杜甫、黄庭坚为宗师。每一篇出，江湖传诵而律体更精。与南丰籍文学家刘埙等相友善。刘埙《隐居通议》专辟《桂舟七言律撷》收录了他的七言律诗，这是其中一首。

【注释】

[1] 观空观化：观察自己身心世界及其变化

[2] 酒阑：谓酒筵将尽。

品令·咏棋

杨泽民

日长风静。浓香在、珠帘花影。棋具对著明窗近。未排角势[1]，鸦鹭先分阵。

双叠远山非有恨。正藏[2] 机休问。便如喝采争堂印[3]。局番无定，有幸君须尽。

【作者简介】

杨泽民（生卒年不祥），南宋乐安县人。著有《和清真词》，时人将他与周邦彦、方千里词刊刻印行，号《三英集》。其事迹待考。

【注释】

[1] 角势：较量势力的强弱。

[2] 正藏：指心、肝、脾、肺、肾。

[3] 堂印：骰子掷双重四称为堂印。

四时（四首选一）

胡布

炎天日益长，我屋青山下。

松涛阴籁沸，飞瀑交潏泻。

扫径延亲友，棋枰坐清野。

永昼无杂言，机深敌弥寡。

尘劳[1]愿屏息，心手乘闲暇。

胜负意俱忘，旁观奚足讶。

【作者简介】

胡布（生卒年不详），字子申。南城县人，宋代诗人。《元音遗响》（又名《崆峒樵音》）前八卷为胡布诗文集。

【注释】

[1]尘劳：泛指事务劳累或旅途劳累。

山居杂兴（其一）

艾可翁

老夫晨沐罢，还卧看云行。

发短便巾小，衰容怯镜明。

空林存竹意，破屋带泉声。

自喜诗棋外，无营[1]梦亦清。

【作者简介】

艾可翁，字元宪，号薰山。今东乡区人。艾可叔的弟弟。南宋诗人。工文辞，善兵法。咸淳年间，丞相江万里荐之于朝廷，为朝议郎。后奸臣贾似道当权，弃官不仕。隐居故里，从事诗歌创作，诗沉郁悲凉，多抒发亡国之恨。著有《蕙山愁吟》，不传。清曾燠《江西诗征》《全宋诗》辑其诗若干首。

【注释】

[1] 无营：无所谋求。

解棋

艾性夫

两雄相持机不发，一着输先智相轧。

退守皆虞虎穴空，通和不肯鸿沟割。

危枰已属堕甑里，巧势争看强弩末。

疲思嘿嘿[1]鬼神寂，密运[2]茫茫天地阔。

悍鸡趁斗不暇咮[3]，骏马争驰各忘秣[4]。

䎉[5]禽睥睨[6]欲高举，罝兔迷离[7]思远脱。

死中求生背水阵，灰冷复焚余烛跋。

白登倏报[8]沛公[9]走，阏与[10]俄闻赵师活。

傍观骇服[11]算入妙，对局虚骄气方夺。

人生胜负何可期，生达难欺死诸葛[12]。

推枰一笑拍阑干[13]，满袖松风凉泼泼[14]。

【作者简介】

艾性夫（生卒年不详），字天谓。元朝诗人。今东乡区人。与其叔艾可叔、艾可翁齐名，人称"临川三艾先生"。咸淳年间贡生。宋亡，浪迹各地，与遗民耆老多有结交，曾斥仕元者"兽心犹办死报主，人面却甘生事仇"（《义马冢》），钦佩谢枋得，后挽谢诗称"千古六经俱扫地，独公一柱肯擎天"。晚年出仕元朝，曾任浙江道提督。其诗气势清拔，以妍雅为宗。著有诗集《孤山晚稿》，已佚。据《永乐大典》辑《剩语》二卷。

【注释】

[1] 嘿嘿：象声词，形容笑得狡诈，有时候也形容笑的可爱。

[2] 密运：周密运筹。

[3] 咮：鸟嘴。

[4] 秣：喂马的谷饲料。

[5] 矰：短箭。

[6] 睥睨：斜着眼睛看。

[7] 迷离：模糊而难以分辨清楚。

[8] 白登：汉高祖七年（前200），汉高祖刘邦被匈奴围困于白登山（今山西大同市境内）。刘邦采用陈平的计谋，向冒顿单于的阏氏（冒顿妻）行贿，后得脱险。

[9] 沛公：刘邦。

[10] 阏与：地名，今山西沁县。惠文王二十九（前270），赵国名将赵奢率军在阏与打败秦军。

[11] 骇服：惊佩，惊讶诚服。

[12] 诸葛：诸葛亮。

[13] 阑干：栏杆。

[14] 凉泼泼：凉爽爽。

题四皓对弈瀹茶 [1] 图（其一）

艾性夫

叠足支颐 [1] 落子迟，松风冉冉动须眉。

断蛇失鹿 [2] 浑闲事，不直云根半局棋。

【注释】

[1]叠足支颐：脚碰脚，手支撑下巴。

[2]断蛇失鹿：比喻失去政权，失去天下。断蛇，斩蛇，指汉高祖刘邦斩蛇起义事。失鹿语出《史记·淮阴侯列传》："秦失其鹿，天下共逐之。"以鹿喻帝位，后秦国失天下于刘邦。

观棋

艾性夫

搀先[1]歧路不容差，形定心忙寂不哗。

仙客莫嫌春昼短，东风落尽海棠花。

【注释】

[1]搀先：抢先，抢前。

七夕对雨

艾性夫

门无辙迹草偏青，屋带秋山意转清。

打梦易惊棋雹响，载愁不去酒船轻。

幸无帘幕妨云影，尚欠芭蕉赠雨声。

欲送星鸾[1]过桥去，夜深河汉[2]未分明。

【注释】

[1]星鸾：青鸾。鸾是古代中国神话传说中凤凰一类的鸟。

[2]河汉：银河。

萧寺秋夜

艾性夫

藤护颓垣石靠门，竹炉[1]香穗[2]篆余熏。

醉来终夜不知雨，梦觉四山都是云。

半局棋枯僧入定，一声松响鹤离群。

缺权癫可风流尽，招隐归来有此君。

【注释】

[1]竹炉：指竹炉，一种外壳为竹编，内安小钵，用以盛炭火取暖的用具。

[2]香穗：道教中借指焚香的烟凝聚未散之状。

定气

艾性夫

朝三[1]亦可不必怒，角左[2]几何乌用争。

不多不少饭一龠[3]，无败无成棋半枰。

【注释】

[1]朝三：朝三暮四的省写。

[2]角左：竞争。

[3]龠：量器名，约半合（十合为一升）。

刘商[1]观棋图

吴澄

局局更新局局奇，谁将摹刻到今时？

坡仙 [2] 可是世缘熟？刘李茅生 [3] 一样痴。

【作者简介】

吴澄（1249—1333），字幼清，晚字伯清，元代崇仁县人。元代理学家、经学家、教育家。自幼聪慧、勤奋好学。宋末，中乡贡。宋亡后隐居家乡，潜心著述，学者称"草庐先生"。元武宗至大元年（1308），被征召任国子监丞，至治元年（1321），任翰林学士。泰定元年（1324），为经筵讲官，敕修《英宗实录》。吴澄在国子监采用宋代程颢《学校奏疏》、胡安国《大学教法》及朱熹《贡举私议》三者，加以斟酌取舍，专门制订了四条教法：即经学、行实、文艺和治事。吴澄终生治经，孜孜不倦，至晚年修成《五经纂言》。黄宗羲在《宋元学案·草庐学案》中评赞曰："朱子门人多习成说，深通经术者甚少。草庐《五经纂言》，有功经术，接武建阳（朱熹），非北溪（陈淳，朱熹高弟之一）诸人可及也。"朱熹的学说对吴澄影响很大。吴澄与许衡同为元代名儒，时称"北有许衡，南有吴澄"。许衡主要是承传程、朱之学，而吴澄则主要是折衷朱、陆之学。元统元年（1333）逝世，追封临川郡公，谥"文正"。

【注释】

[1]刘商：人名。刘商，字子夏，唐代诗人、画家，大历年间进士，能文善画，诗以乐府见长。

[2]坡仙：指苏东坡，即苏轼。苏轼，字子瞻，号东坡居士，因此也称苏东坡，眉州眉山（即今四川眉山）人，苏洵的长子，是北宋著名文学家、书画家、诗人。

[3]刘李茅生：指刘商、李公麟、茅彦。李公麟即李伯时，号龙眠居士。元祐年间进士，元符年间拜御史大夫。博学好古，尤善画山水、佛像。茅彦，生平事迹待考。

158

围棋与抚州

赠相士李樵野[1]

吴澄

曾看仙棋烂斧柯，归来双眼阅人多。

卖薪亦有穷经[2]者，富贵将来定若何。

【注释】

[1]相士李樵野：看命相的李樵野。

[2]穷经：极力钻研经籍。

题橘隐棋师[1]

吴澄

一片机心要胜伊，两家敌手肯饶谁？

尘间戏事何为者，物外高人亦有之。

四老[2]果如神变化，二龙[3]应笑俗呆痴。

空花过眼俱成幻，无色界[4]中观此棋。

【注释】

[1]橘隐棋师：隐身于橘中的棋手，为典故。

[2]四老：指的是商山四皓。

[3]二龙：此指对弈的两棋师。

[4]无色界：为三界之一，又称无色天。佛教用语。无色界没有物质现象，只剩下受、想、行、识四种生命特性。

赠道士刘季荣 [1]

吴澄

清真 [2] 刘师八十一，行脚 [3] 一万四千日。

鹤身 [4] 七尺臞而长，鹘眼 [5] 双明黑如漆。

盛年狡狯 [6] 称善弈，覆下百子无一失。

贵人达官争出迎，巨轴褒辞总名笔。

老来归卧吴皋渍 [7]，蜜房 [8] 春富飘余芬。

吾师掩鼻自顾影，齿牙半落舌空存。

师曾一局春几度，底用厌厌 [9] 怨迟暮。

算 [10] 尽输赢只自误，阿谁 [10] 悟得棋中趣？

一枰白黑都收去，试问亏成在何处？

此棋不分三百六十路，只是中间路，当其无处详识取。

【注释】

[1] 刘季荣：人名，生平待考。

[2] 清真：纯真朴素。

[3] 行脚：又称游方、游方、游行。僧侣无一定的居所，或为寻访名师，或为自我修持，或为教化他人而广游四方。

[4] 鹤身：喻指隐逸者。此指刘道士。

[5] 鹘眼：明快灵活的眼睛。

[6] 狡狯：机灵。

[7] 吴皋渍：此指赣江边。吴皋，地名，是江西旧称。《幼学琼林》："江西是豫章之郡，又号吴皋。"渍，水边。

[8] 蜜房：蜜蜂的巢。

[9] 厌厌：懒倦，无聊。

[10] 阿谁：谁。"阿"字乃发语词，对人亲昵之称多冠以"阿"。

题皓图 [1]

吴澄

皓首出山来，从容定储官。

储皇已御极 [2]，论赏将谁同？

飘然拂衣去，讵敢贪天功？

饱茹石上芝，坐荫岩下松。

商颜 [3] 郁嵯峨 [4]，千载余清风。

【注释】

[1] 皓图：商山四皓图。

[2] 储皇已御极：皇太子已经登基。

[3] 商颜：商山。商山有四皓隐居。"颜"通"厓"，山边。

[4] 嵯峨：山势高峻。

第四章 围棋诗词文选

南窗

程钜夫

绿树阴阴鸟自啼，薰风寂寂 [1] 日长时。

客来欲问南窗意，庭下萧然半局棋。

【作者简介】

程钜夫（1249—1318），初名文海，因避元武宗海山名讳，改用字代名，号雪楼，又号远斋。南城县人，元朝名臣、文学家。程钜夫少与吴澄同门。南宋末年，随叔父程飞卿降元，入京为质子。因受元世祖赏识，累官集贤直学士。至元十九年（1282），奏陈五事：一、取会江南仕籍；二、通南北之选；三、立考功历；四、置贪赃籍；五、供给江南官吏俸禄，又请兴建国学、搜访江南遗逸、参用南北之人，其建议均被采纳。至元二十四年（1287），拜侍御史，行御史台事，在江南推荐赵孟頫等二十余人，皆获擢用。丞相桑哥专政，程钜夫上疏极谏，几遭杀害。其后历官湖北道肃政廉访使、翰林学士承旨，并参与编修《成宗实录》《武宗实录》。延祐五年（1318）去世，年七十。泰定二年（1325），追赠大司徒、柱国，追封楚国公，谥号"文宪"。程钜夫历事四朝，为当时名臣，其文章雍容大雅，诗亦磊落俊伟。有《雪楼集》三十卷传世。

【注释】

[1]薰风寂寂：和暖的风寂静无声。薰风，指初夏时的东南风。寂寂，寂静无声貌。

子昂 [1] 为闲闲画竹石作别

程钜夫

仙舟 [2] 发御河 [3]，别渚 [4] 洒苍波 [5]。

双树尊前 [6] 出，丛篁 [7] 石上多。

月明行乱影，风静倚柔柯 [8]。

还似看棋处，寻云入薜萝 [9]。

【注释】

[1]子昂：赵子昂，也就是赵孟頫。

[2]仙舟：舟船的美称。

[3]御河：专供皇室用的河道。

[4]别渚：河的支流。

[5]苍波：深绿色的水波。

[6]尊前：在酒樽之前，此指酒筵上。

[7]丛篁：丛生的竹子。

[8]柯：柯树。

[9]薜萝：薜荔和女萝两种野生植物。

谢安[1]对弈图

程钜夫

晋代衣冠不可寻，空余画史笔间心。

东山丝竹[2]西州泪[3]，却是羊昙恨最深。

【注释】

[1]谢安：人名。谢安，字安石。陈郡阳夏（今河南太康）人。东晋政治家、名士。历任征西大将军司马、吴兴太守、侍中、吏部尚书、中护军等职。在淝水之战中，谢安以八万兵力打败了号称百万的前秦军队，为东晋赢得几十年的安静和平。病逝后，追赠太傅、庐陵郡公，谥号"文靖"。

[2]东山丝竹：谢安在隐居东山（今绍兴市）时，时常携伎乐漫游山林泉畔。由于谢安是备受文人景仰、推崇的古代名臣，故其出仕之前的故事，也往往被画家们所引用，绘于画中。丝竹，音乐。

[3]西州泪：晋名士羊昙是谢安的外甥，很受谢安器重。谢安生病还京时曾过西州门。谢死后，羊昙一年多不举乐，行不过西州路。有一天醉了酒，沿路唱歌，不觉到了西州门。左右提醒他，他悲伤不已，以马鞭敲门，诵曹植诗："生存华屋处，零落归山丘。"恸哭而去。后遂用"西州泪"等表示感旧兴悲，悼亡故友之情。

汉宫春·寿刘中斋[1]尚书

程钜夫

记得年时，向烂柯山[2]上，问讯山君[3]。神仙当日机格[4]，付与何人。

猿惊鹤怨，道烟云、久暗楸纹[5]。只有个，留侯[6]好在，玉梁[7]千尺峥嵘。

老子当筵，国手[8]，曾看书贮墅，决策推枰。而今长垂衫袖，卷却机心[9]。后先翻覆，一从他、局面亏成[10]。旁观者，不求他诀，只从乞与长生。

【注释】

[1] 刘中斋：元代官吏，其余待考。

[2] 烂柯山：位于衢州市东南。围棋源于中国，相传围棋起源于烂柯山。据北魏郦道元所著《水经注》中云：晋时有一叫王质的樵夫到石室山砍柴，见二童子下围棋，便坐于一旁观看。一局未终，童子对他说，你的斧柄烂了。王樵夫回到村里才知已过了数十年。因此后人便把石室山称为烂柯山，并把烂柯作为围棋的别称。

[3] 山君：山神。

[4] 机格：规格，格式。

[5] 楸纹：指棋盘。古时多用楸木制作棋盘，故名。

[6] 留侯：代指功臣。张良运筹帷幄，佐刘邦平定天下，以功封留侯。

[7] 玉梁：古代服带上的玉饰。

[8] 国手：古时候棋力非常高的棋士。

[9] 机心：巧诈之心。

[10] 亏成：缺损与完满，失败与成功。

甘咏之挽词

何中

花屿风醒酒，琳宫[1]日度棋。

高谈千载靡，浮俗万端疑。

柳暗西湖路，梅残东阁[2]枝。

篇章须烂漫，知复寄从谁。

【作者简介】

何中（1265—1332），字太虚，一字养正。宋末元初文学家、诗人、学者。乐安县人。南宋末年进士，曾隐居乡间，致力古学。程钜夫、元明善、姚燧、吴澄、揭傒斯等一大批元时高官学者都敬服他。他无意仕途，以布衣讲学终老。其诗平易自然，清新幽静，意境深邃。著述丰富，今仅存《知非堂稿》《通鉴纲目测海》《通书问》等。

【注释】

[1]琳宫：仙宫，亦为道观、殿堂之美称。

[2]东阁：东边的房子。

龙湾阻风，次日，舟人必行，解舟风回，喜赋

何中

东风吹船行，西风留船住。

蓬松黄头郎，作底使风去。

芦篷 [1] 两扇当江开，船船相趁风初回。

龙渊烟气隔洲失，宣化 [2] 山光随棹来。

潮头又上推船走，一时便过新河口。

两人胜负篷底棋，船行迟速人不知。

黄头郎，稳扶柁，信风宿。

大信 [3] 肉色花枝红，采石酒波春水绿。

【注释】

[1]芦篷：芦苇做的船篷。

[2]宣化：地名，在今河北省境内。

[3]大信：地名。揭傒斯《大信晚泊呈舟中诸公》："大信花，采石酒。陌上相逢莫回首。"

黄氏南园歌

何中

南园花，南园花，白于雪，红于霞。

深处定有仙人家，花阴乱驻七香车[1]。

山香尽舞花不老，花艳直上摇金鸦[2]。

琼膏[3]一吸香入骨，醉呵金鸦不令斜。

南园竹，南园竹，寒于冰，绿于玉。

割得何人土一丘，炎官[4]虽炎谁敢酷。

天山太古[5]雪皎皎，蓬莱绝境风萧萧。

白鹤翻空啼一声，下占清阴对棋局。

君不见，古南园，锦茵红皱琵琶弦。珊瑚碧树沈水烟[6]。

嘉宾列坐鼓咽咽，白石[7]诗句吟成编，放翁[8]记文笔如椽。

挟策[9]博塞[10]若为贤，抚掌一笑睨青天。

不如花竹之间吸清泉，且取粟粒香芽煎。

【注释】

[1] 七香车：用多种香料涂饰或用多种香木制作的车，也泛指华美的车。

[2] 金鸦：指金乌，指太阳。

[3] 琼膏：神话中的玉膏。

[4] 炎官：神话中的火神。

[5] 太古：最古老的时代，上古、远古。

[6] 水烟：水气。

[7] 白石：南宋姜夔。姜夔字尧章，号白石道人，饶州鄱阳（今江西鄱阳）人。有《白石诗集》《白石词》《白石道人歌曲》等传世。

[8] 放翁：南宋陆游。陆游，字务观，号放翁，越州山阴（今绍兴）人，

文学家、史学家、爱国诗人。

[9]挟策：亦作"挟笑"。手拿书本，指勤奋读书。

[10]博塞：古代博戏，棋类游戏。

皮氏逸亭

何中

地僻藏吾逸，随宜托数椽。

池新何许水？枫寿不知年。

竹让前林月，花归隔浦天。

彩鳞孤镜照，幽哗四窗圆。

曲几清时里，闲心太古前。

入因添晓起，出每及宵眠。

句得思仙寄，棋高许客传。

乾坤余蠹简 [1]，勋业老觥船 [2]。

智有过荣计，先求胜祖鞭 [3]。

太章 [4] 短东极，夸父恨虞渊 [5]。

世共称工者，吾知付莞然。

他时耆旧 [6] 传，应指某公贤。

【注释】

[1]蠹简：被虫蛀坏的书，泛指破旧书籍。

[2]觥船：亦作"觥舡"，容量大的饮酒器。

[3]祖鞭：语出"祖鞭先着"典故。《晋书·祖逖传》：刘琨"与亲故书曰：'吾枕戈待旦，志枭逆虏，常恐祖生先吾着鞭。'"后常以"祖鞭先着"表示奋力争先为国立功。

[4]太章：大禹的臣子。

[5]虞渊：也称"虞泉"。传说中的日没处。

[6]耆旧：年高望重的人。

山墅幽居[1] 好效穆伯长[2]（其六）

何中

山墅幽居好，工持结夏规。

静扶枫本钓，沉算竹根棋。

【注释】

[1]幽居：隐居，不出仕。

[2]伯长：对文章、品德足为表率者的尊称。

次韵东山凤栖别墅四时词·夏

虞集

雨余飞蝶伤秋润，江外蹲鸥[1] 喜早凉。

高展[2] 围棋归别墅，东山莫是谢家庄。

【作者简介】

虞集（1272—1348），字伯生，号道园，世称邵庵先生。元代崇仁县人。著名学者、诗人。少受家学，后从学于吴澄。成宗大德初年，以荐授大都路儒学教授，历国子助教、博士。仁宗时，迁集贤修撰，除翰林待制。文宗即位后，命其为奎章阁侍书学士。文宗有旨采辑本朝典章制度，仿效《唐宋会要》，编修《经世大典》，命虞集与平章事赵世延同任总裁。赵世延离任后，由虞集独专其责。批阅两载，于至顺二年（1331）全书编纂而成，共计八百八十卷，是研究元朝的重要资料。卒赠江西行中书省参知政事、护军、仁寿郡公，谥号"文靖"。著有《道园学古录》《道园遗稿》。虞集素负文名，与揭傒斯、柳贯、黄溍并称"元儒四家"；诗与揭傒斯、范梈、杨载齐名，人称"元诗四家"。

【注释】

[1]鸱：鹞鹰。

[2]高屐：高底木屐。

寄赵子敬[1]平章

虞集

闻道乘闲入翠微[2]，犹愁岚气[3]湿人衣。

道傍野树飞花尽，溪上春云作雨归。

故旧[4]钓丝轻在手，仙人棋局静忘机[5]。

赤松[6]曾许同千载，儗向高秋傍鹤飞。

【注释】

[1]赵子敬：元代官吏，生平事迹待考。

[2]翠微：青翠的山色，形容山光水色青翠缥缈，也泛指青翠的山。

[3]岚气：山中雾气。

[4]故旧：过去的，此指老朋友。

[5]机：存于内心的欲望、俗念。

[6]赤松：指赤松子，又名赤诵子，学五千文，号左圣南极南岳真人左仙太虚真人，古代中国神话传说中的上古仙人。相传为神农时雨师。能入火自焚，随风雨而上下。

别为赋五首（其一）

虞集

偶过松间看奕棋，松枯鹤老忘归时。

山前酒熟不中吃，自有金盘行五芝[1]。

【注释】

[1]五芝：方术家所传说的赤、黄、白、黑、紫五种灵芝，色彩各不相同，服之可以长生不死。

和断江恩上人绿松[1]见贻之句

虞集

谁将古色伴幽悰[2]，百尺长松对一翁。

子落雨余棋局在，影摇云际水瓶空。

倚藤老大何惆怅，覆地阴凉待郁葱。

挽着万牛须晚岁，手开楼阁五云[3]东。

【注释】

[1]绿松：指绿松石。绿松石属优质玉材，被视为吉祥幸福的圣物。

[2]幽悰：隐藏在内心的感情。

[3]五云：指青、白、赤、黑、黄五种云色，也指五色瑞云。

答舒真人[1]送牡丹二首

虞集

真人棋罢小徘徊，手剪窗前紫绮来。

天女[2]不嫌云雾薄，洛神[3]亲拥鬌鬟[4]堆，已令老鹤婆娑舞，更注清泉潋滟 [5] 杯。

莫遣巢翁 [6] 知胜事，诗筒 [7] 日日片云 [8] 催。

晓来睡重不闻钟，仍叹看花似雾中。

贪赏金盘承蜜露，不知玉树倚春风。

战酣淮水 [9] 棋应胜，雪拥蓝关 [10] 句更雄。

欲画新图宜正午，须凭狸目验芳丛。

【注释】

[1] 舒真人：姓舒的道士。道家称存养本性或修真得道的人为真人。

[2] 天女：传说中天上的神女。

[3] 洛神：洛神名宓妃，中国先秦神话中的女神，伏羲氏的女儿，因迷恋洛河两岸的美丽景色，降临人间，来到洛阳。

[4] 髻鬟：环形发髻。

[5] 潋滟：水满的样子。

[6] 巢翁：元人，与虞集有善，虞集有多首诗相赠。

[7] 诗筒：盛装诗书、文具的竹筒，亦作"诗筩"。

[8] 片云：极少的云。

[9] 战酣淮水：此指淮水之战。汉三年（前204）十一月，楚齐联军与汉军对峙于淮水两岸。韩信击破楚军，杀死楚将龙且，追至城阳，俘虏齐王田广。齐相田横自立为齐王，奔走于彭越。

[10] 雪拥蓝关：化用韩愈"云横秦岭家何在，雪拥蓝关马不前"诗句。

与侯颐轩并序

虞集

道士侯颐轩，其先本蜀人。父□，从我大父尚书府君来吴中 [1]。宋亡，弗归，颐轩乃学道于洞庭之仙坛观。集来省墓[2]，尝抱先叔祖岳阳使君遗书与闲白云来见，集不胜感叹。故赠之以诗。

洞庭高士成都客，曾是相从大父时。

每抱遗书嗟[3]往事，复贻妙句乐新知。

鸳鸯影[4]里心元静，鸥鹭盟[5]边愿不疑。

但得闲身各安健，白头归共橘中棋。

【注释】

[1]吴中：今属江苏省苏州市。

[2]省墓：祭扫坟墓。

[3]嗟：叹息。

[4]鸳鸯影：鸳鸯相随相伴的影子，比喻相亲相爱。

[5]鸥鹭盟：与鸥鸟为友，喻隐退。

招仙观

虞集

逶迤[1]溪南路，窈窕[2]招仙谷。

空堂两道人，残棋映深竹。

一叶响疏篱[3]，双鸦啼高屋。

出门随归人，远烧在山麓。

【注释】

[1]逶迤：曲折绵延貌。

[2]窈窕：幽深的样子。

[3]疏篱：稀疏的篱笆。

棋盘铭[1]

虞集

圆周天，方画地。握化机，发神智。

动制胜，静保德。勇有功，仁无敌。

【注释】

[1]铭：刻在器物上用来警诫自己、称述功德的文字，后来成为一种文体。这种文体一般都用韵的。

题赵师舜[1]《谢安游东山图》

虞集

太傅[2]东山仗屦[3]行，总将忧患托高情[4]。

独寻窈窕[5]开瑶席[6]，双引娉婷[7]韵玉笙[8]。

春雨松间残奕冷，秋风江上莫尘生。

三分筹策频[9]烦甚，惆怅云霄一羽轻。

【注释】

[1]赵师舜：元人，善画，曾任抚州路经历。

[2]太傅：中国古代职官，此处指谢安。

[3]屦：古代用麻葛制成的一种鞋。

[4]高情：崇高的情意。

[5]窈窕：指心灵仪表兼美的美女样。

[6]瑶席：珍美的酒宴。

[7]娉婷：形容女子姿态美好的样子。

[8]玉笙：饰玉的笙。

[9]筹策：筹算。

题上官樵寓[1]

虞集

青松为关，白云为户。其迎无宾，其住非主。

假梦得鹿，遇奕忘斧。不去不留。是曰樵寓。

【注释】

[1]上官樵寓：姓上官人家的住处。樵寓，对自己住房的谦称。

题秋山图

虞集

峰迥留深隐，天清袭素袍[1]。栖身断人迹，游目送鸿毛。

树挂栖厓鹭，藤悬饮子猱[2]。龙眠石涧冷，虎撼树根牢。

木客吟时共，山樵奕处遭。浮云过水尽，孤月挟霜高。

羽使[3]来三岛，胎仙舞九皋[4]。左招玉斧[5]饮，右揽赤松遨。

空色收寥廓[6]，虚声起绎骚[7]。弹琴遗古散，载酒棹轻舠[8]。

遂向图中见，谁能世外逃。乘槎[9]几月至，一泛九秋[10]涛。

【注释】

[1]素袍：白袍。古代平民或尚未取得功名的读书人穿白袍。

[2]猱：兽名，属猿类。身体便捷，善攀援。

[3]羽使：信使。

[4]九皋：曲折深远的沼泽。

[5]玉斧：人名，传说中的仙人许翔。

[6]寥廓：辽阔的天空。

[7]绎骚：骚动，扰动。

围棋与抚州

[8]舠：小船。

[9]乘槎：乘坐竹、木筏。

[10]九秋：秋天。

次韵答杨临川

虞集

归兴秋光昼寝高，使君[1]诗瘦怯官袍。

东湖微雨生颜色，西日浮云见羽旄[2]。

橘柚园林谁共弈，蒹葭洲渚[3]或容舠。

谁家此日樽无酒，两鹤翩翩过九皋。

【注释】

[1]使君：汉代称呼太守刺史，汉以后用作对州郡长官的尊称。

[2]羽旄：古时常用鸟羽和旄牛尾为旗饰，此为旌旗的代称。

[3]蒹葭洲渚：长满荻与芦的水中陆地。唐朝晚期著名诗僧齐己《湖西逸人》："橘柚园林熟，蒹葭径路迷。"

种橘

虞集

庭前嘉树种来迟，霜实经年未压枝。

寄语巴国[1]好相待，商山更有一盘棋。

【注释】

[1]巴国：古国名，位于今重庆、湖北、四川、贵州一带地方。

观弈图

吴当

仙人棋局静忘机，松下灵芝似玉肥。

樵客[1]归时柯已烂，云间谁制芰荷衣[2]。

【作者简介】

吴当（1297—1361），字伯尚。元代崇仁县人。吴澄之孙。元代学者、诗人。参与编修宋、金、辽三史，历任礼部员外郎、监察御史、肃政廉访使等职。幼承祖父吴澄学，通经史百家。至大年间随祖父到京，补国子生。他"勤讲解，严肄习，诸生皆乐从之"，著有《周礼纂言》《学言稿》。

【注释】

[1]樵客：砍柴的人。

[2]芰荷衣：荷叶般的衣裳，常借"荷衣"指隐者的服装或隐者。屈原《离骚》："制芰荷以为衣兮，集芙蓉以为裳。"荷衣，菱叶与荷叶。

自然亭

吴当

盘结松萝覆顶青，云山四面作帏屏[1]。

秋风棋局无人看，夜月琴声有鹤听。

【注释】

[1]帏屏：屏障。帏，帐子、幔幕。

与虞山人胜伯陈山人惟寅[1] 谈及仙游[2] 事醉后赋诗

饶介

幂幂[3] 松阴布网罗，鹤巢松顶吸天河。

是何道士围棋坐，若个樵夫对酒歌。

看月也知为尔好，凭风无奈欲归何。

送君直过桥西去，还记垂杨叶不多。

【作者简介】

饶介（1300—1367），字介之，号芥叟，自号醉樵、醒樵、醒翁、醉翁、华盖山樵等。元末明初临川县人。著名诗人、书法家。元末，他被任命为淮南行省参知政事。至正二十七年（1367），朱元璋下平江，张士诚败，饶介亦被俘，解至南京并被杀害。以诗、书闻名，其友人释道衍评价他："介之为人，倜傥豪放，一时俊流皆与交。书似怀素，诗似李白，气焰光芒，烨烨逼人。"书法有《杂诗帖》《琴珍帖》《仿四家书》等。诗作也散见于《列朝诗集》《明诗综》等。

【注释】

[1]虞山人胜伯陈山人惟寅：指虞胜伯、陈惟寅，他们都是元代画家。山人，隐士高人。

[2]仙游：信奉道教的人远出求仙访道。

[3]幂幂：浓密貌。

游西京赤冈[1] 故郡遗迹

吴与弼

群峰嵯崒[2] 走铜陵，叠嶂蜿蜒落故城。

人去山空年自换，十朝兴废一棋枰。

【作者简介】

吴与弼（1391—1469），字子傅，号康斋，人称"康斋先生"。明崇仁县人。崇仁学派创立者，明代学者、诗人，著名理学家、教育家。永乐年间，拜杨溥为师。读《四书》《五经》、"二程"和朱熹的著作，无意进入仕途，决心以讲授理学，传播程、朱哲学思想为己任。中年以后，家境日贫，他亲自下田耕作，自食其力。同时讲学家乡，四方求学者络绎不绝，他都谆谆教诲。甚至招待学生食宿，以此远近闻名。朝廷屡征召，而不就。成化五年（1469），病逝于家。吴与弼的理学思想没有师承，自学自得，他的理学思想包括四个方面，即天道观、性善观、践行观、苦乐观。清代黄宗羲《明儒学案》列《崇仁学案》，吴与弼为《崇仁学案》的第一人。吴与弼还是一位著名的教育家。在中国历史上，他第一个提出"劳动与读书相结合"，主张教育不能脱离生活。从其学者数百人，不少学生成为后来的著名学者，如胡居仁、陈献章、娄谅、胡九韶、车泰、罗伦、谢复、周文、杨杰、饶烈等。其弟子后又分成两派，陈献章得其"静观涵养"，开白沙学派；胡居仁、娄谅等得其"笃志力行"，启余干之学。今有《康斋文集》传世。

【注释】

[1] 西京赤冈：古地名。西京，五代后晋天福三年（938）自东都河南府迁都汴州，以汴州为东京开封府，改东都河南府为西京，汉周及北宋沿袭不改。赤冈，在开封府东北十二里。五代后晋末，契丹首领至汴，驻马赤冈，晋百官伏路侧请罪。等到入时已天暮，又出城屯于赤冈。

[2] 崒嵂：高峻貌。

西灞草堂为庐陵宋内翰赋 [1]

黎扩

闻说西溪上，春风小院开。

野蚕成茧尽，江燕引雏回。

竹里围棋局，荷香沁酒杯。

晚凉疏雨过，随意步苍苔。

【作者简介】

黎扩（生卒年不详），字大量。明代临川县人。以荐授贵池（今属安徽）训导。正统成化年间，任苏州教授。

【注释】

[1]西灞草堂为庐陵宋内翰赋：在西灞草堂为江西庐陵内翰宋先生赋诗。庐陵，今江西吉安。内翰，即翰林。

锡山[1]饮友人楼中临别赠以诗

聂大年

小楼烧烛了残棋，是我孤舟欲发时。

千里宦情[2]双鬓改，十年心事故人知。

闲推甲子[3]怜衰态，醉折名花续旧诗。

无限西湖风月好，抱琴[4]相访莫教迟。

【作者简介】

聂大年（1402—1455），字寿卿，号东轩，官员、文学家。明代临川县人。正统年间，官仁和县教谕。景泰六年（1455），朝廷修史，被荐入翰林院，同年去世。博通经史，工古文，善诗词，尤精书画。书法先学欧阳询，后学李北海；画宗高房山。又善文工诗，造诣较高，其诗文流传于江南一带。擅填词，被人称为"明中叶制曲大家"。其遗著由门人钱塘施昂辑刻成《东轩集》。

【注释】

[1]锡山：地名，具体待考。

[2]宦情：指在外做官。

[3]甲子：干支纪年或记岁数时六十组干支轮一周称一个甲子，共六十年。

[4]抱琴：意指退隐生活。

游方山路间定韵与石楼志别 [1]

罗玘

相逢尽道乞还山 [2]，公乞还山便得还。

浮世风烟棋罢局，百年光景手循环。

穿云蹑磴疑天上，到寺对僧如梦间。

明日河桥杯酒后，月明千里隔阳关。

【作者简介】

罗玘（1447—1519），字景鸣，号圭峰，学者称圭峰先生。明代南城县人。明中叶著名学者、文学家。罗玘自幼聪敏好学，博览群书。年轻时，一直困于诸生境地，后入国子监。祭酒邱浚试其文章，甚为叹服。成化二十二年（1486），乡试第一，即中"解元"。第二年考中进士，被选为庶吉士，授翰林院编修，进侍读，官至南京吏部右侍郎。正德九年（1514），宁王宸濠欲谋叛逆，因仰慕罗玘名声，派人送来厚礼，欲与罗玘结交，罗玘坚辞不受，并避居深山，后去世。嘉靖元年（1522），世宗追赠罗玘为礼部尚书，谥"文肃"，并在他的家乡磁圭村赖建"尚书里"门楼，以示恩赏。文学成就较高，《四库全书》称"玘文规模韩愈，务出以深湛幽渺之思，多掩抑其意，迂折其词，使人得之于言外"。有《圭峰文集》《续集》《类说》《圭峰奏议》等传世。

[1]石楼：人名，其余待考。

[2]还山：致仕，退隐。

著棋峰[1]

陈庆

弈数传来远，临围局局新。

后先须认著，胜负总非真。

石涧流云转[2]，山翁弄语颜[3]。

逍遥仙子辈，柯烂几千春。

【作者简介】

陈庆（生卒年不详），江西永丰县人。明嘉靖二十九年（1550）进士，任太常寺卿。

【注释】

[1]著棋峰：位于乐安县大华山（华盖山）中。

[2]云转：比喻像云一样翻滚。

[3]语颜：以颜面示意。

题东光驿壁[1]是刘侍御台[2]绝命处

汤显祖

哀刘泣玉太淋漓[3]，棋后何须更说棋？

闻道辽阳生衅日[4]，无人敢作送行诗。

【作者简介】

汤显祖（1550—1616），字义仍，号海若、若士、清远道人。明代戏曲家、文学家。临川县人。早有才名，三十四岁时中进士，先后任南京太常寺博士、詹事府主簿和礼部祠祭司主事。明万历十九年（1591），因上《论辅臣科臣疏》，被贬为徐闻典史，后调任浙江遂昌县知县，万历二十六年（1598），愤而弃官归里。在汤显祖多方面的成就中，以戏曲创作为最，其戏剧作品《牡丹亭》《紫钗记》《南柯记》《邯郸记》合称"临川四梦"，其中《牡丹亭》是他的代表作，讲述了柳梅梦与杜丽娘的人鬼恋的爱情故事。这些剧作已传播到英、日、德、俄等许多国家，被视为世界戏剧艺术的珍品。汤显祖还是一位杰出的诗人。其诗作收入到《玉茗堂全集》《红泉逸草》《问棘邮草》等中。今有《汤显祖全集》传世。

【注释】

[1]东光驿壁：在河北东光县驿站墙壁。

[2]刘侍御台：侍御刘台，明代朝廷大臣，万历年间为御史。因上疏弹劾张居正，廷杖除名。张居正又以别的事诬陷他，被远戍广西，到浔州（今属广西桂平）时，突然去世。

[3]淋漓：形容充盛、酣畅。

[4]辽阳生衅日：指刘台按辽东时，与巡抚张学颜不睦，张学颜诬刘台私筹赎罪银钱的事。

约谢吏部先九日[1]同令弟友可[2]、
伍山人仲元造池上

汤显祖

谢郎高卧听西池，楼外风翻滴露枝。

道有山人能劝酒，不妨家弟[3]一围棋。

三江白雁来何蚤[4]，九月茱萸兴莫迟。

正恐登高见篱菊[5]，落英先发楚臣[6]悲。

【注释】

[1]先九日：前九天。

[2]令弟友可：令弟，对他人弟弟的尊称。友可即谢廷谅。谢廷谅字友可，号九紫、九紫山人，金溪县人。明后期诗人、戏曲家。

[3]家弟：对别人称自己的弟弟。

[4]蚤：通"早"。

[5]篱菊：语出陶渊明诗："采菊东篱下，悠然见南山。"

[6]楚臣：指屈原。南朝钟嵘《诗品·总论》："楚臣去境，汉妾辞宫。"

送于公彝归金坛[1]

汤显祖

年少金多亦不恶，能棋入品权能作。

莫因长者避风流，自是名人好音乐。

秣陵[2]可游风景多，衣簪首夏犹清和。

与君芳意何曾尽，别岸芙蓉生渌波[3]。

【注释】

[1]金坛：县名，在今江苏省南部，属江苏常州市。

[2]秣陵：今属南京市，秦朝时期南京地区下辖的秣陵县。

[3]芙蓉生渌波：芙蓉花落入水中荡起清波。渌波，清波。

对客二首·其一

汤显祖

流泉亦可听，风色倍泠泠[1]。去住人难定，登临酒易醒。

吟虫过暮雨，来雁响秋汀[2]。祇合潇湘[3]路，弹棋坐竹亭。

【注释】

[1]泠泠：清凉。

[2]秋汀：秋天里的小沙洲。

[3]潇湘：泛指湖南。潇，指湖南省境内的潇水河；湘，指横贯湖南的湘江。

与郭祠部公廨[1]避暑

汤显祖

鹝节非阑暑[2]，龙光[3]接盛筵。

北风疑是画，南署[4]荫非烟。

冻饮[5]何妨裸，弹棋自可传。

豫愁长醉后，浑欲水中眠。

【注释】

[1]公廨：官署。

[2]阑暑：暑气将尽。

[3]龙光：宝剑的光芒。唐王勃《滕王阁序》："物华天宝，龙光射牛斗之墟。"

[4]南署：此指南京官署。

[5]冻饮：冰冻的酎酒。

约造谢家池[1]不果，
高卿[2]便有和作，复次前韵

汤显祖

何曾一造谢家池，想象黄花发几枝。

渐老荷香须送酒，兼清竹所隐弹棋。

落叶夜催虫候蚤，远天晴觉雁来迟。

登高发兴寻常事，未必山川使我悲。

【注释】

[1]谢家池：临川城内的谢灵运的洗墨池。

[2]高卿：指高应芳。高应芳字惟实，金溪县人。嘉靖三十二年（1553）进士。著有《羊洞遗稿》《谷南集》。

八日谢家池宴二首·其二

汤显祖

莫悲桃李散春烟，且向西池学采莲。

客兴浪随棋局点，秋香那惜酒杯传。

花开木末红宜笑，鸟下波光白可怜。

是好登高趁明日，远山洲渚[1]正晴天。

【注释】

[1]洲渚：水中的小陆地。

送戴万县 [1]

汤显祖

桂苑香销碧树秋，弹棋尊酒兴难酬。

那愁万县之官远，自爱三巴[2]景物幽。

雪色鸿冥[3]开腊骑，江心鱼复[4]浪春舟。

安乡[5]最近神灵雨，并作随车苗麦秋。

【注释】

[1]送戴万县：诗题曾作《送戴孝升之万县》，万县在今重庆市境内，称万州区。

[2]三巴：巴郡、巴东、巴西的合称，相当于今四川嘉陵江和綦江流域以东的大部分地区。

[3]鸿冥：高空。

[4]鱼复：地名，今重庆奉节县。

[5]安乡：地名，今湖南安乡县。

夕讌[1]吴驾部署中

汤显祖

银烛惊风飒玉杯[2]，斋余乘兴一过陪。

松间荐茗厨烟近，竹里弹棋幔影开。

客思瓯闽能赋海，乡心吴会欲登台。

悬愁[3]十月归苕水[4]，犯雪同谁看早梅？

【注释】

[1夕讌：晚宴。"讌"同"宴"。

[2]玉杯：酒杯的美称。

[3]悬愁：古代名贵的玉石。

[4]苕水：水名。在今陕西省境内。《山海经·西山经》："龙首之山，其阳多黄金，其阴多铁。苕水在焉，东南流注于泾水，其中多美玉。"

送黄归安

汤显祖

年少风神最曲台[1]，复行仙县[2]称郎才。

囱开竹屿[3]浮沉玉，雨隐花渠大小雷。

别墅棋行抛旧偶，过堂衣好趁新裁。

相思莫忘关南[4]信，尽写湖光入早梅。

【注释】

[1]曲台：汉时作天子射宫，又立为署，置太常博士弟子，为著记校书之处。

[2]仙县：此指遂昌县。

[3]竹屿：竹林茂盛的小岛。

[4]关南：代指北方。从契丹收复瓦桥、益津、淤口三关及瀛、莫二州，北宋时因此称这三关以南的地区为"关南"。

潞河迎拜龙峰张老师。公起越中，即授虔钺。舟中琴客棋师萧然永夕，高而赋之

汤显祖

炉峰瀑水自招寻，十载烟霞积望深。

河上搴帷[1]新绣斧，关南迎拜旧青衿[2]。

身非从吏容窥局，心在明王独抱琴。

秋月半空浑不暑，偶然乘车坐山阴[3]。

【注释】

[1]搴帷：撩起帷幕。

[2]青衿：古时青色交领的长衫。

[3]山阴：山北。

送蒋祠部使归宣兴

汤显祖

仙郎[1]鸣佩出东曹[2]，棋局芳尊[3]整自豪。

兴匝香台还芍药，礼成原庙[4]恰樱桃。

春风闰月宜阳羡[5]，旧宅沧浪似汉皋[6]。

为报明年听莺鬟、君来吾欲泛江涛。

【注释】

[1]仙郎：唐代对尚书省各部郎中、员外郎的惯称。

[2]东曹：汉朝公府办事分曹，有东曹、西曹等。

[3]芳尊：也作"芳樽""芳罇"指精致的酒器，亦借指美酒。

[4]原庙：在正庙以外另立的宗庙。

[5]阳羡：宜兴，秦汉时称阳羡。

[6]汉皋：汉口的别称。

送岳石梁仲兄西粤·其一

汤显祖

汝兄颜发旧萧然[1]，十五从君计吏年。

世事始知棋局浅，悲歌全赖唾壶[2]坚。

春光老去碧湘[3]尽，瘴雨青来寒烧连。

欲向苍梧同谒帝，一时魂梦九嶷[4]烟。

【注释】

[1]萧然：稀疏。

[2]唾壶：承唾液的器皿。

[3]碧湘：碧绿的湘江。

[4]九嶷：九嶷山。又名苍梧。九嶷山位于湖南省南部永州市宁远县境内。《山海经》说："南方苍梧之丘，苍梧之渊，其中有九嶷山，舜之所葬。"

伯父秋园晚宴有述四十韵（节选）

汤显祖

伯也垂双鬓，公然一老儒。钓竿严子濑[1]，棋局帝王都。

龙虎烧丹有，潇湘鼓瑟无。武夷春岁月，庐岳[2]暮江湖。

【注释】

[1]严子濑：指严陵濑，在浙江桐庐县南，相传为东汉严光隐居垂钓处。

[2]庐岳：庐山。

喜刘温州[1]奏最述怀（节选）

汤显祖

湘水谁招屈[2]，兰陵令老荀[3]。

笔花春减旧，棋局世增新。

【注释】

[1]刘温州：人名，生平待考。

[2]湘水谁招屈：诗句意指屈原投江于湖南的汨罗江。湘水即湘江，属长江流域洞庭湖水系，是湖南省最大河流。

[3]兰陵令老荀：指荀子。荀子名况，字卿，战国时期赵国人。著名思想家、文学家、政治家，曾三次出齐国稷下学官的祭酒，后为楚兰陵（今山东兰陵）令。

送吴龙游[1]徒阳春长乞藤障子[2]四首·其二

汤显祖

倦游游处亦风光，棋局丹书绕印床[3]。

莫为炎荒[4]心便热，春州[5]南畔正高凉。

[1]吴龙游：名应试，临川县人，万历二十九年（1601）会试副榜第一，历任龙游、阳春知县。

[2]藤障子：用藤草织成的用来分割空间的简易屏障。

[3]印床：用来固定印章的夹具。

[4]炎荒：指南方炎热荒远之地。

[5]春州：春州，唐武德四年（621）置，州治在阳春县（今属广东阳春市），春州领阳春、流南二县。

高太仆[1]每过，辄值余登游他所。太仆尝为侍御[2]，颇有酒德棋品淑人之风，更约之饮

汤显祖

道人终日掩荆关[3]，长者乘车十往还。

太仆本来驱骏骨[4]，绣衣[5]方得解严颜[6]。

十千美酒丝桐[7]醉，三百枯棋[8]宾从闲。

并是秋风有良月，门前双桂许人攀。

【注释】

[1]高太仆：指高应芳。太仆，官名，始置于春秋，秦、汉沿袭，为九卿之一，掌皇帝的舆马和马政。

[2]侍御：为尊者御车。

[3]荆关：柴门。

[4]骏骨：良马。

[5]绣衣：彩绣的丝绸衣服，古代贵者所穿。

[6]严颜：东汉末年武将，初为刘璋部下，担任巴郡太守。建安十九年（214），刘备进攻江州，严颜战败被俘，后张飞敬佩其勇气，将他释放，召

为宾客。

[7]丝桐：指琴。古人削桐为琴，练丝为弦，故称。

[8]枯棋：指棋子。

围棋

朱常淯

寸晷[1]真堪惜，休为无益劳。

未须论胜负，不著最为高。

【作者简介】

朱常淯（1559—1615），朱元璋裔孙，益端王朱祐槟玄孙，益宣王朱翊
鈏长子，自号仙源。万历二年（1574）四月封世曾孙。万历九年（1581）封
世子。三十三年（1605）袭封益王。四十三年（1615）去世，谥"敬"，称
益敬王。史载"有文名"。朱祐槟为明宪宗第六子，成化二十三年（1487）
被册封为益王。封地为建昌府。

【注释】

[1]寸晷：日影移动一寸的时间，形容短暂的时光。晷，日影。

围棋

朱常淯

两人相对坐，俱被木狐[1]迷。

次第声交下，须臾[2]数不齐。

胸中殊巧拙，局上判云泥[3]。

胜负成何事，空教日又西。

【注释】

[1] 木狐：围棋的别称。

[2] 须臾：一会儿。

[3] 云泥：比喻两物相去甚远，差异很大。

棋坪石

傅占衡

天然十九道，落子古松间。

莫问何年石，堪销竟日闲。

分持高让国 [1]，应劫 [2] 静看山。

忽入长生术，洪崖 [3] 妙可攀。

【作者简介】

傅占衡（1606—1660），字平叔，临川县人，明末清初文学家，少时涉猎经史百家，过目不忘。其父傅魁为明末御史，傅占衡曾随父游京师，所交皆一时伟特之士。明亡后，奉父山中，谢绝一切交际，专事著述。为学贯通古今，辨核详博。与刘命清（字穆叔）友善，世称"临川二叔"。著有《汉书撅言》《编年国策》《鹤园笔略》等，今皆不存。友人陈孝逸集其诗文出版，名《湘帆堂集》。

【注释】

[1] 让国：让出自己的地盘。

[2] 应劫：应付对方的抛劫，围棋用语。

[3] 洪崖：地名，在今南昌市西山。相传因长寿仙翁洪崖先生在此修炼而得名。

石棋枰

傅占衡

楸玉[1]枰虚罢合围，年来冷暖更谁知。

长安国手[2]争先著，看到空山下子迟。

残局何年掷此间，不劳夺角与冲关。

真人胜负原无用，白鹤松阴尽日闲。

【注释】

[1]楸玉：苍青色玉石制的围棋盘。

[2]长安国手：京城里棋力非常高的棋士。长安，今陕西西安，唐时都城。

灵谷对棋峰

黄位中

县知[1]此地有真仙，一局能消几昼眠。

似欲守位常让白，更思处后莫争先。

机心不起子慵下，妙着无多手懒填。

就里输赢君莫问，拾柯归去非秦年。

【作者简介】

黄位中（生卒年不详），明代临川人，事迹待考。

【注释】

[1]县知：很久前就知道。县，同"悬"，指远、久。

半亩园赠半千 [1]

周亮工

万累已全息，荒园足自怡。

棋边今态好，酒外古心危。

妙画殊无意，残书若有思。

屑榆 [2] 亦可饱，努力莫言衰。

【作者简介】

周亮工（1612—1672），字元亮，别号陶庵、减斋、缄斋、适园、栎园等，学者称栎园先生、栎下先生。今金溪县人。明末清初文学家、篆刻家、收藏家。明崇祯十三年（1640）进士，官至浙江道监察御史。入清后历仕山东潍县令、盐法道、兵备道、布政使、左副都御史、户部右侍郎等，一生饱经宦海沉浮，曾两次下狱，被劾论死，后遇赦免。生平博览群书，爱好绘画、篆刻，工诗文，著有《赖古堂集》《读画录》等。

【注释】

[1]半千：指龚半千，名贤，又名岂贤，字半千，又字野遗，江苏昆山人，早年曾参加复社活动，明末战乱时外出漂泊流离，入清隐居不出，为"金陵八家"之一。工诗文，善行草，源自米芾，又不拘古法，自成一体。著有《香草堂集》。

[2]屑榆：指以屑榆为粥。把榆树皮磨成碎屑，做成粥食，此处借指荒年的艰苦生活。

王式玉至自邗江 [1]，共醉恕老堂，式玉五年未归矣

周亮工

归来投野寺，萍迹太无端。增病千秋去，论交一雨寒。

残棋新白下，艳梦古邯郸。酒至为余醉，双眉莫更攒。

【注释】

[1] 王式玉至自邗江：王式玉，人名，诗人朋友。自邗江，在今江苏省扬州市。

秋日园居杂咏

李秉礼

端居兀^[1]多暇，空自怅悠悠。

一叶因风下，四时如水流。

局闲棋客去，筋尽酒人愁。

独有忘言处，笑他知北游^[2]。

【作者简介】

李秉礼（1748—1830），字敬之，号松甫、韦庐等，清代临川县人，其父李宜民经商广西，家道殷实。乾隆三十九年（1774），李秉礼捐刑部江苏郎中。为照顾老母，乾隆四十二年（1777）辞归广西桂林，过着优游林泉的隐士生活。他爱诗，爱棋。

【注释】

[1] 兀：静止貌。

[2] 知北游：知向北方游历。语出《庄子·外篇》中的最后一篇《知北游》，讲知向北方游历的故事。知是寓托的人名。本篇反映了庄子哲学思想的重要篇章。

题仙弈诗社图并序

李秉礼

仙弈山[1]子厚[2]记中柳州近治可游之一也，吾宗子乔暇日与孙顾崖、王若农及其弟子三人游之，寻弈石不得，取壁间赵宋王安中[3]仙者"辍弈鹤驾翩"句，于洞宾洞中分韵，余一字无所属，因请洞宾降乩[4]足其数，子乔绘图并诗以寄余为题云。

有脚不踏仙弈山，探奇岭外真徒然。

忽见此图到眼前，堂上突兀生云烟。

子厚不作安中没，淋漓醉墨苍岩巅。

风磨雨蚀未剥缺，六丁[5]呵护蛟螭缠。

扪萝策杖者六子，得践遗迹争便旋。

石枰已逐斧柯烂，石罅流出清泠泉。

兴酣气豪斗险语，拊掌一笑同飞仙。

乃知人事等泡影，祇有文字能久延。

惜我此会无由缘，羡君兹游游可传。

掩图高枕北窗眠[6]，梦中鹤驾来翩翩。

【注释】

[1]仙奕山：位于广西柳州市柳江南岸，又名马鞍山。山上多石灰岩溶洞，有仙弈岩、思柳岩、仙弈亭、弈趣亭等景观。

[2]子厚：即柳宗元。柳宗元，字子厚，河东（今山西芮城）人，"唐宋八大家"之一，世称"柳河东""河东先生"，因官柳州刺史，又称"柳柳州"。

[3]王安中：字履道，号初寮，北宋词人。年轻时曾从师苏轼、晁说之。

[4]乩：问卜，卜以问疑。

[5]六丁：道教神名，在道教中，六丁即丁卯、丁巳、丁未、丁酉、丁亥、丁丑，为阴神，为天帝所役使，道士则可用符箓召请，以供驱使。

[6]北窗眠：语出陶渊亮《与子俨等疏》："见树木交荫，时鸟变声，亦复欢然有喜。尝言五六月中北窗下卧，遇凉风暂至，自谓是羲皇上人。"后以"北窗高卧"表示悠闲自适。

疏慵[1]
李秉礼

早年归卧掩柴荆，赢得疏慵过半生。

乍见亲朋多忘姓，久随仆婢误呼名。

书能引睡从堆榻，棋有争端不置枰。

且喜轩窗面池沼，与鸥相对两忘情。

【注释】

[1]疏慵：疏懒，懒散。

酬湘皋[1]
李秉礼

心境翛然[2]自绝尘，湘南岭外两闲身。

庄生梦觉非蝴蝶[3]，陶令[4]归来是放人。

酒不停斟宁惜醉，棋无尽算竞争新。

白衣苍狗[5]寻常事，一笑何须辨假真。

【注释】

[1]湘皋：指邓显鹤。邓显鹤，字子立，一字湘皋，晚号南村老人，湖南新化人。官宁乡县训导，晚年应聘邵阳濂溪书院主讲。

[2]翛然：疏懒，懒散。

[3]庄生梦觉非蝴蝶：化用庄周梦蝶的典故。《庄子·齐物论》："昔者庄

周梦为蝴蝶，栩栩然蝴蝶也。自喻适志与！不知周也。俄然觉，则蘧蘧然周也。不知周之梦为蝴蝶与？蝴蝶之梦为周与？周与蝴蝶则必有分矣。此之谓物化。"

[4] 陶令：晋代的陶渊明。

[5] 白衣苍狗：意思是浮云像白衣裳，顷刻又变得像苍狗。比喻事物变化不定。

漫兴

李秉礼

林园供日涉，聊以养衰迟。

叶落呼童扫，花开有蝶知。

捡书防积蠹，留客战枯棋。

萧散[1]从吾兴，都忘岁月驰。

【注释】

[1] 萧散：萧洒，无拘束，闲散舒适的意思。

小松山房

李秉礼

结屋临池上，凭栏日几回。

僧归棋局效，鱼跃水萍开。

山翠侵书幌[1]，松花点石苔。

翛然人境外，无地著纤埃。

【注释】

[1] 书幌：书房。

幽居

李秉礼

日长无事静垂帘，睡起炉香手自添。

制得楸枰闲看弈，装成画卷懒题签。

小桃经雨红黏砌，新竹如云绿到檐。

且喜门前车马绝，吾庐未必逊陶潜[1]。

【注释】

[1]陶潜：陶渊明。

园居初夏

李秉礼

嘉树当轩翠幄斋，引雏紫燕故飞低。

清风掠地松花落，细雨如烟草色迷。

一局残棋人已散，数竿新竹鸟争栖。

寻幽隔断桥南路，鸭绿[1]粼粼漫小溪。

【注释】

[1]鸭绿：水色如鸭头浓绿。

世事

李秉礼

从来世事等棋枰，着着休夸布算精。

枉用苦心分黑白，何如袖手看输赢。

破除机械鸥盟[1]押，斗擞尘埃鹤梦[2]清。

有酒自斟还自酌，笑他蛮触日纷争。

【注释】

[1]鸥盟：与鸥鸟为友，借指隐退。

[2]鹤梦：谓超凡脱俗的向往。

棋

李秉礼

对著伏危机，争先输国手。

何如局外人，一笑付乌有[1]。

【注释】

[1]乌有：不存在，虚幻。

赠棋僧

李秉礼

曾记烧灯夜达晨，与师对局役精神。

而今老去机心尽，只作旁观袖手人[1]。

【注释】

[1]袖手人：把手藏在袖子里的人，指不能或不想参与其事的人。

咏遂昌石棋子寄怀董六泉[1]、张竺轩[2]

陈用光

遂昌九云峰[3]，尝产石棋子。闻昔叶法善[4]，与仙曾弈此。局终抛石散崖谷，后人取之辄盈掬。若使收敛待对杆，不假琢磨取恰足。遂昌距郡[5]百里余，吾不能往心烦纾。夜阑忽作积薪梦，遇仙不心妇与姑。寄语董张二仙友，此石一旦落吾手，更许若来坐隐否？

【作者简介】

陈用光（1768—1835），清代官员、学者。字硕士，一字实思。新城钟贤（今黎川县中田乡）人。陈道之孙。嘉庆六年（1801）进士。授编修，官至礼部左侍郎，提督福建、浙江学政。尝为其师姚鼐、鲁仕骥置祭田，以学行重一时。其文"理道宽博朴雅"，文笔浑厚精深，为学宗汉儒而不背"程朱"。桐城派后起之秀管同、梅曾亮等多出其门。作诗"气稍敛抑"，与林则徐为密友，以诗唱和。著有《太乙舟文集》等，并传于世。

【注释】

[1]董六泉：人名。董六泉，名文毅，江苏武进人，生于乾隆四十年（1775），是清朝的围棋高手。清末两大高手陈子仙、周小松都是他的弟子生。著有《董六泉选棋谱》一卷。《清稗类钞》又载：董六泉与棋手李湛源合著有《受子录》。陈用光曾为董六泉所选编的《棋谱初集》作序言。

[2]张竺轩：人名，生平事迹待考。

[3]遂昌九云峰：遂昌即遂昌县，位于浙江西南，现丽水市下辖的一个县。九云峰即县境东的牛头山。《遂昌县志》卷二载"境东牛头山又名九云峰"，以此得名。

[4]叶法善：人名。叶法善，字道元，括苍县（今浙江省丽水市）人，为唐朝时道教天师。

[5]郡：古代行政区域，比县大，此指遂昌县上级行政区处州府。

观弈

陈用光

春阴一院静鱼扉，帘外丁丁落响微。

莫笑主宾机事[1]足，能求退步即忘机。

戒贪戒躁屈能伸，坚壁方为守黑人。

澹定中存清净理，借他兵法去修身。

先机远虑此中存，底事登场识易昏。

省识局终柯已烂，只须袖手莫轻言。

从来技到通神处，刻苦工夫即道心[2]。

渠[3]自不为千载计，旁观何事献虞箴[4]？

【注释】

[1]机事：机巧的事。机，关系到事物成败的重要环节。

[2]道心：天理，自然法则。

[3]渠：同"讵"，指哪里、怎么。

[4]虞箴：古代虞人为戒田猎而作的箴谏之辞。语出《左传·襄公四年》。该篇说："昔周辛甲之为大史也，命百官，官箴王阙。于《虞人之箴》曰：'芒芒禹迹，画为九州，经启九道。民有寝庙，兽有茂草，各有攸处，德用不扰。在帝夷羿，冒于原兽，忘其国恤，而思其麀牡。武不可重，用不恢于夏家。兽臣司原，敢告仆夫。'《虞箴》如是，可不惩乎？"

《新城陈氏南昌旧园图诗》为石士侍御[1]作

李宗瀚

岁巳卯，翁覃溪先生主试江右[2]，曾游此园，丙午视学[3]时重访，遗址已就泯没，偶与石士话此，因属朱野云作图记之。

五十年前记旧游，陈家园近百花洲[4]。

偶来石墨书楼[5]话，博得烟萝[6]画卷收。

阅世真疑烂樵斧，寻源空复问渔舟[7]。

天边走马兰台[8]客，应惹莼鲈一段愁[9]。

【作者简介】

李宗瀚（1769—1831），清代临川人，字公博，一字北溟，又字春湖，乾隆五十八年（1793）进士，授编修。道光时官至工部左侍郎、浙江学政。工诗文，善书法，富收藏，癖嗜金石文字。著有《静娱室偶存稿》二卷，《杉湖酬唱诗略》二卷等。

【注释】

[1]石士：指陈作光。陈作光，字硕士，又字石士。

[2]翁覃溪先生主试江右：翁方纲主持江西的乡试。翁覃溪即翁方纲。江右，指江西。

[3]视学：皇帝亲往或派官员到官办学校对学子进行考试。

[4]百花洲：在今江西省南昌市东湖区，古时为南昌重要风景地。

[5]石墨书楼：翁方纲居所。

[6]烟萝：草树茂密，烟聚萝缠，借指幽居或修真之处。

[7]寻源空复问渔舟：化用陶渊明《桃花源记》武陵人寻访桃花源未果的故事。

[8]兰台：指御史台。汉代的御史中丞掌管兰台，故称。

[9]莼鲈一段愁：表达思乡归隐的情绪，化用莼羹鲈脍的成语典故。

人日[1]集湖西庄次王老圃韵

李宗瀚

有客携壶至，相邀过水西。

人闲都似鹤，邻远忽闻鸡。

泄井[2]尝新汲，书墙续旧题。

盘餐人日菜，风味称林栖[3]。

闲门[4]尘隔断，禽语在花深。

拂石安棋局，移尊近竹林。

池消残腊[5]冻，云过半庭阴。

薄暮回烟棹[6]，苍苍水外岑。

【注释】

[1]人日：每年农历正月初七称人日，又称人节、人庆节等，是中国古代传统节日。

[2]泄井：水井。

[3]林栖：在山林间栖隐。

[4]闲门：清闲的门庭。

[5]残腊：农历年底。

[6]烟棹：烟波中的小舟。

书潘芝轩[1]同年所藏《仙瀛雅集图卷》后

李宗瀚

同科同馆[2]兼同岁，声价输君出一头。

三十年前两年少，披图揽镜不能休。

无相先参过去因[3]，如今多半属陈人[4]。

蓬瀛本是神仙境，一笑休论幻与真。

自惭凡骨缀仙班，一局三人坐隐闲。

阅世渐深柯已烂，洞中王质尚人间[5]。

笔扫苏斋[6]首尽低，数行端不厌家鸡[7]。

永和癸丑[8]今犹说，为有羲之醉墨题。

【注释】

[1]潘芝轩：指潘世恩。潘世恩，字槐堂，一作槐庭，号芝轩，清代苏州人。与作者为同科进士，为官五十余年。

[2]同馆：指同在翰林院任职。馆，馆阁。

[3] 无相先参过去因：无相，佛教语，与"有相"相对。句后作者注："同馆二十三人，惟周芷田作背立像，盖绘图时已作古矣。"

[4] 陈人：已去世的人。作者自注："今存者止九人。"

[5] 洞中王质尚人间：句后作者自注："图中会棋三人惟余存耳。"

[6] 苏斋：指翁方纲。

[7] 厌家鸡：意指贱近贵远。语出晋何法盛《晋中兴书》。本句后有注："卷有翁覃溪、潘榕皋两先生题咏。"

[8] 永和癸丑：指王羲之兰亭集会。

题常润斋观察《秋圃观弈图》

李宗瀚

乘轺昨过烂柯处，人去枰空冷泉树。

披图恍接支公[1]谈，坐石浑疑仙者遇。

使君政暇心复闲，刘项[2]雌雄壁上观。

袖手无言中有恃，纵横武库裴逸民[3]。

【注释】

[1] 支公：晋时高僧支遁。字道林，时人也称为"林公"。

[2] 刘项：刘邦、项羽的并称。

[3] 武库裴逸民：常识渊博的裴逸民。武库，称学识渊博、干练多能的人。裴逸民，即西晋裴頠，字逸民，官散骑常侍，国子祭酒兼右军将军、尚书左仆射等职。

齐秋帆[1]观察有《桐阴观弈图》卷子，赋一绝

李宗瀚

退闲心境羡君宽，冷暖都从局外观。

笑我烂柯山下过，邮程[2]无暇驻征鞍。

【注释】

[1]齐秋帆：人名，生平事迹待考。

[2]邮程：驿道，驿路。

瀹茗[1]围棋

陈兰瑞

倚枕怀人后，闲敲一局棋。

心情忘宠辱，消息悟盈亏。

虎口山形险，羊肠路径岐。

茶烟笼烛影，深夜共迷离。

【作者简介】

陈兰瑞（1788—1823），字小石，新城钟贤（今黎川县中田乡）人，陈用光之子，清代文学家，英年早逝，著有《观象居诗钞》两卷，诗多表现他壮志未酬的抑郁之情。

【注释】

[1]瀹茗：煮茶。

春兴（其四）

李联琇

浮远余空亭，乃在君山巅。

我楼与亭对，下视皆麦田。

恍共山灵博，碧罫[1]为棋盘。

又如竞妆服，藻野兼缛川 [2]。

年前少雪泽，麦性不畏干。

青葱兆成实，鸟雀声先欢。

疲氓 [3] 不敢庆，硬饼何时餐。

还望雨旸 [4] 若，禾熟如麦然。

后丰补前歉，庶几课税完。

竭力服农亩，输饟 [5] 不我宽。

【作者简介】

李联琇（1820—1878），字季莹，一字小湖，清代临川县人。少失怙恃，自励于学。道光二十五年（1845）进士，改庶吉士，授编修。咸丰二年（1852），擢侍讲学士，又官大理寺卿等职，后调江苏学政，告病归。主讲钟山、惜阴二书院，请业者云至。著有《好云楼初集》。

【注释】

[1] 罫：围棋盘上的方格子。

[2] 藻野兼缛川：长满藻草的湿地和漂亮的河流。

[3] 疲氓：疲困之民。

[4] 旸：指晴天，本意是指旭日初升。

[5] 输饟：向官府交纳粮食。饟，往口中塞食物。

新燕篇

刘凤起

软红十丈 [1] 花如雾，绿苔绣遍阶前路。

桃坞 [2] 云深拥画楼，柳丝风袅窜庭树。

庭院春归细雨中，雕阑寂寞画梁空。

杂花映水参差发，双燕呢喃舞落红。

红襟旧是同心侣，双剪差池共栖处。

烟水三春掠絮飞，珠帘一桁穿花语。

自别江南故垒[3]非，六朝旧梦换乌衣[4]。

春来春去都尘迹，怕向楼台旧处飞。

只今重到春江曲，江草江波又新绿。

主人情重惜分飞，当年王谢如棋局。

残局新翻认故家，自怜修洁受风斜。

轻衫冒雨窥重幕，小喙春泥带落花。

玳梁[5]几日新巢葺，白玉堂前自翔集。

云水欣联往日缘，年华休怅秋风急。

秋风楼阁迥丹霄[6]，十里珠帘廿四桥[7]。

莫恋繁华金粉地[8]，春灯萧瑟[9]说南朝。

【作者简介】

刘凤起（1867—1933），字未林、未霖，号威远，晚号真庐老人、金楼峰樵等。南城县人，晚清诗人、书画家。光绪二十八年（1902）举于乡，次年中进士，授翰林院编修。不久被派赴日本考察法政，回国后辞职归故里，被江西巡抚冯汝骙奏留南昌办学，任咨议局议绅、宪政筹备处咨议、教育总会会长、师范学堂监督。辛亥革命后曾任江西民政长。后又应李烈钧约赴广东参与护法军机。1922年后定居上海，不问时政，以鬻书画自给。有《未林诗抄》《威禅诗抄》传世，有书画作品集《刘未林墨迹三种》（沈宽编）、《刘未林书画作品集》（吴中华编）传世。

【注释】

[1] 软红十丈：形容都市繁华。软红，指绵软的尘土。

[2] 坞：山坳，泛指地势周围高中间凹的地方。

[3] 故垒：古代的堡垒，

[4] 乌衣：黑色衣。古代贫贱者的服装。

[5] 玳梁：画梁的美称，即玳瑁梁。唐宋之问《宴安乐公主宅得空字》诗："玳梁翻贺燕，金埒倚晴虹。"

[6] 丹霄：绚丽的天空。

[7] 廿四桥：在扬州，古代桥梁建筑的杰作。杜牧《寄扬州韩绰判官》："二十四桥明月夜，玉人何处教吹箫？"

[8] 金粉地：指的是六朝古都南京。金粉，旧时妇女化妆用的铅粉，常用以形容繁华绮丽。南京有"六朝金粉地，金陵帝王州"之称。

[9] 萧瑟：寂寞凄凉。

独坐

刘凤起

人声初静后，花影上身时。

明月出云定，微风入梦知。

飘摇愁思远，湛寂[1]妙心期。

劫运[2]开棋局，台宗[3]悟导师。

【注释】

[1] 湛寂：沉寂。

[2] 劫运：灾难，厄运。

[3] 台宗：指佛教的天台宗。

金楼峰[1]题壁

刘凤起

乱世余生对此峰，儿时情味再难逢。

荒寒佛相同枯坐^[2]，流水哀蝉送晚钟。

国手难收覆局棋，望晴鸠已托禅枝^[3]。

山中数梦当年事，最好红灯放学时。

【注释】

[1] 金楼峰：在诗人的家乡南城县东，诗人又号"金楼峰樵"。

[2] 枯坐：无所事事地干坐着。

[3] 禅枝：寺庙禅堂周围的树木。

孙弥卿^[1]六十生日寿之以诗（辛未二月）

刘凤起

十年渡海识孙崧，一劫残棋老寓公。

春气能留仙鬓绿^[2]，长生不断酒颜红。

纵横才尽苍茫意，阅历文存整暇风。

遥忆城南旧连屋，岁星初见在弧中。

【注释】

[1] 孙弥卿：指诗中的孙崧，作者留学日本时的同学。

[2] 鬓绿：黑发。

遣闷^[1]

刘凤起

棋争一著判升沉^[2]，廿六年来懒病侵。

世事也知如意少，不应都并在余心。

【注释】

[1] 遣闷：排遣郁闷。

[2] 升沉：输赢。

忆兄

刘凤起

池塘春草意迟迟，海北天南易别离。

落落[1]难同牛李党[2]，劳劳[3]岂为利名羁。

棋争界外无结局，身溷尘中是簸箕[4]。

月上屋梁人独立，关心今已过瓜期[5]。

【注释】

[1]落落：磊落，常用以形容人的气质、襟怀。

[2]牛李党：指唐代牛李党争，即唐代后期以牛僧孺、李宗闵等为领袖的牛党与李德裕、郑覃等为领袖的李党之间发生的争斗。

[3]劳劳：辛劳，忙碌。

[4]簸箕：铲状器具，用以收运垃圾。

[5]瓜期：此指任职的时限。

新秋病中

刘凤起

病若荒鸡枕上筹，不堪垂老此掩留。

共存磅礴千秋气，欲泛沧浪[1]一个舟。

七月晚山开画本，五更明月入江流。

姑从尘里消尘障，看竹弹棋日不休。

【注释】

[1]沧浪：青苍色的水。

秋试报罢

刘凤起

云海苍茫铩羽翰[1]，南鹏[2]或徙蹴飞鸾。

风霜笔过糊名醒，黑白棋从冷眼看。

稷下三千[3]怀脱颖，瀛州[4]十八耻危冠。

诗坛百战能称健，犹是诸侯壁上观。

【注释】

[1] 羽翰：翅膀。

[2] 南鹏：指鹏鸟。庄子《逍遥游》："鹏之徙于南冥也，水击三千里，抟扶摇而上者九万里。"

[3] 稷下三千：指战国时期，齐国稷下学宫有弟子三千人。稷下，即齐国都城临淄城的稷门附近，齐国君主在此建学宫，称稷下学宫。

[4] 瀛州：瀛州为古代传说中的东海仙山，唐代玄宗开元年间，开文学馆以张说、徐贺、贺知章等十人为学士，分三批，每日值班，讨论典籍。因而选中为学士的称为"登瀛洲"，也常用来比喻取得荣宠如同登仙山。

减字木兰花[1]

欧阳祖经

化城何有，艳市迷楼知不久。故垒重探，铁锁横江虎视眈。

万花齐瞑，座上酒兵[2]曾角胜。劲敌休辞，正是围棋赌墅时。

【作者简介】

欧阳祖经（1882—1972），字仙贻，别号阳秋，江西南城县人。著名学者，文献学家。生性聪敏，博学经史，亦工数理，善诗词，对文史诗词、佛典尤有研究。光绪三十四年（1908），考入日本东京高等师范学校，专攻数理学，加入中国同盟会。1927 年，任江西省图书馆馆长。1940 年，应江西国立中正大学校长胡先骕之聘，任教于文法学院。1951 年调往兰州大学历史系任教。1959 年退休迁居北京。1972 年 7 月病逝于北京。

【注释】

[1]减字木兰花：词牌名。又名"减兰""木兰香""天下乐令""玉楼春""偷声木兰花""木兰花慢"等。此调双调四十四字，前后段各四句，两仄韵两平韵。这首词写于抗战艰难岁月里，是一首著名的抗战词，受到人们的喜爱。

[2]酒兵：酒。

乱后自抚还乡留别蔡明宇、傅再希[1]

饶岱章

适叹何颠沛，翻成把晤欢。

托身皆浪骇，阅世各棋残。

禁乱家园在，余生去住难。

负君留不得，行矣祝平安。

【作者简介】

饶岱章（1897—1952），名泗如，字拱侯，号岱章，人称"水南泗先生"，今东乡区人。他出生于书香世家。其高祖饶向荣为嘉庆七年（1802）进士，亦有书名。饶岱章精研经史、工诗文，有遗集《旷楼消夏稿》传世。善书法，尤精行楷书体。书法初学褚遂良，后宗"二王"（王羲之、王献之父子合称"二王"）。

【注释】

[1]乱后自抚还乡留别蔡明宇、傅再希：指诗人在日寇侵扰抚州后，从抚州回东乡时留别朋友蔡明宇和傅再希。

第二节　本籍作者文选

授棋生奇子 [1]

李觏

觏[2]家盱江。其西十里则麻姑山，颜太师真卿有记存焉。少北则麻源[3]，谢灵运诗所谓《入华子岗是麻源第三谷》[4]者也。其山水清媚与神仙趾迹相附，著在人口吻。吾母初无子，凡有可祷无不至。祥符元年[5]，梦二道士奕棋户外，往观之，其一人者取局之一子授焉，遂娠。及觏生十余岁从父适田间，宿东郊既寐，有人以书与觏。方制如牍表，用黄其目，曰《王状元文集》[6]。梦中以为沂公之文也。就学以来，果不甚鲁，或时开卷，恍然忆念，谓曾读此书，再思之未尝见也。笔墨著辞，虽未善，顾出自然，不多劳力，私心喜幸，以所从受颇灵异，而不敢言。今兹年三十有八矣，乃用自疑作《疑仙赋》。

【注释】

[1] 题目为编者所加。

[2] 觏：指李觏。李觏，字泰伯，号盱江先生，北宋建昌军南城县（今南城县）人，北宋著名的思想家、教育家、改革家。有《李觏集》传世。

[3] 麻源：在南城县麻姑山之北。

[4]《入华子岗是麻源第三谷》：谢灵运诗题，此诗内容为："南州实炎德，桂树凌寒山。铜陵映碧涧，石蹬泻红泉。既枉隐沦客，亦栖肥遁贤。险径无测度，天路非术阡。遂登群峰首，邈若升云烟。羽人绝仿佛，丹丘徒空

筌。图牒复摩灭，碑版谁闻传？莫辨百世后，安知千载前。且伸独往意，乘月弄潺湲。恒充俄顷用，岂为古今然。"

[5] 祥符元年：为公元 1008 年。

[6]《王状元文集》：此为王曾著作。王曾字孝先，北宋名相。王曾少年孤苦，后连中三元（解试、省试、殿试皆第一），两次拜相，封沂国公。

请减五路城堡札子（节选）

曾巩

臣尝议今之兵，以谓西北之宜在择将帅，东南之备在益戍兵。臣之妄意，盖谓西北之兵已多，东南之兵不足也。待罪三班[1]，修定陕西河东城堡之赏法，因得考于载籍。盖秦凤、鄜延、泾原、环庆、并代五路[2]，嘉祐之间，城堡一百一十有二，熙宁二百一十有二，元丰二年二百七十有四。熙宁较于嘉祐为一倍，元丰较于嘉祐为再倍。而熙河城堡又三十有一。虽故有之城，始籍在于三班者，或在此数，然以再倍言之，新立之城固多矣。

夫将之于兵，犹弈之于棋。善弈者置棋虽疏，取数必多，得其要而已。故敌虽万变，途虽百出，而形势足以相援，攻守足以相赴，所保者必其地也。非特如此，所应者又合其变，故用力少而得算多也。不善弈者，置棋虽密，取数必寡，不得其要而已。故敌有他变，途有他出，而形势不得相援，攻守不能相赴，所保者非必其地也。非特如此，所应者又不能合其变，故用力多而得算少也。守边之臣，知其要者，所保者必其地，故立城不多，则兵不分，兵不分，则用士少，所应者又能合其变，故用力少而得算多，犹之善弈也。不得其要者，所保非必其地，故立城必多，立城多，则兵分，兵分则用士众，所应者又不能合其变，故用力多而得算少，犹之不善弈也。

【注释】

[1] 待罪三班：此指在三班院供职。待罪，官吏供职的谦辞。三班，宋

代官制，以供奉官、左右班殿直为三班，后亦以东西供奉，左右侍禁及承旨借职为三班。

[2]秦凤、鄜延、泾原、环庆、并代五路：指秦凤、鄜延、泾原、环庆四路及并州和代州，在今天的陕西、甘肃和山西一带。

《鹤林玉露》（节选）

罗大经

陆象山少年时常坐临安市肆[1]观棋，如是者累日。棋工曰："官人[2]日日来看，必是高手，愿求教一局。"象山曰："未也。三日后却来。"乃买棋局一副归而悬之室中，卧而仰视之者两日，忽悟曰："此河图数[3]也。"遂往与棋工对。棋工连负二局，乃起谢曰："某是临安第一手棋，凡来著者皆饶一先。今官人之棋反饶得某一先，天下无敌手矣。"象山笑而去。其聪明过人如此。其子弟每喜令其著棋。尝与包敏道[4]书云："制子初时与春弟颇不能及，今年反出春弟之下。近旬日棋又甚进，春弟又少不逮矣。凡此皆在其精神之盛衰耳。"

【注释】

[1]临安市肆：南宋都城临安（今杭州）的集市或商铺。

[2]官人：对有一定地位的男子的敬称。

[3]河图数：五行的来源图数，河图奇数共有一至十中的五个数。据五星（木、火、土、金、水）出没时节而绘成。

[4]包敏道：陆象山的弟子包扬，字敏道，南城县人。与兄包约、弟包逊皆师陆九渊。

围棋与抚州

象山棋语 [1]

陆九渊

自古圣贤发明此理，不必尽同。如箕子 [2] 所言，有皋陶 [3] 之所未言；夫子所言，有文王周公之所未言；孟子所言，有吾夫子之所未言，理之无穷如此。然譬之弈然，先是这般等第国手下棋，后来又是这般国手下棋，虽所下子不同，然均是这般手段始得。故曰："其或继周者，虽百世可知也，古人视道，只如家常茶饭，故漆雕开曰："吾斯之未能信。"斯，此也。

…………

棋所以长吾之精神，瑟所以养吾之德性。艺即是道，道即是艺。岂惟二物？于此可见矣。

【作者简介】

陆九渊（1139—1193），字子静，南宋金溪县人，思想家，陆王心学的开创者。因书斋名"存"，世称存斋先生。又因讲学于贵溪象山书院，被称为"象山先生"，学者常称其为"陆象山"。南宋孝宗乾道八年（1172）进士，调靖安主簿，历国子正。绍熙二年（1191），知荆门军，创修军城，稳固边防，颇有政绩。绍熙三年（1192）十二月卒，追谥"文安"。主张"心（我）即理"说，言"宇宙便是吾心，吾心即是宇宙"，"学苟知道，六经皆我注脚"。明王阳明继承发展其学，成为陆王心学，其学派被称为"陆王学派"，对后世影响极大。著有《象山先生全集》。

【注释】

[1] 题目为编者所加。

[2] 箕子：即胥余，殷商末期人，文丁的儿子，纣王的叔父。官太师，封于箕。

[3] 皋陶：上古传说中的人物，是一位贤臣，传说中生于尧帝统治的时候，曾经被舜任命为掌管刑法的"士"，以正直闻名天下。

坐隐手谈

吴曾

豫章[1]弈棋诗:"坐隐不知岩穴乐,手谈胜与俗人言。"按《世说》[2]:"王中郎[3]以围棋是坐隐,支公[4]以围棋为手谈。"又《语林》[5]曰:"王以围棋为手谈,在哀制[6]中,祥后[7]客来,方幅[8]为会戏[9]。"然唐杜阳编[10]云:大中间,日本国贡玉棋子。云:"本国南有集真岛,岛上有手谭池,池中出棋子。"此又何耶?

【作者简介】

吴曾,字虑臣。南宋崇仁县人。笔记文作家。宋高宗时应试不第,以布衣特补右迪功郎,历任敕令所删定官、奉常主簿、玉牒所检讨官、太常丞兼权吏部郎官、太常司簿、工部郎中等职。孝宗朝,任靖州、严州知州等。吴曾平生博学,能文能诗,多有著述。吕居仁称其"文宏大奇伟,言高旨远,当与江西诸名公并称"。绍兴三十二年(1162),其所编笔记文集《能改斋漫录》刊行,对研究唐宋文史有重要参考价值,在南宋笔记著作中堪称佳品。

【注释】

[1]豫章:指今江西南昌市,此指宋代诗人黄庭坚。"坐隐不知岩穴乐,手谈胜与俗人言"为他的《弈棋二首呈任公渐》诗中两句。

[2]《世说》:指《世说新语》。南朝宋刘义庆所编纂,是我国最早的一部文言志人小说集。

[3]王中郎:指王坦之。王坦之,字文度,太原晋阳(今山西太原)人,东晋名臣,官居北中郎将,尚书令王述之子。

[4]支公:魏晋南北朝时名僧支道林。

[5]《语林》:《何氏语林》,古代文言轶事小说集。共三十卷,明代何良

俊编撰。

[6]哀制：礼制所定的守丧的日期。

[7]祥后：居丧期间的祭祀仪式之后。

[8]方幅：方形笺册。古代典诰、诏命、表奏等皆用方形笺册，借指此类重要文书。

[9]会戏：庆贺节日或喜事而举行的专场演出。

[10]杜阳编：指《杜阳杂编》，为唐代苏鄂所著笔记体小说集。

弈棋
吴曾

孟子曰："弈秋，通国之善弈者也。"赵岐[1]注曰："弈，博也。"或曰："围棋。《论语》曰：'不有博弈者乎？'"又注云："有人名秋。"据赵氏注，以博弈兼论，是未晓其义也。予按春秋襄公二十五年左氏传[2]："太叔文子[3]曰：'今宁子[4]视君，不如弈棋，其何以免乎？弈者举棋不定，不胜其耦[5]，而况置君而弗定乎？'"杜预[6]注曰："弈，围棋也。"杨雄《方言》曰："围棋谓之弈，自关东齐鲁之间皆谓弈。"故说文弈从廾，言竦两手而执之。棋者，所执之子也。弈者，举棋不定，不胜其耦。谓举子下之不定，则不胜其耦。是棋为子也，以子围而相杀，故杨雄、杜预云："围棋。"

【注释】

[1]赵岐：赵岐（？—201），字邠卿。京兆长陵县（今陕西咸阳）人。东汉末年经学家、画家。著有《孟子注疏》。

[2]春秋襄公二十五年左氏传：《左传》中的《襄公二十五年》一文。

[3]太叔文子：姬姓，谥号"文"，名仪，卫国太叔氏。

[4]宁子：指宁武子，名俞，谥号"武子"，春秋时期卫国大夫，今山东菏泽牡丹区人。

[5] 耦：对手。

[6] 杜预：字元凯，西晋时期著名的政治家、军事家和学者，灭吴统一战争的统帅之一。著有《春秋左氏经传集解》《春秋释例》等。

画纸为棋局，敲针作钓钩

吴曾

杜子美[1]诗云："老妻画纸为棋局。"出东晋李秀《四维赋》曰："四维戏者，卫尉挚侯[2]所造也。画纸为局，截木为棋。"又诗云："稚子敲针作钓钩。"出《楚辞》曰："以直针而为钩，维何鱼之能得？"

【注释】

[1] 杜子美：指杜甫。杜甫，字子美，自号少陵野老，盛唐大诗人，号称"诗圣"。

[2] 卫尉挚侯：卫尉挚国侯。卫尉，始于秦，为九卿之一，汉朝沿袭，为统率卫士守卫宫禁之官，莽时改为大卫，东汉时仍称卫尉。卫尉即卫将军。

烂柯亭

吴曾

李宗谔[1]云："达州[2]烂柯亭，在州治之西四里。古有樵者，观仙弈棋不去，至斧柯烂于腰间，即此地也。乃知观棋烂柯，不止衢州。"

【注释】

[1] 李宗谔：李昉之子，字昌武。累官右谏议大夫，风流儒雅，藏书万卷。李宗谔工隶书，又为西昆体诗人之一。有文集六十卷。

[2] 达州：今四川达州市。

[3] 衢州：今浙江衢州市，有烂柯山。

颜鲁公[1]失言

吴曾

颜鲁公将死，叱李希烈曰："吾年且八十，官太师[2]。吾守吾节，死而后已。"予尝曰："鲁公之节，虽与日月争光可也，而不能不失于其言。"使年未至于八十，官未至于太师，节可不尽乎？齐、梁以来，视易君如弈棋，士鲜知节义。褚渊[3]为齐司徒[4]，贺客满座。褚炤[5]叹曰："使彦回作中书郎而死，不当为一名士邪？"名德不昌，乃复有期颐[6]之寿。嗟乎，使如炤言，国何赖于老成哉。

【注释】

[1]颜鲁公：指颜真卿。颜真卿字清臣。唐代宗时官至吏部尚书、太子太师，封鲁郡公，人称他"颜鲁公"。兴元元年（784），被派遣晓谕叛将李希烈，被李希烈缢杀。他遇害后，嗣曹王李皋及三军将士皆为之痛哭。追赠司徒，谥号"文忠"。颜真卿书法精妙，擅长行、楷，创"颜体"楷书，对后世影响很大。

[2]太师：官名，始于商朝，历代相因，以太师、太傅、太保为"三师"或"三公"，多为加衔，无实际职权。

[3]褚渊：字彦回，南朝宋、齐宰相、外戚，南齐开国元勋。助萧道成代宋建齐，南齐建立后，任司徒，封南康郡公。

[4]司徒：官职名。掌民事，郊祀掌省牲视濯，大丧安梓官。周时司徒为地官，掌邦教。哀帝元寿二年（前1年），罢丞相，置大司徒。光武帝建武二十七年（51年），称司徒。

[5]褚炤：褚渊的堂弟，字彦宣。少年时就有高尚的气节，有经邦治国的大才，被齐高帝征召为国子博士，对褚渊身事宋、齐二代，异常不满。

[6]期颐：一百岁。

太宗^[1]制弈棋三势

吴曾

太宗万几之暇，留心弈棋，自制三势。一曰对面千里势，二曰天鹅独飞势，三曰海底取明珠势。一时近臣，例以棋图颁赐。故王元之诗云："太宗多材复多艺，万几余暇翻棋势。对面千里为第一，独飞天鹅为第二。第三海底取明珠，三阵堂堂皆御制。中使宣来赐近臣，天机秘密通鬼神。"所以纪其事也。

【注释】

[1]太宗：宋太宗赵匡义，北宋开国皇帝宋太祖赵匡胤的胞弟。

讽棋取怒

吴曾

晋王献之^[1]，年数岁，观门生摴蒲^[2]，曰："南风不竞。"门生曰："此郎亦管中窥豹，时见一斑。"献之怒曰："远惭荀奉倩^[3]，近愧刘真长^[4]。"遂拂衣而去。宋谢密，字洪微，性宽博，无喜愠。末年常与友人棋，友人西南棋有死势。复一客曰："西南风急，或有覆舟者。"友悟，乃救之。洪微大怒，投局于地。吴子^[5]曰："南风不竞之说，本于《左传》。而二人皆以讽于棋而取怒。"

【注释】

[1]王献之：王羲之第七子。王献之字子敬，东晋著名书法家、诗人、画家，自幼随父练习书法，以行书及草书闻名，但是在楷书和隶书上亦有深厚功底，与其父王羲之并称为"二王"，并有"小圣"之称。

[2]摴蒲：一种古代博戏。博戏中用于掷采的投子最初是用樗木制成，

故称樗蒲或摴蒱。

[3] 荀奉倩：指荀粲，颍川颍阴人，曹魏著名玄学家，为人清高，不与俗人交往。

[4] 刘真长：指刘惔，官至晋陵太守，为人清高，亦颇有名声。

[5] 吴子：作者吴曾自称。

玄玄棋经序
虞集

昔者，尧、舜造围棋以教其子，或者疑之，以为丹朱、商均[1]之愚，圣人宜教之仁义礼智之道，岂为傲闲之具、变诈之术，以宜其愚哉？余窃意不然。夫棋之制也，有天地方圆之象，有阴阳动静之理，有星辰分布之序，有风雷变化之机，有春秋生杀之权，有山河表里之势。此道之升降，人事之盛衰，莫不寓是。惟达者为能守之以仁，行之以义，秩之以礼，明之以智，夫乌可以寻常他艺忽之哉！

余在天历间[2]尝仕翰林，侍读奎章。先皇帝[3]以万机之暇，游衍群艺，诏国师以名弈侍御[4]于左右，幸而奇之。顾语臣集："昔卿家虞愿尝与宋明帝言：弈非人之所好。其信然耶？"臣谢曰："自古圣人制器，精义入神，各以致用，非有无益之习也。故孔子以弈为'为之犹贤者乎已'。孟子以弈之为数，如不专心致志，则不得。且夫经营措置之方，攻守审决之道，犹国家政令出入之机，军师行伍之法，举而习之，亦居安虑危之戒也。"帝深纳其言，遂命臣集铭其弈之器。集故有"周天画地，制胜保德"之喻。自待罪来，退休江南，老于临川之上，今十有余年矣。名弈之士，苟造余门者，未尝不与之追论往事。

今年秋，客有自庐陵来者，为言故宋丞相元献公之诸孙晏天章[5]与其乡人严德甫，俱以善弈称。对弈之暇，各出其家之所藏，举凡耳目之所注，心手之所得，新闻异见，奇谋最画，可以安危而决胜者，辄图而识之。分其局势，既纪之以名目之殊，又叙之以法度之要，其为谱诀，注详且备，真其经之大成。手录以传，命曰《玄玄集》。盖其学之通玄，可以拟诸老子众妙之门，扬雄大易之准。且其为数，出没变化，深不可测。往往皆神仙豪杰玩好巧力之所为，故其妙悟，传之者鲜。惟汉之班固、马融[6]，善赋其事；唐之张说、李泌[7]，善论其理，他非所可及也。近代以来，棋经之说独多，棋经之妙独少。今晏、严二君子乃能会诸家之要，成一代之书，其于古者圣人制作之初意，必有以深求其故，而非泥于区区智巧之末者。昔象山陆先生之于观弈不云乎："河图、洛书，正在里许。"尧舜之作，岂徒然哉！或者以为纵横之术者，非知道者也。余故辩而明之。然则动静方圆之妙，因是而悟，精义入神，则又存乎观者。是书之传，讵无补乎？

至正七年，岁在丁亥秋九月朔，邵庵老人虞集序

【注释】

[1]丹朱、商均：人名。丹朱，中国上古部落联盟首领尧的长子。相传，因为丹朱不孝，尧把部落联盟首领之位禅让给了舜。商均为舜子，丹朱是他舅舅。帝舜封子义钧于商，人称商均。

[2]天历间：元代天历年间（1328—1330）。

[3]先皇帝：已去世的前任皇帝。

[4]侍御：侍奉（君王）。

[5]宋丞相元献公之诸孙晏天章：宋代丞相晏殊的本家孙辈。晏殊字同叔，封临淄公，谥号"元献"，世称晏元献。

[6]班固、马融：人名。班固，字孟坚，东汉著名史学家、文学家。马融，字季长，东汉时期著名经学家。

[7]张说、李泌：人名。张说字道济，唐朝政治家、文学家。李泌字长源，唐朝中期著名政治家、谋臣、学者。

《会弈通玄谱》叙

朱常淓

……日，无所用心，不有博弈者乎？为之，犹贤乎已。孟氏[1]云："夫弈之为数，小数也。为不专心致志，则不得。"是弈，岂可以庸技目之乎？予承高皇帝[2]奠清海宇[3]，一扫膻腥，民到于今受其赐，德足以配神尧，功迈汉高唐宋。诸君其有功于放勋氏[4]，又不浅浅矣。自政事暇，与郡中二三君子游。近溪罗子[5]之从姑，其地有崇山峻岭，茂林修竹，清风徐来，前者呼。后者应，陶陶然如渡弱水，□宴瑶台，不知身之为我，我之为身，人间乐事无踰此也。入□□天出枰，与二三君子手谈终日，务臻其妙，每取日局之善者录之，谩成一帙，题曰"会弈通玄谱"，付剞劂氏。少助海内诸善弈者，非欲炫奇吊诡，买声名于天下，而士君子之出处施设，经权应酬俱在里许，岂必对垒运筹，□形敦势而后为棋乎哉？斯□□敬板行之意也。从事于此者，□另具一眼。

时龙飞万历巳酉岁春王正月，益藩仙源道人书叙毕。

【注释】

[1] 孟氏：孟子。

[2] 高皇帝：指明太祖朱元璋。

[3] 奠清海宇：统一全国。海宇，海内，全国。

[4] 放勋氏：指尧。祁姓，陶唐氏，名放勋，先封于陶，后迁唐（今临汾和襄汾），故又称唐尧，历史传说中的人物，为五帝之一。

[5] 近溪罗子：指罗汝芳。近溪，罗汝芳的号。

《弈志》[1]序

郑之文

世之高人韵士，其情多有所癖，以托衷寄绪，且用以传。锻与屦无论矣，即栽花种树，焚香煮茶，投壶举弈，皆所以佐文史之欢，娱闲旷之具。而精其理与事者，往往为语若《志》，以传同好。今弈棋士大夫多好之，未必人人工，然目为手谈，有不涉焉者寡矣。昔之论丝竹者，以为好则自解，然解则益好，彼以不好，故不求解者，此藏拙之言，必其性真有所不解耳。余少亦尝学弈，然性拙终不解，即未始不好。子瞻[2]之诗曰："胜固欣然，败亦可喜。"然则子瞻于此道为不好乎，抑不解乎？余入署时，每见同舍诸君终日争道，予笑之曰："诸君亦不解而好如子瞻耶？"

本一氏年少，美姿容，负雅癖，于围棋所谓精其理与事者，撰为《弈志》，未之前闻。云杜太史及余友黄屯部、萧比部[3]，俱为称弈事甚详。本一更索余序之，余谓本一："京师乃四方雅流所聚，百戏之都也，子入赀[4]蹉大夫，庚数年，必谒选，游阙下，居山中，意益精思，出而无敌于京师，必无敌于天下。《志》必传无疑，又何加焉？"本一欣然将别，予更挽之曰："虽然，棋即兵也。语云'我能往，寇亦能往'。世有拙非余者，读子之《志》，而精理与事，以与子角，日胜日负，子且悉以《志》为？姑毋尽发覆何如？"本一大笑。

万历甲寅五月五日，愚公之文序于白下[5]官署之锦砚斋。

【作者简介】

郑之文，字应尼，豹先，号豹卿，明代戏剧家、诗人，生卒年不详，万历三十八年（1610）登进士，历官南京工部主事、郎中、真定知府等职。剧本《白练裙》蜚声文坛，一时洛阳纸贵。钱谦益《长干行寄南城郑应尼》云："游人尚酹湘兰墓，子弟争传白练歌。"剧本有《旗亭记》《芍药记》；《曲录》《旗亭记》今尚存，友人汤显祖为之作序。诗文有《远山堂》《锦砚斋集》。

【注释】

[1]《弈志》：是明代万历末年汪贞度撰并辑的棋谱。清初顺治年间，其

子汪显熏又将该书重新整理，分为全局、变局、残局几部分付梓印行。汪贞度，字本一，安徽休宁人，善围棋。

[2] 子瞻：苏轼的字。

[3] 杜太史及余友黄屯部、萧比部：姓杜的太史和我的朋友屯部黄某、比部萧某。明代，翰林院的翰林有"太史"之称，屯田部简称屯部，刑部及其司官的习称比部。

[4] 入赀：纳钱财以赎罪或取得官爵功名。

[5] 白下：南京的别称。

《坐隐先生[1]订谱》序

李自芳

余淹守[2]闽之海滨，好搜寓内书籍，以消永日。新安汪坐隐先生，编刻颇繁，余获遍观，亟加击节，尝恨无繇荆识[3]。近从年友祝无功氏[4]乃得交欢，因扣其近集，先生以《订谱》示。余作而叹曰："何先生之旁通众技，而又进乎技也。"

夫弈之为道也，数也，而神载之机也。而天行之聚散如云，出没如龙。寥寥一局，了在心目之间，而实超心目之外。此非寻常知见可捧手而告之人也。乃先生之谱，不拾唾余，自发玄解。豁然一指点中，令初机者一目可了，而深识者弥寻弥永。正班孟坚[5]所谓为之以诚，而守之以默者乎。先生手自编书，名满天下。即穷荒绝域，皆想见其为人。而先生自处澹如也。及遇了悟大师[6]开导，而一切雕龙绣虎[7]之业，且以沤相视[8]之矣。其所未忘独谈棋一事。信手拈来，头头是道。彼且参破黑白未分前一着，彼且直证无上菩提[9]，则一局楸枰，宛然庭前柏树子矣。所谓《订谱》者，岂区区为一弈而注疏乎？先生自闻道以来，孤清似陈仲举[10]，而不以介名；节烈似鲁仲连[11]，而不以侠名；游情似谢安石[12]，而不以逸名。萧远无迹，圆朗不拘，此先生之为人耶。而今且以大夫起家矣，坐隐之名，疑不可解，不知此正先生之所以为大隐也。

嗟夫！世名娑婆[13]，谁分朝野，境无实相[14]，谁分显晦。是以庄叟寄迹于漆园[15]，曼倩[16]藏身于金门[17]。古来真人达士，往往而是隐心不隐身，先生之意其在兹乎。若徒随俗论迹离岐隐显，是恶知先生也者。

赐进士、中宪大夫、知福建汀州府事、通家友人李自芳顿首拜撰。

【作者简介】

李自芳（1552—1609），字遂甫，号育科，今东乡区人。万历十七年（1589）进士。万历十九年（1591）任新会知县，后任国子监助教、刑部云南司主事、汀州知府等。

【注释】

[1]坐隐先生：指汪廷讷。汪廷讷字昌朝，一字无为，自号坐隐先生，又号全一真人，安徽休宁人。

[2]淹守：长期任职出守。淹，久留。

[3]荆识：结识。

[4]祝无功氏：祝世禄，字延之，号无功，江西德兴人。与李自芳同年进士。

[5]班孟坚：班固。班固字孟坚，东汉人。著名的著作有《汉书》。

[6]了悟大师：汪廷讷看破红尘后所从师的和尚。

[7]雕龙绣虎：比喻写作豪放雄健。雕龙，雕镂龙文；喻文辞博大恢宏，不同凡响。绣虎，称擅长诗文、辞藻华丽者。绣，谓其词华隽美；虎，谓其才气雄杰。

[8]以沤相视：意思是有与人比试智慧的想法，那是很浅陋的。典出《列子·皇帝》："海上之人有好沤鸟者，每旦之海上，从沤鸟游，沤鸟之至者百住而不止。其父曰：'吾闻沤鸟皆从汝游，汝取来，吾玩之。'明日之

海上，沤鸟舞而不下也。故曰：'至言去言，至为无为。齐智之所知，则浅矣。'"

[9]无上菩提：最高觉悟，最大智慧。菩提是梵语的音译，意思是觉悟、智慧。

[10]陈仲举：名蕃，字仲举，东汉桓帝末年，任太傅。当时宦官专权，他与大将军窦武谋诛宦官，未成，反被害。

[11]鲁仲连：鲁仲连又名鲁连，战国末期齐国人，善谋略，却不肯作官任职，愿意保持高风亮节。

[12]谢安石：谢安，字安石，陈郡阳夏（今河南太康）人，东晋政治家、名士。

[13]世名娑婆：佛教所谓娑婆世界。娑婆，是梵语的音译，意为堪忍。

[14]实相：佛教语，是"请法实相"的省称，指宇宙间万事万物的真相。

[15]漆园：古地名，战国时庄周为吏主督漆事之处。但传说地址不一，有说今河南省商丘市北；有说在今山东省菏泽市北；有说在今安徽省定远县东。

[16]曼倩：指东方朔。

[17]金门：宦署门，代指官署。

弈棋为上 [1]

周亮工

近日马吊 [2] 盛行，士大夫俨然为之不耻。予曰宜舆僵，宜革匠，宜不识字人，宜四达衢中。几桌上即令此中有千变万化，神妙不测，然一思手持者何物，岂不愧杀！总之人不耐独坐，不肯习静，弈棋变为马吊，风日下矣。与其马吊，宁弈。

【注释】

[1]题目为编者所加。

[2]马吊：古代博戏，始于明代中期。因合四十叶纸牌而成，故又称"叶子戏"牌。分十字、万字、索子、文钱四门，前两门画《水浒传》人像，后两门画线索图形。四人同玩，每人八叶，其余置中央，出牌以大打小。

素纸为盘[1]

周亮工

《小品》中载：有荐艺士于显贵者，其人固平易，显贵虽礼之，然未尝问其所长。濒行，其人曰："辱公爱，有小技愿显于公。"乃索素纸为围棋盘，信手界画，无毫发谬。显贵惊叹。正统间，周伯器年九十，修《杭州志》。灯下书蝇头字，界画乌阑，不折纸为范，毫发不爽。章友直[2]伯益以篆名，官翰林待诏。同人闻其名，心未之服，咸求愿见笔法。伯益命黏纸各数张，作二图，其一纸纵横各作十九画，成一棋局，其一作十圆圈，成一射帖。其笔之粗细，间架疏密，无毫发之失。诸人叹服，再拜而去。古今绝技，亦有相同者如此！

【注释】

[1]题目为编者所加。

[2]章友直：人名。章友直，字伯益，福建建安人。嘉祐年间与杨南仲篆《石经》于国子监，工玉箸篆，兼通相术，知音律，精弈棋，善画龟蛇，以篆笔作之。

围棋五岳[1]

周亮工

马融[2]《围棋赋》："横行阵乱，敌心骇遑，迫兼其虽，颇弃其装。"按"雏"，音义与"岳"同。棋心及四角各据中一子，谓之"五岳"，言不可移动也，即今所谓"势子"。但今黑白子各二，分据四隅耳。中一子应黑应白，必又有法。古今道数，亦自不同。近余集生中丞创为圆棋盘，然其法与方棋盘亦无大异。

【注释】

[1]题目为编者所加。五岳，五大名山的总称，一般指恒山、华山、嵩山、泰山、衡山。

[2]马融：人名。马融，字季长，东汉时期著名经学家。马融一生著述丰富，明人辑有《马季长集》。

董君^[1]棋谱序

陈用光

汉《艺文志》《蹴鞠^[2]》二十五篇，列于兵技巧；而《唐书》则王积薪^[3]《金谷园九局图》一卷，韦斑^[4]《棋图》一卷，列于杂艺术类。扬子^[5]云曰："断木为棋，梡革为鞠，亦皆有法焉。"棋之有图谱，所以明其法也。颜师古^[6]曰："蹴鞠，陈力之事，附于兵法。"今世不传蹴鞠之法，而棋谱则流传独广。蹴鞠习于戏，而棋则学士大夫喜为之，亦所谓智士乐思虑之事。与言棋之攻取形势者，以为近兵。而邵子^[7]《观弈》，以为算法明则自能取胜。

余尝学《九章算法》，未之有得也。虽尝好与人弈，而于邵子之言，亦不达其旨，每以自愧焉。常州董君，今之弈秋也，选今人《图谱》，自施夏^[8]以下，凡若干局，分为上下卷。余尝覆谱之，不啻按行鱼复浦观八阵阵法^[9]，而与程不识论部勒之术^[10]也。又尝以为弈之道戒贪，则姑舍兵法，而以励守身之思焉，独愧于算数之未悟。昌平王君北堂，深《九章》之学，与董君习，董君以邵子之语语之，其有以诲余乎？是为序。

【注释】

[1]董君：指董六泉。

[2]蹴鞠：又名"蹋鞠""蹴球""蹴圆""筑球""踢圆"等，蹴，脚蹴、踢。鞠，外包皮革、内实米糠的球。因而"蹴鞠"就是指古人以脚蹴、蹋、踢皮球的活动，类似今日的足球。

[3]王积薪：唐玄宗时的棋手。据《西阳杂俎》记载，开元年间，王积薪曾在丞相张说家住过一段时间，在那里和一行和尚下过棋。王积薪自知棋力不差，不久便去报考翰林。果然一战告捷，成为"棋待诏"。以后他就常在宫中陪唐玄宗下棋。

[4]韦斑：唐京兆杜陵人，韦庆植之子。约高宗、武则天朝，官仓部郎中、阆州刺史。著有《棋图》一卷。

[5]扬子：扬雄（杨雄），西汉官吏，著名学者。

[6]颜师古：人名。颜师古，名籀，字师古，以字行。唐朝初年经学家、训诂学家、历史学家，名儒颜之推之孙、颜思鲁之子。

[7]邵子：邵雍，字尧夫，北宋哲学家、易学家，以为万物皆由"太极"演化而成。作有《观棋》诗，诗云："未去交战意，难忘胜负心。一条玄妙路，彻了没人寻。"

[8]施夏：施襄夏，名绍暗，字襄夏，号定庵。浙江海宁人，清代著名围棋国手，与程兰如、范西屏、梁魏今并称"清代围棋四大家"，与范西屏、黄龙士并称"清代三大棋圣"。

[9]鱼复浦观八阵阵法：源于《三国演义》八十四回"陆逊营烧七百里，孔明巧布八阵图"，诸葛亮在鱼复浦布下八阵图，困住了东吴大将陆逊。

[10]程不识论部勒之术：指程不识部署作战的方法。程不识，汉武帝时的大将，生平未尝有败绩，别称"不败将军"，与李广齐名。部勒，部署，约束。

围棋与抚州

《寄青霞馆弈选》书后

谭其文

　　王子展观察嘱余校勘《寄青霞馆弈选》，业既竣，或有难余者曰："子固尝好言庶务者也，若兹之役，其果当于庶务乎哉？"曰："古人有言：治国通于弈。"繄[1]古以来，贤智辗轲[2]，而成功者或反出于天幸，尚论者不能无太息焉。弈之为道，则人定可以胜天，故一切虚憍[3]之气，苟且涂饰[4]之说，举不得参厕[5]其间，斯亦三代直道之行矣。若夫雄才大略，经营伊始，则规模宏远之猷也。因革损益，务求精密，则酌古准今之要也。克敌致果，参伍奇变，则兵家之言也。以弃为取，以退为进，则道家之旨也。贵明通，弗贵偏执；贵抉择，弗贵模棱[6]；贵制变因形，弗贵先机坐误。默而识之，神而明之，技也而进乎道矣！小数云乎哉？"

　　或曰："辩则辩矣，无乃涉于夸乎？"曰："日用寻常之际，莫不有至理存焉，矧其为艺之专精者耶？国朝亦囿诸公，于虚实之中分虚实，向背之中分向背，先后之中分先后，非其识量之度越前贤乎？后有作者，交易变易，纯任自然，隔二隔三，互筹全局。其于用世，固何如也？语云："贤者识其大者，不贤者识其小者。"信斯言也。虽以棋局作世局观，殆无不可者，庶务云乎哉！"

　　光绪二十三年丁酉八月，南丰谭其文识。

【作者简介】

　　谭其文（生卒年不详），号和伯，南丰县人。光绪年间任河源知县。其父谭承祖为同治七年（1868）进士。其精围棋，善书法，有书法作品存世。他在围棋史料整理方面倾注大量精力，参与编撰《寄青霞馆弈选》，著有《弈选诸家小传》等。

【注释】

[1]繄：惟；只。

[2]辘轳：困顿，不得志。又作"輆軻"。

[3]虚憍：浮华不实，骄傲自大。憍，古同"骄"。

[4]涂饰：着意修饰装扮。

[5]参厕：参与，置身其中。

[6]模棱：不明朗，不加可否。

《围棋布局要则》序

欧阳祖经

过旭初[1]先生出《围棋布局要则》示予曰："此书旨趣，详于胡检汝[2]先生自序中，子曷别作一序以广其意？"昔桓谭[3]《新论》谓："世有围棋，或言兵法之类。上者张置疏远，多得道路而胜；中者务相遮绝，争便求利；下者守边隅趋作罫[4]目，生于小地。"予之于弈也，心知其意，而手不足以应之。故当局辄迷，行棋辄北，张置疏远，谈何容易？今欲序斯谱，譬持布鼓过雷门，不其恧[5]欤？虽然，检汝先生夙为予所钦佩，而旭初先生又予幼子谊[6]所从学弈者也，既承雅命，不敢辞。

我国弈事甚古，见于《论语》《孟子》，而《左传》亦谓"弈者举棋不定，不胜其耦"。惟三国时吴韦昭[7]著论"枯棋三百"；魏邯郸淳[8]《艺经》"棋局纵横各十七道，合二百八十九道，白黑棋子各一百五十"。唐僧一行乃以三百六十一穷棋局都数之变；裴说[9]有"十九条平路，言平又崄巇"之诗。盖弈至晋而盛，南北朝继之，晋张华、王导、谢安，宋颜延之、何承天，梁柳恽，史皆称其能弈。然则改十七道为十九道，其昉于典午[10]之世乎？

《杜阳杂编》[11]载："唐大中中，日本王子来献宝器音乐。王子善围棋，上勅顾师言[12]待诏与之敌手，至三十三下，胜负未决。师言惧辱君命，汗手凝思，方敢落指，则谓之镇神头[13]，乃是解两征势也。王子回语鸿胪[14]曰："待诏第几手耶？"鸿胪诡对曰："第三手也。"师言实第一国手矣。王子曰："愿见第一。"对曰："王子胜第三方得见第二，胜第二方得见第一，今欲躁见第一，其可得乎？王子掩局而呼曰："小国之一，不如大国之三，信矣！"好事者有顾待诏三十三镇神头图。此或不免附会，然镇神头之名，至今尤为弈家所沿用。

文人墨客，狃[15]于"胜固欣然败亦可喜"之说，视手谈[16]为消遣之具，于胜负若无所措意。而传诸日本，则有本因坊[17]世擅其业，方圆社[18]力扬其流，各家弈谱，风起云涌，朝对一局，夕播四方，户置楸枰，人娴劫杀；彼志在必胜者，宁独固棋一端已哉！

今读布局要则，乃以日人濑越宪作[19]之书，精选移译，示学者以攻守杀夺救应防拒之大纲及其实例，礼失求野，急起直追，可谓"狮子搏兔用全力"者矣。顾或以"玩物"为疑，不知弈通于兵，艺尽于道，所谓"临事而惧，好谋而战"、"多算胜，少算不胜"，"运用之妙，在乎一心"；故勍敌[20]在前，必事无洪织，皆聚精会神以赴之，乃能转祸为福，因败为功，此固非昭所得而讥，陶侃所得而废也。今者围棋赌墅之日将至，而斯谱适成；意者镇神头图将重见于天壤乎？子拭目以俟之。

民国三十年四月，南城欧阳祖经。

【注释】

[1]过旭初：安徽歙县人，1903年生。我国现代围棋国手，在国内及日本围棋界甚有名望。1924年，在北平八宝胡同俱乐部举行的中日围棋赛中赢了日本棋手，获得冠军。1939年至1942年间，应胡检汝之邀，过旭初与胞弟过惕生任江西省政府公余联欢社围棋指导。新中国成立前先后组织了江西棋会、上海棋会。新中国成立后历任全国政协文化俱乐部围棋指导员、北京棋院顾问。1992年在北京去世。为"棋圣"聂卫平的启蒙老师。著有《围棋布局要则》《围棋名谱精选》《吴清源围棋全局》《布局读本》等，受到广大围棋爱好者的欢迎，为中国围棋事业作出了重大贡献。

[2]胡检汝：指胡嘉诏。胡嘉诏，字检汝，江西省兴国县人。国民党中

将，清末秀才，留学日本，获京都帝国大学土本科学士学位。曾任江西省省府委员兼建设厅厅长，1947年当选国大代表。新中国成立前夕赴澳门，任澳门大学土木工程学教授。后迁居台湾。

[3]桓谭：东汉哲学家、经学家、琴师、天文学家。字君山，历事西汉、王莽（新）、东汉三朝。爱好音律，善鼓琴，博学多通，遍习五经。著有《新论》二十九篇。

[4]罫：围棋上的方格子。

[5]恧：自愧，惭愧。

[6]谊：指欧阳祖经的儿子欧阳谊，学棋于过旭初，后以养鸽闻名于世，为近代鸽界宗师。

[7]吴韦昭：三国时吴国的学者，著有《吴书》等。

[8]邯郸淳：人名。邯郸淳，又名竺，字子叔（一作子淑），三国魏书法家，官至给事中。因著有《笑林》《艺经》。

[9]裴说：桂州（今广西桂林）人，唐哀帝天祐三年（906）状元及第，与弟裴谐皆有诗名，诗风近贾岛，苦吟有奇思。

[10]典午："司马"的隐语，晋朝的代称。

[11]《杜阳杂编》：笔记小说集，唐代苏鹗撰。苏鹗字德祥，武功（今属陕西省）人，光启间进士登第。

[12]顾师言：唐代棋手，会昌、大中年间翰林院棋待诏，晚唐棋界第一高手。

[13]镇神头：下围棋的一种战术。乙方投三六路攻四四路时，甲方用五六路抑制它，故名。为唐大中年间顾师言胜日本国王子神头王的着法。

[14]鸿胪：官署名，此指该官署官员。

[15]狃：因袭，拘泥。

[16]手谈：下围棋。下棋时，默不作声，仅靠一只手的中指、食指，运筹棋子来斗智、斗勇。如同在棋局中以手语交谈一般。因此称为"手谈"。

[17]本因坊：日本江户时代的围棋四大家之首。"本因坊"之名来自算砂担任住持的京都寂光寺的塔头。日本江户时代围棋名人共十位，本因坊家就有七位，昭和十三年（1938）本因坊秀哉引退，将此名转让给日本棋院，作为头衔战名——本因坊战。

[18]方圆社：1879年创立的日本围棋组织，是明治后期日本主要的围棋组织，也是日本国内第一个现代化围棋组织。在此之前日本围棋均由四大家（本因坊、井上、安井、林）领导，但自明治维新以来，四大家的俸禄被取消，棋士大多改行而去，使围棋一度陷入萧条时期，直到方圆社建立，在村赖秀甫与中川龟三郎领导之下，创立许多现代化制度，才使弈风渐渐兴盛起来。

[19]濑越宪作：日本围棋棋手，棋力高强。

[20]劲敌：强敌或有力的对手。

第三节　客籍作者诗词选

更漏子（其二）

冯延巳

夜初长，人近别，梦觉一窗残月。鹦鹉卧，蟪蛄[1]鸣，西风寒未成。

红蜡烛，弹棋局，床上画屏山绿。褰[2]绣幌，倚瑶琴[3]，前欢泪滴襟。

【作者简介】

冯延巳（903—960），字正中，五代江都府（今扬州市）人。五代十国时南唐著名词人，仕于南唐，三度任宰相，官至太子太傅，卒谥"忠肃"。他的词多写闲情逸致，文人的气息浓厚，对北宋初期的词人有比较大的影响。保大六年（948），冯延巳出任抚州节度使。在抚州任职多年，对于抚州文化发展产生了一定的影响。有词集《阳春集》传世。

【注释】

[1]蟪蛄：指蝉，俗名"知了"。嘴长，体短，黄绿色、有黑色条纹，翅有黑斑。

[2]褰：揭起。

[3]瑶琴：用玉装饰的琴。

崇仁县[1] 与思禹闲游小寺啜茶闻棋

释觉范

平生阅世等虚舟，临汝[2] 重来又少留。

携弟来逃三伏暑，入门拾得一轩秋。

隔墙昼永闻棋响，阴屋凉生见树幽。

又值能诗王主簿[3]，饭余春露啜深瓯[4]。

【作者简介】

释觉范（生卒年不详），即惠洪，字觉范，俗姓彭，北宋筠州（今江西省高安市）人。少年时曾为县小吏，黄庭坚喜其聪慧，教他读书。后为海内名僧。著有《筠溪集》《冷斋夜话》《石门文字禅》等。

【注释】

[1]崇仁县：隋文帝开皇九年（589）建县，今属抚州市。

[2]临汝：指古临川，今临川区，属抚州市。

[3]主簿：古代官名，各级主官属下掌管文书的佐吏。

[4]瓯：饮茶或饮酒用的陶瓷，形为敞口小碗式。

次韵棋堂

释觉范

画戟丛中小寝惊，日长闲试道衣[1] 轻。

含风广厦过微雨，宾从时闻下子声。

【注释】

[1]道衣：僧道所穿之服。

晚过元老

吴则礼

煮茗月才上，观棋兴未央。

纶巾堕清夜，羽扇[1]委初凉。

玉露[2]飞莲沼，银河带草堂。

聊凭明净几，那觉是他乡。

【作者简介】

吴则礼，字子副，兴国州（今湖北阳新）人。为曾布的女婿。以父荫入仕。元符元年（1098）为卫尉寺主簿。崇宁中，直秘阁，知虢州。元符三年（1100），编管荆南。晚年居江西南昌，号北湖居士。宣和三年（1121）去世。有《北湖集》传世。

【注释】

[1]羽扇：用鸟羽制成的扇子。

[2]玉露：指秋露。

小塘

李纲

谁使精庐[1]鉴小塘，坐令天女试新妆。

风摇翠盖珊珊响，露裛[2]红衣苒苒香。

棋罢雨声来绝巘[3]，梦回月影上修廊。

我生本自无根蒂[4]，触处为家殊未央[5]。

【作者简介】

李纲（1083—1140），字伯纪，号梁溪先生。福建邵武人。两宋之际抗金名臣。宋徽宗政和二年（1112），登进士第，历官至太常少卿。宋钦宗时，授兵部侍郎、尚书右丞。靖康元年（1126）金兵入侵汴京时，他团结军民，击退金兵。宋高宗即位初为相，不及三月即遭罢免。绍兴十年（1140）病逝，追赠少师。淳熙十六年（1189），谥号"忠定"。在李纲的建议下，从南城划出部分区域设立了新城县（今黎川县），为建昌军下辖县。又据《李纲年谱长编》，李纲在靖康元年的九月，"知扬州，即乞宫祠"，"责保静军节度副使，建昌军安置"。《麻姑山志》中也说："李纲宰相，贬仙都观提举。"他还写有《麻姑山》诗。

【注释】

[1] 精庐：学舍，读书讲学之所。

[2] 裛：同"浥"，沾湿。

[3] 绝巘：极高的山峰。

[4] 根蒂：事物发展的根本或初始点，根由。

[5] 殊未央：还未尽。

山居遣兴四首（其四）

李纲

秋杪[1]幽居分外清，傍檐鸟雀自和鸣。

过时黄菊浑无赖[2]，入眼青山独有情。

酒后晕红潮玉颊[3]，吟余几杖殷金声[4]。

前村野老能棋战，时与呼来对一枰。

【注释】

[1] 秋杪：暮秋，秋末。

[2]无赖：没有了用途。

[3]玉颊：美丽的脸颊。

[4]殷金声：震动发出的美妙声音。殷，震动。

咏怀十六韵

李纲

衰年万事懒，此志有谁知？

偶尔出何意，泛然归不迟。

休为《鵩鸟赋》[1]，幸及荔枝时[2]。

水石[3]日在眼，旌旆[4]非所思。

携琴傍松径，置酒俯莲池。

粲粲水花净，萧萧风叶披。

忘言聊隐几[5]，得趣剩围棋。

天地惨将暮，风云徒尔为。

物华去苒苒，草色自离离。

密勿猿鹤侣，逍遥[6]丘壑姿。

亲朋有情话，图史皆吾师。

扫室仅容膝，说《诗》真解颐[7]。

多惭鹓鹭[8]羽，且咏鹡鸰[9]诗。

逸少誓独苦，孔君休乃宜。

平生沧海约，岁晚鹿门期。

喜近清秋节，那为宋玉悲[10]。

【注释】

[1]《鵩鸟赋》：汉代文学家贾谊谪居长沙时所作。此赋借与鵩鸟问答以抒发了自己忧愤不平的情绪，并以老庄的齐生死等祸福的思想以自我解脱。

[2]幸及荔枝时：化用"一骑红尘妃子笑，无人知是荔枝来"。语出唐代杜牧《过华清宫绝句三首》。

[3]水石：借指清丽胜景。

[4]旌旒：旗帜。

[5]隐几：靠着几案，伏在几案上。

[6]迢遥：遥远的样子。

[7]解颐：开颜欢笑，欢笑。

[8]鹓鹭：鹓和鹭。他们飞行有序，常用来比喻班行有序的朝官。

[9]鹡鸰：鸟类的一种。体小，黑头顶，白前额，嘴细长，尾和翅膀黑长，有白斑，白腹部。

[10]宋玉悲：指宋玉悲秋，形容秋色悲凉，感伤人生年华易逝，境遇凄苦。宋玉又名子渊，辞赋家。宋玉名篇《九辩》："悲哉秋之为气也，萧瑟兮草木摇落而变衰。"

世上
陆游

世上悠悠东逝波，金丹将奈鬓丝何。

墙头杨柳知秋早，窗外芭蕉受雨多。

伏枥自应如老骥，还乡元欲借明驼[1]。

吾棋一局千年事，从使旁观烂斧柯。

【作者简介】

陆游（1125—1209），字务观，号放翁，越州山阴（今浙江绍兴）人。南宋著名诗人，高宗绍兴二十三年（1153）进士第一。淳熙六年（1179），陆游被任命为江西常平茶盐公事，掌管江西茶盐钱粮事务。十二月间抵达抚州任所，次年十一月离任，在抚州任官一年。时抚州发生大旱灾，他救灾赈灾，至今为抚州人民所怀念。他的诗突破了江西诗派藩篱自成一家，形成豪宕丰腴之特色。词、文亦甚佳。著有《老学庵笔记》《剑南诗稿》《渭南文集》《放翁逸稿》等。

【注释】

[1] 明驼：善走的骆驼。

观棋

陆游

一枰翻覆战枯棋，庆吊[1] 相寻[2] 喜复悲。

失马翁[3] 言良可信，牧猪奴戏[4] 未妨为。

白蛇[5] 断处真成快，黑帜空时又一奇。

敛付两奁来对酒，泠泠[6] 听我诵新诗。

围棋与抚州

【注释】

[1] 庆吊：指庆贺与吊慰。

[2] 相寻：相继；接连不断。

[3] 失马翁：失马塞翁，比喻因祸得福的人。语出《淮南子·人间训》，其文："近塞上之人有善术者，马无故亡而入胡。人皆吊之。其父曰：'此何遽不为福乎？'居数月，其马将胡骏马而归。人皆贺之。……故福之为祸，祸之为福，化不可极，深不可测也。"

[4] 牧猪奴戏：赌博的游戏。对赌博的鄙称。《晋书·陶侃传》："樗蒲者，牧猪奴戏耳！"

[5] 白蛇：指围棋执白子者，下句"黑帜"，指执黑子者。

[6] 泠泠：形容声音清越、悠扬。

遣兴

陆游

远檐新叶著啼莺，睡起东窗一榻横。

愁衮衮[1]来疑有约，春堂堂去恨无情。

鹘飞局上新棋势，龙吼床头古剑声。

莫叹柴荆[2]无客到，绿尊[3]还对莫山倾。

【注释】

[1]衮衮：同"滚滚"。水奔流不绝、旋转翻滚的样子。

[2]柴荆：本指用柴荆做的简陋门户，此指简陋的住所。

[3]绿尊：又称"绿樽"，指酒杯。

幽事

陆游

老夫病起日支离[1]，幽事[2]关心只自知。

社近[3]邻翁馈新酿，客归童子拾残棋。

功名已付来生了，笔墨尤非晚岁宜。

余习可怜除未尽，移花引水伴儿嬉。

【注释】

[1]支离：生活没有条理。

[2]幽事：雅事。

[3]社近：临近社日节。社日节是古老的传统节日，分为春社日和秋社日，春社是立春后第五个戊日，秋社是立秋后第五个戊日。

春晚书怀

陆游

万里西游为觅诗，锦城更付一官痴。

脱巾漉酒[1]从人笑，拄笏看山[2]颇自奇。

疏雨池塘鱼避钓，晓莺窗户客争棋。

老来怕与春为别，醉过残红满地时。

【注释】

[1]漉酒：滤酒，榨酒。

[2]拄笏看山：旧时比喻在官任有高雅情致。

雨夜

陆游

一雨遂通夕，安眠失百忧。

窗扉淡欲晓，枕簟凛生秋。

画烛争棋道，金尊数酒筹。

依然锦城[1]梦，忘却在南州[2]。

【注释】

[1]锦城：代指成都。杜甫《春夜喜雨》："晓看红湿处，花重锦官城。"

[2]南州：泛指南方。

春日

陆游

迟日园林尝煮酒，和风庭院晒新丝[1]。

已过燕子穿帘后，又见鮰鱼[2]上市时。

排闷与儿联小句，破闲留客战枯棋。

残年自觅安排处，除却归休[3]总不宜。

【注释】

[1]新丝：新产的蚕丝。

[2]鮰鱼：指长吻鮠。其体长，吻锥形，向前突出；口下位，呈新月形，唇肥厚，眼小；有细小须，无鳞，背鳍及胸鳍的硬刺后缘有锯齿，背部稍带灰色，腹部白色，鳍为灰黑色。

[3]归休：辞官归隐。

自述三首（其二）

陆游

旧业还耕钓，残年迫耄期[1]。

筋骸衰后觉，力量梦中知。

客约溪亭饮，僧招竹院[2]棋。

未为全省事，终胜宦游时。

【注释】

[1]耄期：高年，年老时。

[2]竹院：栽竹的庭院。

破阵子

陆游

仕至千钟良易，年过七十常稀。眼底荣华元是梦，身后声名不自知。营营[1]端[2]为谁。幸有旗亭沽酒，何妨茧纸[3]题诗。幽谷云萝[4]朝采药，静院轩窗夕对棋。不归真个痴。

【注释】

[1]营营：追求奔逐。

[2]端：究竟。

[3]茧纸：用蚕茧制作的纸。

[4]云萝：指深山隐居之处。

蓦山溪

张孝祥

雄风豪雨，时节清明近。帘幕起轻寒，暖红炉、笑翻灰烬。阴藏迟日，欲验几多长，绣工慵，围棋倦，香篆[1]频销印。

茂林芳径，绿变红添润。桃杏意酣酣，占前头、一番花信。华堂尊酒，但作艳阳歌，禽声喜，流云尽，明日春游俊。

【作者简介】

张孝祥（1132—1170），字安国，别号于湖居士。南宋历阳（今安徽和县）人。著名词人、书法家。绍兴二十四年（1154），张孝祥状元及第，授承事郎，签书镇东军节度判官。后又历任秘书郎、著作郎、集英殿修撰、中书舍人、中书舍人直学士院、湖北路安抚使等。此外，还出任过抚州、平江府、静江府、潭州等地的地方长官，颇有政绩。张孝祥在绍兴三十年（1160）知抚州，时年二十八岁。《宋史》说："知抚州，年未三十，莅事精确，老于州者所不及。"他热爱抚州山水，写有诗文表达热爱之情，如《晚归湖上遇雨》《去临川书西津渔家》，五年后，他赴静江府（今广西桂林）上任，绕道临川，并填《浣溪沙·我是临川旧史君》词二首。乾道五年（1169），以显谟阁直学士致仕。张孝祥善诗文，尤工词，风格宏伟豪放，为

"豪放派"代表作家。有《于湖居士文集》《于湖词》等传世。

【注释】

[1]香篆：焚香时所起的烟缕。

侍象山先生^[1]游西湖舟中，胥必先周元忠^[2]弈

杨简

百里平湖十里堤，新芜苒苒绿齐齐。

水晶宫里光风静，碧玉^[3]壶中远近迷。

局外有棋输与我，口边得句岂须题。

流莺却会幽人意，故向林间一两啼。

【作者简介】

杨简（1141—1226），字敬仲，号慈湖，南宋浙江慈溪（今属宁波市）人。筑室慈湖居住，世称慈湖先生。年轻时就读太学，乾道五年（1169）中进士。他拜陆九渊为师，并发展陆九渊心学。主张"毋意""无念""无思无虑是谓道心"，认为"天地我之天地，变化我之变化，非他物也"，把宇宙的变化说成是心的变化，宣扬"人心自明，人心自灵"。与袁燮、舒璘、沈焕，被尊称为"甬上淳熙四先生"。也曾担任过南城县麻姑山仙都观主管。累官宝谟阁学士，谥号"文元"。杨简一生著述丰富，有《慈湖遗书》《慈湖诗传》《杨氏易传》《五诰解》等传世。

【注释】

[1]象山先生：指陆九渊。杨简为其著名弟子之一。

[2]胥必先周元忠：指胥必先、周元忠，均为象山先生弟子。

[3]碧玉：此代指茶叶。

又送前人琴棋书画四首·棋

文天祥

我爱商山茹紫芝[1]，逍遥胜似橘中时[2]。

纷纷玄白方龙战，世事从他一局棋。

【作者简介】

文天祥（1236—1283），初名云孙，字天祥。后改名天祥，字宋瑞，又字履善，号文山。吉州庐陵（今江西吉安）人。宝祐四年（1256）举进士。据文天祥《文山集》的《纪年录》里记载："宋理宗景定元年（1260）二月，差签书镇南军节度判官厅公事，辞免。乞祠禄。旨差主管建昌军仙都观。"建昌军仙都观即今南城县麻姑山上仙都观。元朝至元十六年（1279），兵败被俘，终不屈，英勇就义。有《文山全集》二十卷传世。

【注释】

[1] 商山茹紫芝：化用"商山四皓"故事。

[2] 橘中时：化用"橘隐棋师"故事。

山中（其二）

文天祥

倏忽当年遇，蒙茸[1]几度披。

水霞明画卷，草树幻骚词[2]。

鸟过目不瞬，江流意自迟。

世人空黑白，一色看坡棋。

【注释】

[1] 蒙茸：蓬松，杂乱的样子。

[2] 骚词：骚体诗的文辞。

陪王仙卿[1]登楼

白玉蟾

身在烟霞缥缈[2]间，此心已学白云闲。

遣怀把酒自酌月，无事卷帘常看山。

老去棋冤休死战，年来诗债逐时还。

于今养鹤多栽竹，缚住时光且驻颜。

【作者简介】

白玉蟾，南宋著名道士、内丹理论家。原名葛长庚，本姓葛，名长庚。字如晦，号琼琯，自称神霄散史、海南道人、琼山老人、武夷散人。创始金丹派南宗，金丹派南五祖之一。幼聪慧，谙九经，能诗赋，长于书画，才华横溢，著作甚丰。有《玉隆集》、《上清集》、《武夷集》，后由弟子彭耜编为《海琼玉蟾先生文集》；有谢显道编的《海琼白真人语录》、《道德宝章》、《海琼词》；有彭耜编的《海琼问道集》。他的遗迹遍及今天抚州市境内，有许多描写抚州山水人文的诗文佳作，如写《麻姑赋》《麻姑山仙坛集序》《麻姑山诗》等，相传他"羽化盱江"，可见他与抚州渊源深远。

【注释】

[1] 王仙卿：指元代道士王文卿。

[2] 缥缈：隐隐约约，若有若无。

幽居[1]杂兴三首（其二）

白玉蟾

阳春有脚三杯酒，野战无哗一局棋。

见说王门 [2] 堪炙手，抱猿弄鹤不曾知。

【注释】

[1] 幽居：隐居，很少与外界往来。

[2] 王门：王爷的邸第。

对月（其五）

白玉蟾

早已棋中悟死生，不须鬓上看勋名 [1]。

风吹酒面秋情眇 [2]，月透诗肠夜未清。

【注释】

[1] 勋名：功名。

[2] 眇：高远。

题渔樵问答图

揭傒斯

我在孤舟烂醉来，君从何处看棋回？

高山流水元同调，明月清风不用媒。

江上柳，早先推；天上雁，正裴徊 [1]。

富贵何如歌一曲，功名争似酒三杯。

我但负薪君但钓，百年谁喜复谁哀。

【作者简介】

揭傒斯（1274—1344），字曼硕，号贞文，龙兴富州（今江西省丰城市）人。元朝著名文学家、书法家、史学家。深得程钜夫赏识，大德八年

（1304），揭傒斯教授程钜夫三子程大本读书，后娶程钜夫堂妹。延祐元年
（1314）经程钜夫等人举荐，由布衣特授翰林国史院编修，迁应奉翰林文字，
前后三入翰林，官奎章阁授经郎、迁翰林待制，拜集贤学士、翰林侍讲学士
阶中奉大夫，封豫章郡公，修辽、金、宋三史，《辽史》成，得寒疾卒于史
馆，谥"文安"，著有《文安集》，为文简洁严整，为诗清婉丽密。善楷书、
行、草，朝廷典册，多出其手。与虞集、杨载、范梈同为"元诗四大家"之
一，又与虞集、柳贯、黄溍并称"儒林四杰"。

【注释】

[1]裴徊：回环。

题刘商《观弈图》，李伯时 [1] 临，
苏子瞻 [2] 跋，茅君彦 [3] 刻

揭傒斯

刘商画手神运笔，龙眠临之如己出。

不知弈者何代人，虽无名姓若有神。

神凝志定万缘息，观者亦复遗春秋。

松风吹衣石泉响，朱草丛生玉芝长。

眉阳仙客最相知，更托茅君寄心赏。

【注释】

[1]李伯时：指李公麟。

[2]苏子瞻：指苏轼。

[3]茅君彦：指茅彦。

鲁阴饶介 [1]

杨维桢

钱王城 [2]，乱山青，惟有江声绕驿亭。

万姓疮痍劳抚字，诸候风化在仪刑。

围棋别墅 [3] 花连屋，觅句芳池草满亭。

汀座是东南，待君久翩翩，五马不须停。

【作者简介】

杨维桢（1296—1370），字廉夫，号铁崖，晚号东维子，浙江山阴人，元末明初著名诗人、文学家、书画家和戏曲家。元泰定四年（1327）进士，授天台县尹，累擢江西儒学提举。因兵乱，未就任，避居富春山，迁杭州。张士诚累招不赴。以忤元达识丞相，再迁居松江。明洪武三年（1370），召至京师，旋乞归，抵家即卒。有诗名，号铁崖体。善吹铁笛，自称铁笛道人。与陆居仁、钱惟善合称为"元末三高士"。著有《东维子文集》《铁崖先生古乐府》等。

【注释】

[1] 鲁阴饶介：饶介的汉代祖饶威曾任鲁阴太守，故在其名前常冠"鲁阴"二字。饶介，字介之，号芥叟，自号醉樵等。江西临川人。元末明初著名诗人、书法家。

[2] 钱王城：指杭州。钱王即钱镠，钱镠字具美，杭州人，五代十国时期吴越国创建者。钱镠在唐末跟随董昌保护乡里，抵御乱军，累迁至镇海军节度使，后因董昌叛唐称帝，受诏讨平董昌，再加镇东军节度使。他逐渐占据以杭州为首的两浙十三州，先后被唐朝、后梁、后唐封为越王、吴王、吴越王、吴越国王。

[3] 围棋别墅：指典故"围棋赌墅"。

同张内翰游麻姑山

谢士元

一线天开玉柱峰 [1]，峰前僧寺讲时钟。

棋盘便是三生石 [2]，秋色偏宜五粒松 [3]。

云外枫林无鸟韵，雨中苔径有人踪。

东君 [4] 载酒同行乐，诗兴何如酒兴浓。

【作者简介】

谢士元（1425—1494），字仲仁，一字约庵。明景泰五年（1454）进士，授户部主事，督通州（今属江苏省）仓。天顺七年（1463）升建昌知府。时建昌府多盗，因军士包庇，盗贼无所顾忌。士元查办庇盗军士，再行禁盗。不久，城郭内外路不拾遗。大兴教化，建新学宫，藏书万卷及礼乐器，并扩建射圃。假日时，他亲临督课，学风大振。后逢饥荒，谢士元发粟救荒。粟尽后又自捐俸禄，倡导富民捐献，富绅纷纷开仓卖米，共度荒年。任满，因民众请求，朝廷以从三品俸禄让其留任。后又任广信知府、四川左参政、右布政使、右副都御史等职。

【注释】

[1] 一线天开玉柱峰：一线天在南城县从姑山上，为飞鳌峰与天柱峰之间的夹缝。玉柱峰即天柱峰。

[2] 三生石：定情之石。"三生"源于佛教的因果轮回学说，后成为中国历史上意涵情定终身的象征物。"三生"分别代表"前生""今生""来生"。

[3] 五粒松：松的一种，多年生木本植物，因一丛五叶如钗形而得名。

[4] 东君：犹东家，对主人的尊称。此指张内翰。

送陆毅斋守抚州

王慎中

蓟门[1]二月芳草深，君侯两服骤骎骎[2]。

英寮[3]饮饯开苏[4]宴，如渑之酒攒华簪[5]。

柔杨青青不受折，欲别不别愁人心。

长风漫度青骊[6]歌，林端黄鸟声相和。

忆昨与子谐嬿婉[7]，琼楼来宿森骈罗。

翠帐晴吟紫芝苑[8]，芳郊[9]晓并玉花珂[10]。

天地百年交不足，弟兄四海欢如何。

圣朝礼乐兴寓县[11]，尚书曹[12]中皆妙选。

楚璧[13]朝扬画省辉，岐鹓[14]暮焘[15]文闾[16]绚。

专对清绾[17]赤银章[18]，独诵荣登黄金殿。

九夷七戎[19]同文轨[20]，四门万里秩宾献[21]。

茂辰[22]相见眼尽青，展采振藻[23]何英灵。

握中一尺玄璆璞[24]，腰间杂佩苍龙[25]精。

角巾往往探奇字，曲几时时问译经。

挥翰弹棋乐未极，纵酒忧天常不醒。

金溪[26]之城半山谷，君也分符[27]下南国。

云间初赐五马车，风里遥飞双霞舄。

修途不碍骅骝[28]驱，丹心终见豚鱼[29]格。

吹枯嘘朽回昭融[30]，芟锄[31]要使雷霆击。

人生聚散何能常，一旦缱绻[32]成参商[33]。

贤豪得路各努力，同心岂必俱同行。

醉余拂拭操珠徽[34]，回飙[35]倏忽[36]高云翔。

桂桨夜发迟水泮[37]，兰佩[38]春生去路香。

君不见匡庐峰，洞庭水，巨灵[39]巉嵝[40]东南峙。

汰波簸荡绝尘滓[41]，潢污[42]嵝嶅[43]徒为尔，

丈夫意气亦若此。

【作者简介】

王慎中（1509—1559），字道思，号遵岩居士，后号南江。因家庭排行第二，又称王仲子。明代晋江人。明代诗人、散文家，明朝反复古风的代表人物之一。嘉靖五年（1526）进士，曾任户部主事礼部员外郎等职，益肆力古文，卓然成家，与唐顺之齐名，天下称二人为"王、唐"。诗文集有《遵岩集》等。

【注释】

[1]蓟门：原指古蓟门关。唐代以关名置蓟州后亦泛指蓟州（今蓟县）一带。

[2]骎骎：迅疾的样子。

[3]英寮：贤能的僚友。寮，古同"僚"，官的意思。

[4]荪：香草名，同"荃"。

[5]华簪：华贵的冠簪。华簪为贵官所用，故常用以指显贵的官职。

[6]青骊：青马和黑马，出自《楚辞·招魂》。

[7]嬿婉：欢好，和美。

[8]紫芝苑：意指隐居之所。商山四皓隐居商山食紫芝以疗饥，并作歌："漠漠商洛，深谷威夷。晔晔紫芝，可以疗饥。皇农邈远，余将安归？驷马高盖，其忧甚大。富贵而畏人，不若贫贱而轻世。"

[9]芳郊：花草丛生的郊野。

[10]珂：似玉的美石。

[11]寓县：同"宇县"，指天下。

[12]曹：等，辈。

[13]楚璧：卞和之玉，即和氏璧。《韩非子》卷四："春秋楚人卞和得璞

玉，献之厉王，王以为诳，刖其左足；复献武王，又刖其右足；后献文王，王理璞，果得玉，名之曰和氏璧。"

[14] 岐鹚：岐山的鹚鸟。

[15] 翥：鸟向上飞。

[16] 阊：传说中的天门。

[17] 清绾：黑头发。绾，把长条形的东西盘绕起来打成结。

[18] 银章：银印。汉制，凡吏秩比二千石以上皆银印。隋唐以后官不佩印，只有随身鱼袋。金银鱼袋等谓之章服，亦简称银章。

[19] 九夷七戎：指少数民族。

[20] 文轨：本意是文字和车轨，此指疆域。

[21] 宾献：礼赐，飨赠。

[22] 茂辰：盛壮之年。

[23] 展采振藻：在职位上显扬文采。

[24] 璆璞：美玉。

[25] 苍龙：传说中的青龙。

[26] 金溪：抚州下辖的县。

[27] 分符：剖符。帝王封官授爵，分与符节的一半作为信物。

[28] 骅骝：骏马。

[29] 豚鱼：猪被绊足而难行貌。

[30] 昭融：光大发扬。

[31] 芟锄：除去，铲除。

[32] 缱绻：情意深厚。

[33] 参商：比喻亲友分隔两地不得相见。参即参星，商即商星，两星不同时在天空出现。

[34] 珠徽：精美的琴徽，琴的美称。

[35] 回飙：旋转的狂风。

围棋与抚州

[36] 倏忽：很快地往来。

[37] 水泮：应为"冰泮"，指冰冻融解。

[38] 兰佩：典雅的佩饰。

[39] 巨灵：神话传说中劈开华山的河神。

[40] 巉嵲：指高峻的山。

[41] 尘滓：细小的尘灰渣滓。

[42] 潢污：聚积不流之水。

[43] 嵝峇：山顶和小阜。

著棋峰[1]

李松

玉琢[2]层峦耸众峰，石坛云雾霭西东。

仙棋不比商山弈，尽与河图[3]妙蕴同。

【作者简介】

李松（生卒年不详），清代崇仁县知县。

【注释】

[1] 著棋峰，位于乐安县大华山（华盖山）中。

[2] 玉琢：比喻如玉石雕琢修饰。

[3] 河图：《周易》八卦来源的传说，《尚书·顾命》："河图，八卦；伏羲王天下，龙马出河，遂改其文以画八卦，谓之河图。"

第四节　客籍作者文选

围棋是不为患[1]

王羲之

再昔来热如有小觉，然昼故难堪，知足下患之。云故以围棋，是不为患。吾其尔无佳，自得此热，憔悴终日，未果如何。王羲之顿首。

【作者简介】

王羲之（303—361），字逸少，汉族，东晋时期著名书法家，有"书圣"之称。琅琊临沂（今山东临沂）人，曾任临川内史，其间刻苦练习书法，以至于洗笔池尽黑。为记其事，宋曾巩写下了著名的《墨池记》。王羲之也留下了《临川帖》，其中说："不得临川问，悬心不可言。"其书法兼善隶、草、楷、行各体，摆脱了汉魏笔风，自成一家，影响深远。代表作《兰亭序》被誉为"天下第一行书"。在书法史上，他与其子王献之合称为"二王"。

【注释】

[1] 题目为编者所加。

羊长和围棋[1]

刘义庆

羊长和博学工书，能骑射，善围棋。诸羊后多知书，而射弈余艺莫逮。

【作者简介】

刘义庆（403—444），字季伯，原籍彭城（今江苏徐州），南宋文学家。宋武帝刘裕之侄，长沙景王刘道怜次子，其叔父临川王刘道规无子，即以刘义庆为嗣，袭封临川王。在诸王中颇为出色。他爱好文学，广招四方文学之士，聚于门下。著有《世说新语》、志怪小说《幽明录》。

【注释】

[1]题目为编者所加。羊长和即羊忱，东晋人，历任太傅长史，徐州刺史，迁侍中，著名书法家。

江仆射、王丞相 [1] 围棋

刘义庆

江仆射年少，王丞相呼与共棋。王手尝不如两道许，而欲敌道戏，试以观之。江不即下。王曰："君何以不行？"江曰："恐不得尔。"旁有客曰："此年少戏乃不恶。"王徐举手曰："此年少非唯围棋见胜。"

【注释】

[1]江仆射、王丞相：分别指江彪、王导。江彪字思玄，西晋江统之子，博学知名，兼善弈。王导字茂弘，东晋时期政治家、书法家，历仕晋元帝、明帝和成帝三朝，是东晋政权的奠基人之一。

棋隐语

释惠洪

舒王 [1] 在钟山，有道士来谒，因与棋。辄作数语曰："彼亦不敢先，此亦不敢先，惟其不敢先，是以无所争，惟其无所争，故能入于不死不生。"

舒王笑曰：“此特棋隐语也。”

【注释】

[1]舒王：指王安石。政和三年（1113），诏封王安石为舒王。

三真君弈棋[1]

张宇初

宋大观己丑冬十月，山人丘祐翁樵于山岩，遇星冠霞服[1]者三人弈于地，遗祐以桃。弈毕，叱祐归，徐莫之见。祐及家越三载矣。祐复往弈所，掘地得陶灯器三、香炉一。众异之。即累为龛，像三仙祀之。疑弈者即三真君。

【作者简介】

张宇初（1359—1410），字子旋，别号耆山。为明代正一派天师，有道门硕儒之称。为四十二代天师张正常长子，于明洪武十年（1377）嗣教。明洪武十三年（1380）敕受“正一嗣教道合无为阐祖光范大真人”，总领天下道教事。著作遗世者有《岘泉集》传世。并擅画墨竹，精于兰蕙，兼长山水。文中所记的是三仙人弈棋于抚州灵谷峰。

【注释】

[1]题目为编者所加。真君，在道教神仙体系中拥有非常高名望者被尊称为真君。

[2]星冠霞服：此指道服。星冠，道士的帽子。霞服，轻柔艳丽的舞衣。

附录：历代棋谱选编

一、《仙姑真迹图》

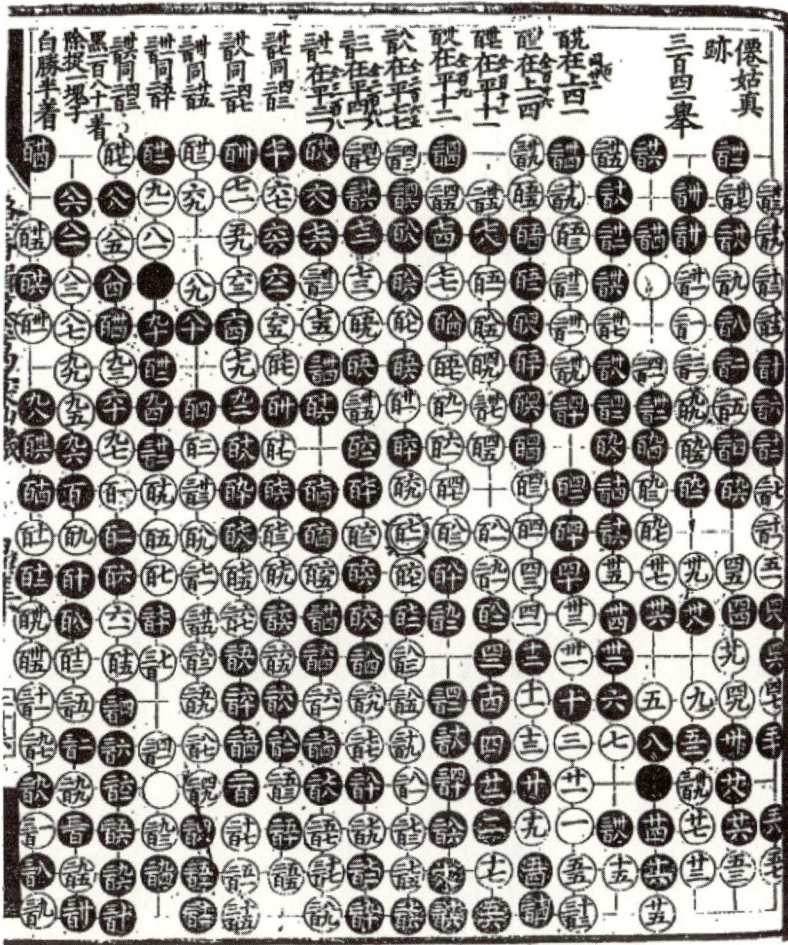

二、《会弈通玄谱》选编

1.《天覆地载图》

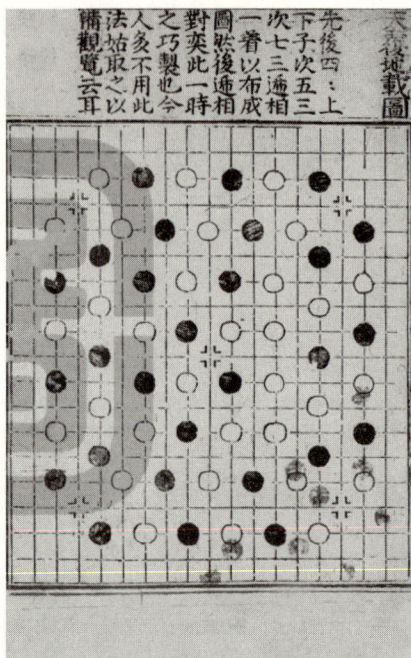

围棋与抚州

2.《起手图》

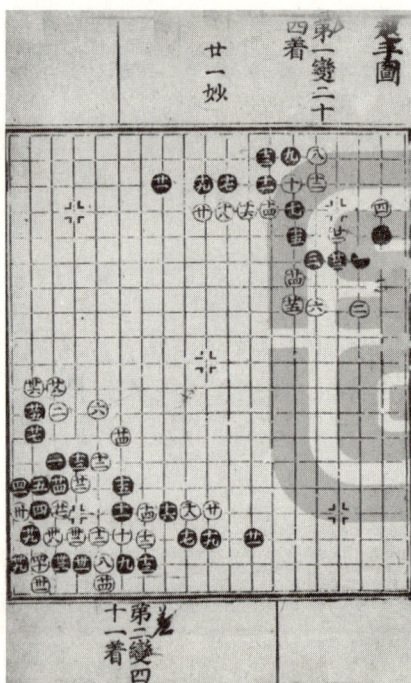

3.《铁重关》

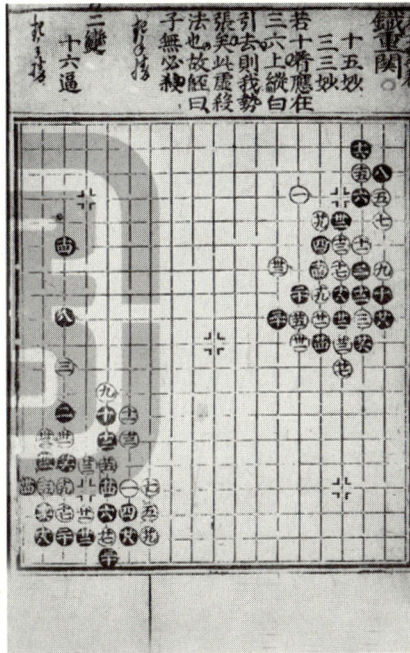

4.《晋王琬遇仙图》

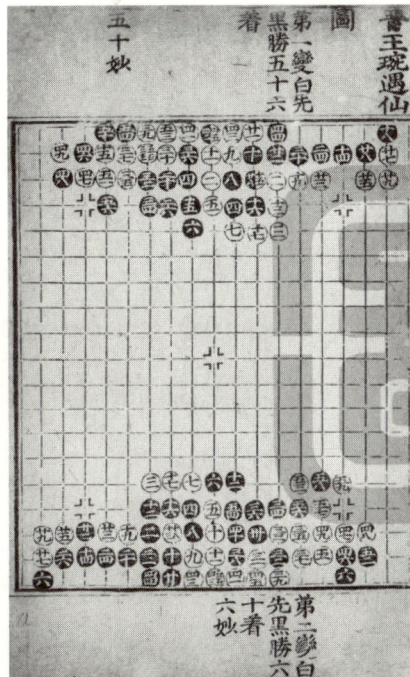

5.《刘仲甫玉井栏》

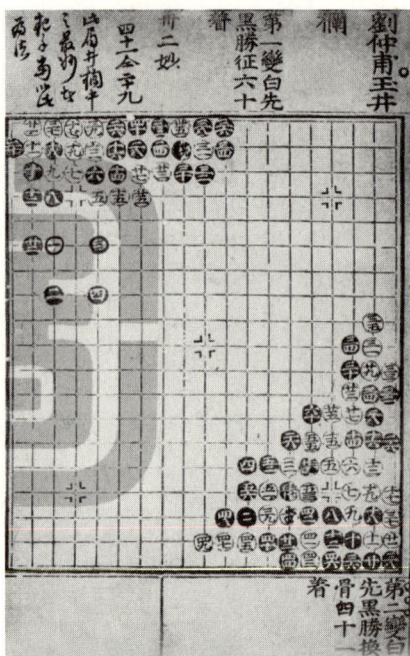

6.《遇仙图》

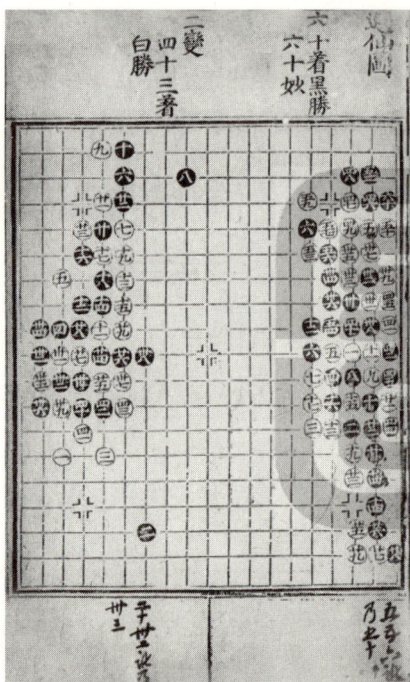

围棋与抚州

7.《玉屏风》

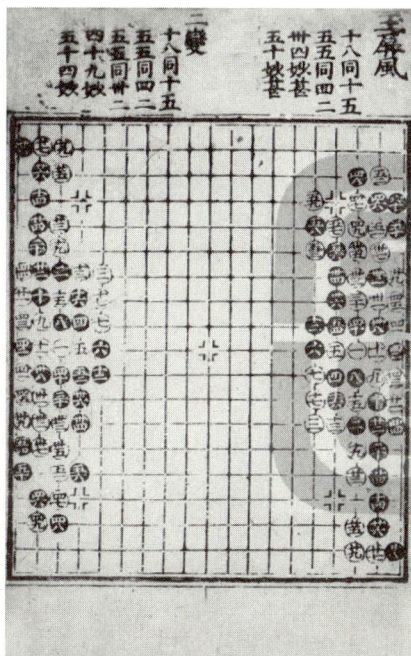

8.《四仙子图》

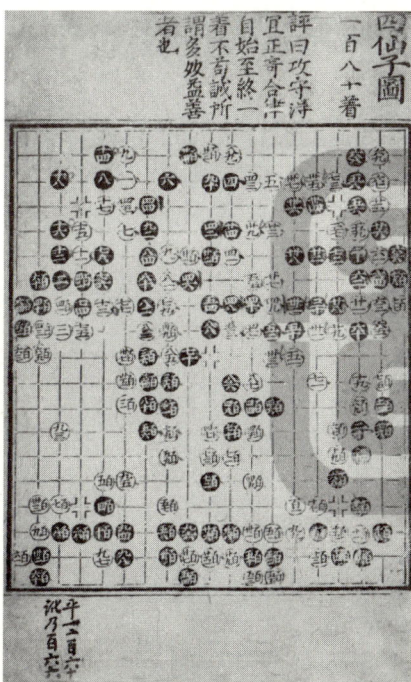

9.《寒灰复燃》

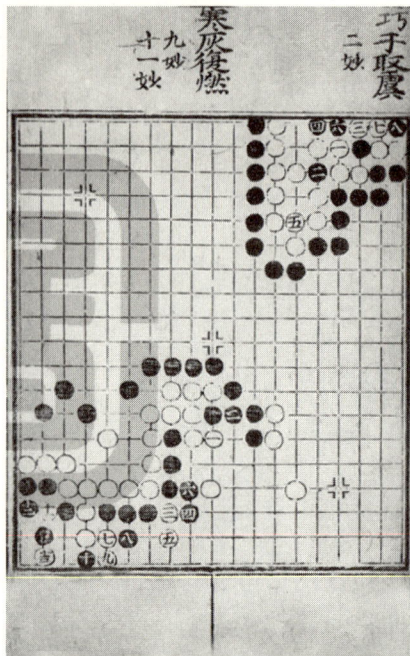

围棋与抚州

10.《穿岩入窒》

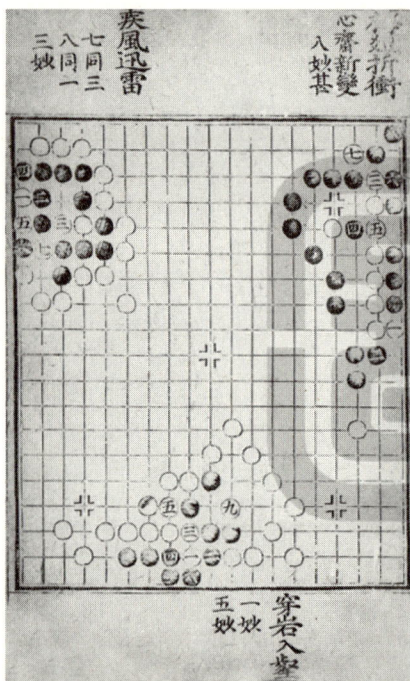

11.《塞翁失马》

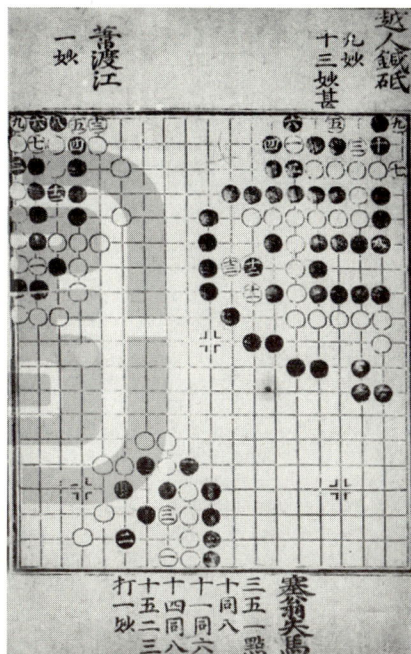

12.《里应外合》

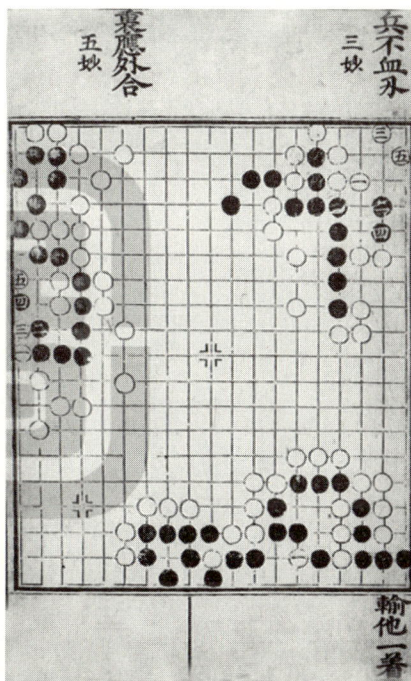

13.《长生不老》

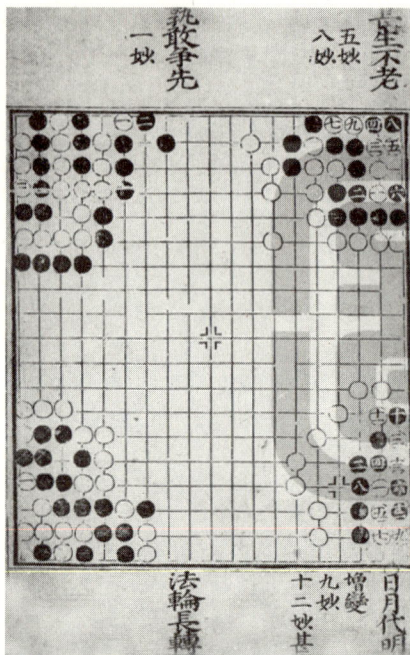

围棋与抚州

14.《夜渡函关》

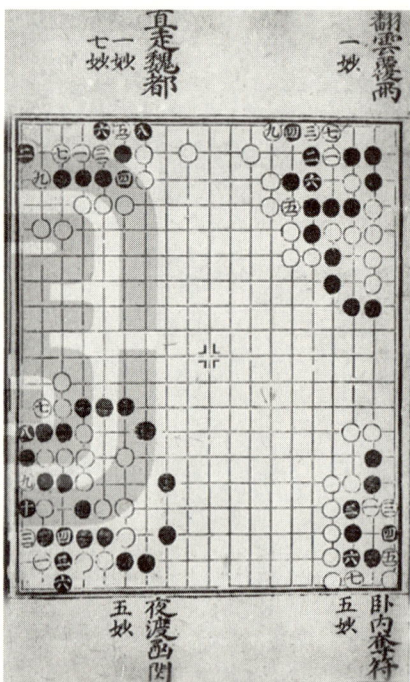

15.《虎穴得子》

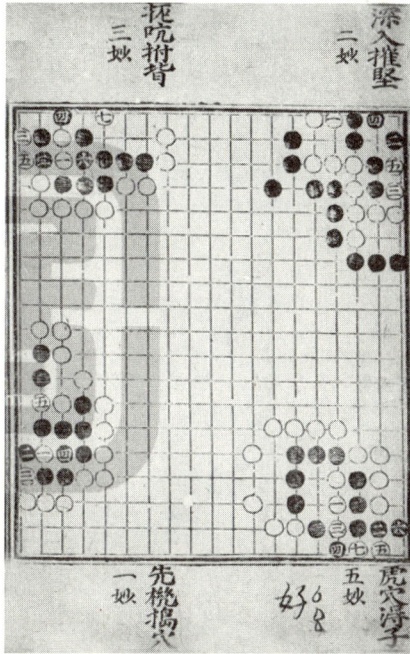

16.《胜敌在忍》

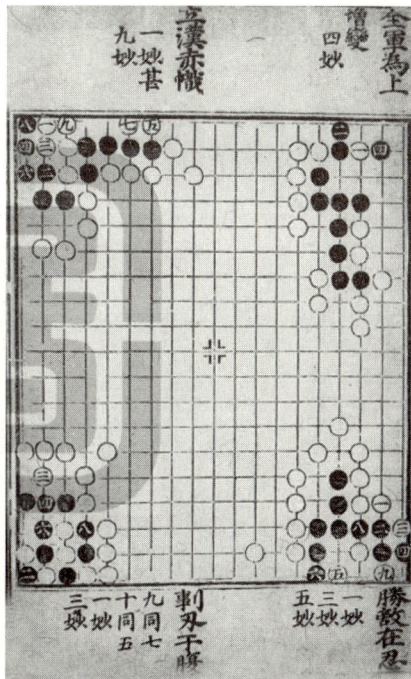

17.《暗度陈仓》

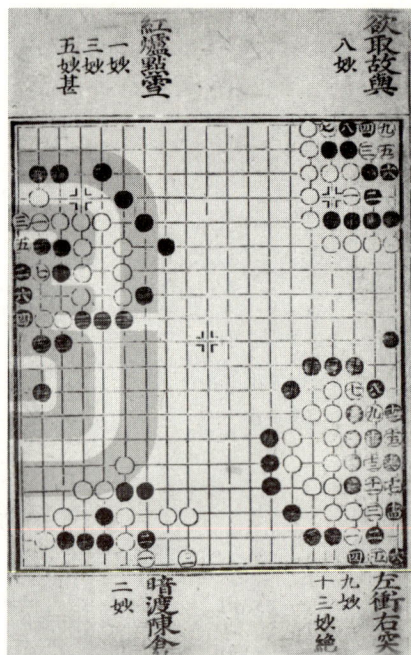

18.《春水断桥》

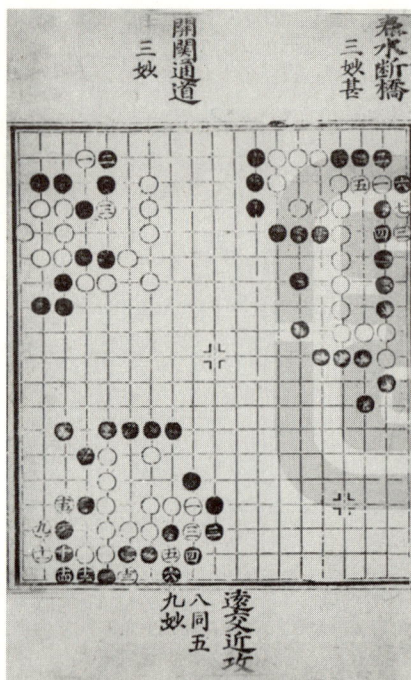

围棋与抚州

19.《实东击西》

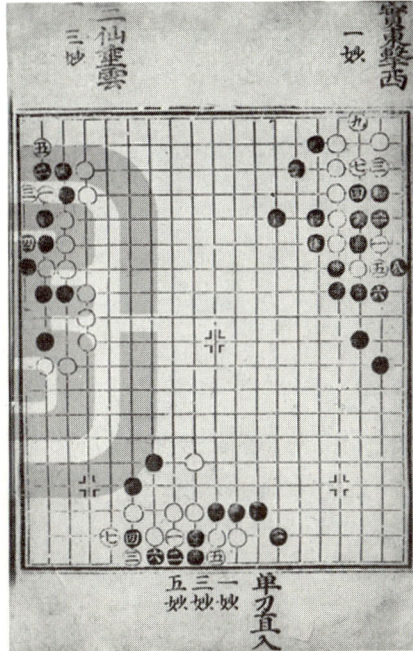

20.《威壮长城》

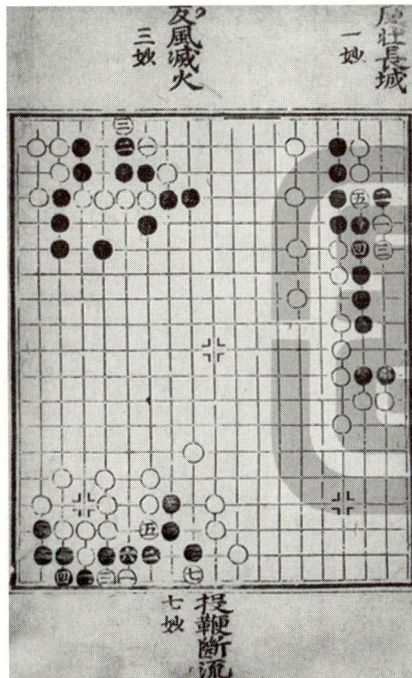

附录：历代棋谱选编

21.《从天而下》

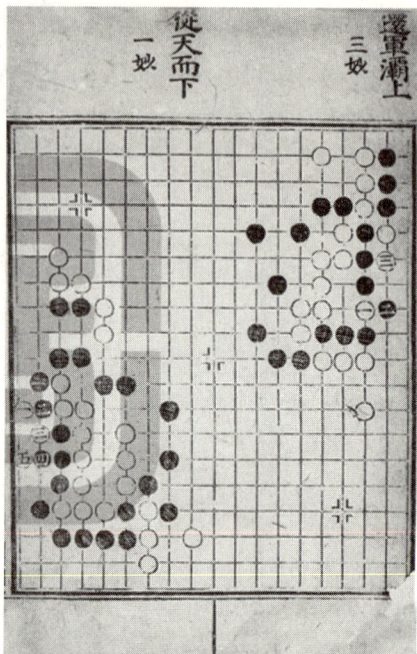

围棋与抚州

22.《五龙变岘》

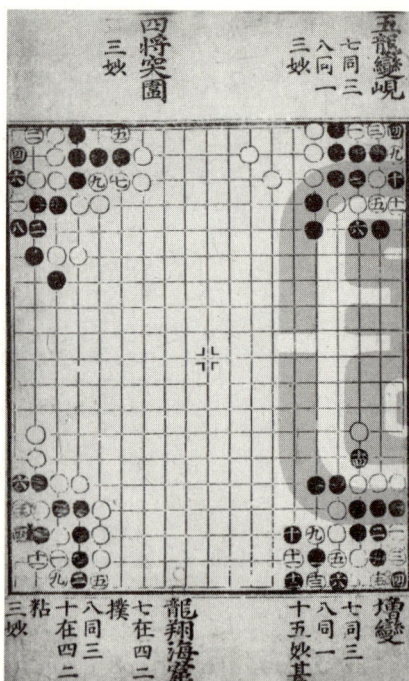

23.《恢拓中原》

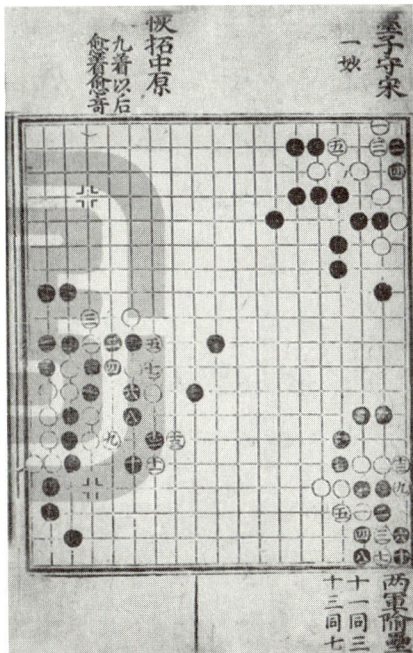

24.《食不下咽》

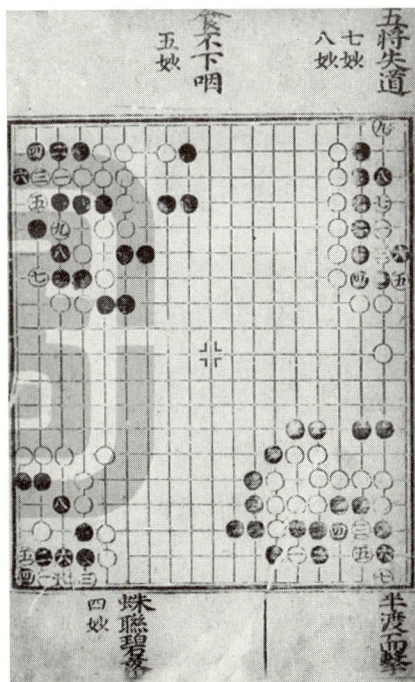

25.《投胎夺舍》

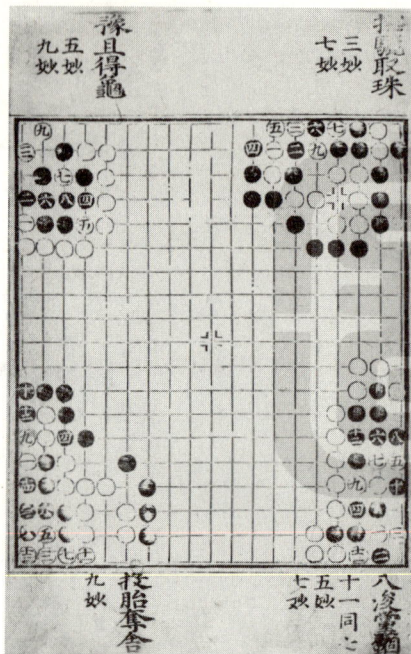

26.《中兴四将》

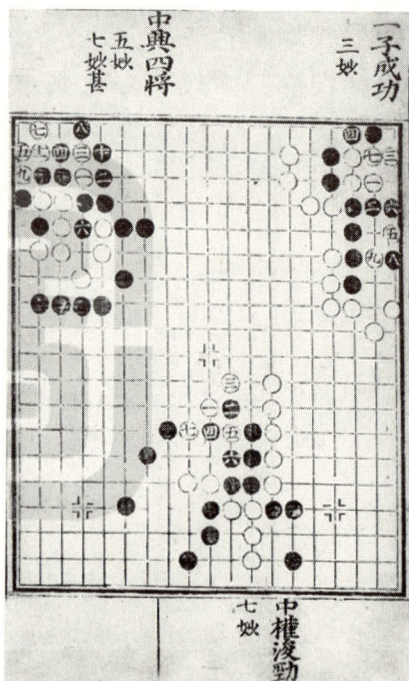

27.《火内莲花》

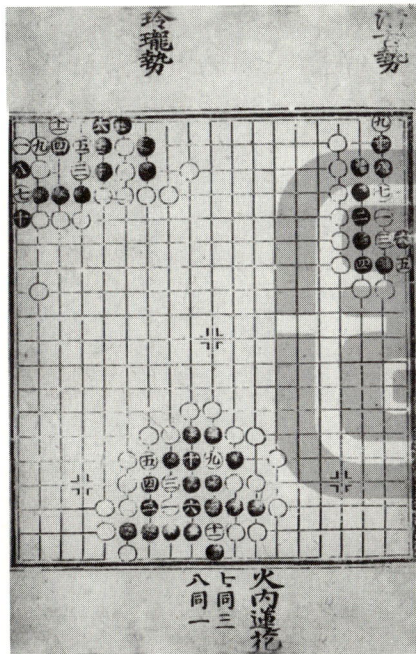

28.《八龙生津》

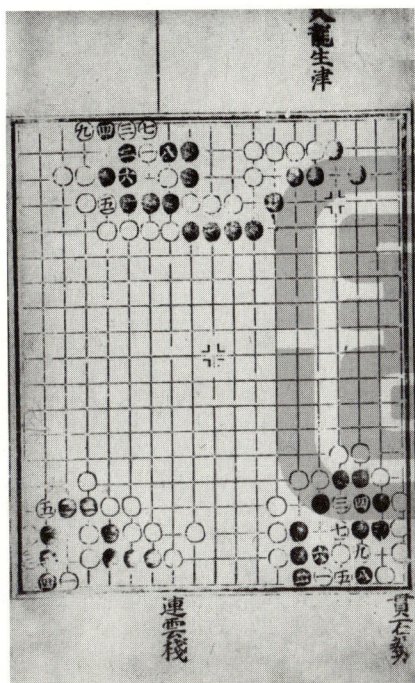

29.《相如归璧》

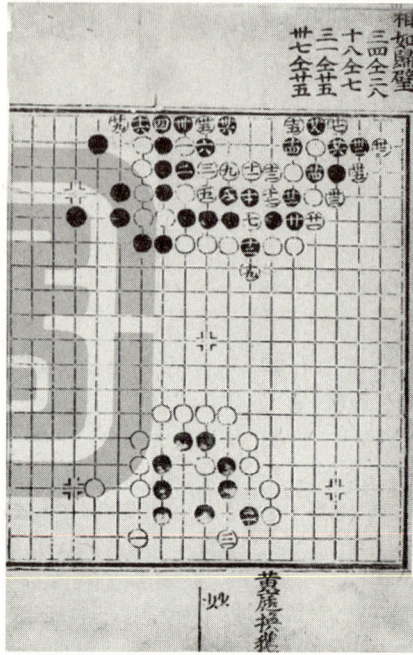

30.《隔簾望月》

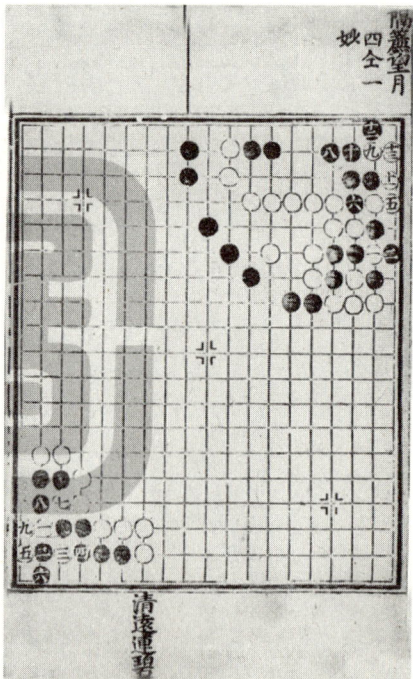

围棋与抚州

31.《决胜千里势》

32.《唐明皇邀月宫势》

33.《平沙落雁势》

34.《运筹决胜势》

围棋与抚州

35.《猛虎驱羊势》

36.《六出奇山势》

附录：历代棋谱选编

37.《八仙长啸势》

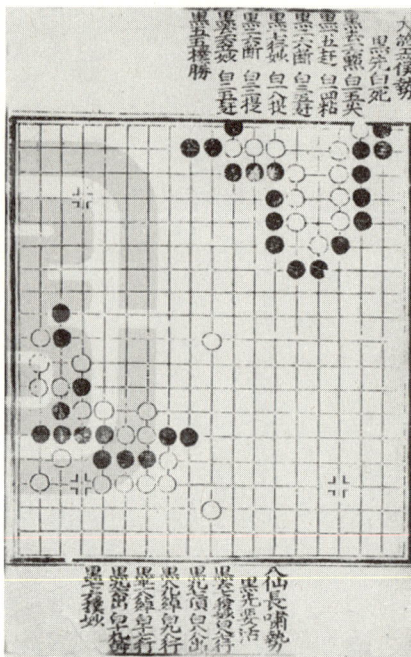

围棋与抚州

38.《枯木逢春势》

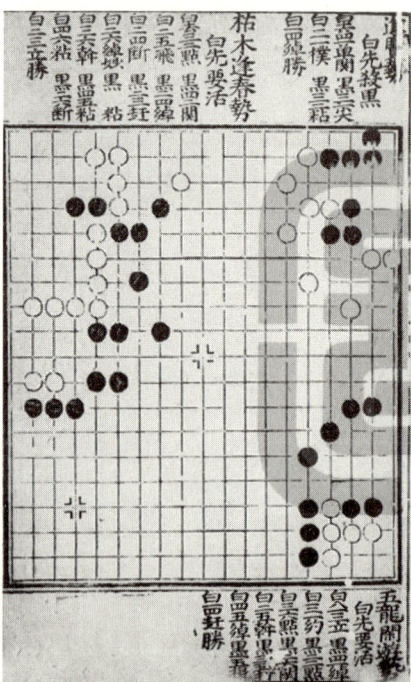

39.《楚汉争锋势》

40.《秋蝉饮露势》

41.《克用归唐势》

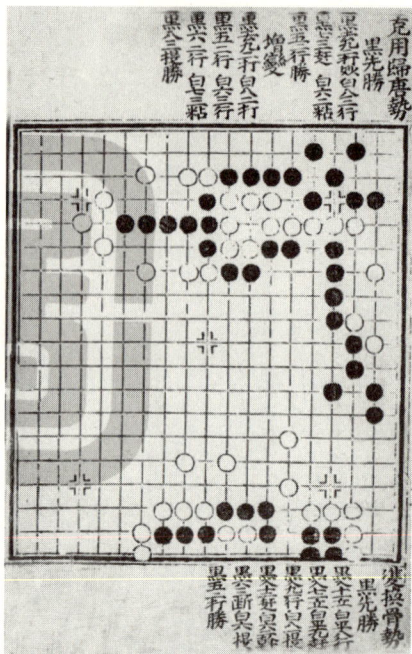

围棋与抚州

42.《偷营劫寨势》

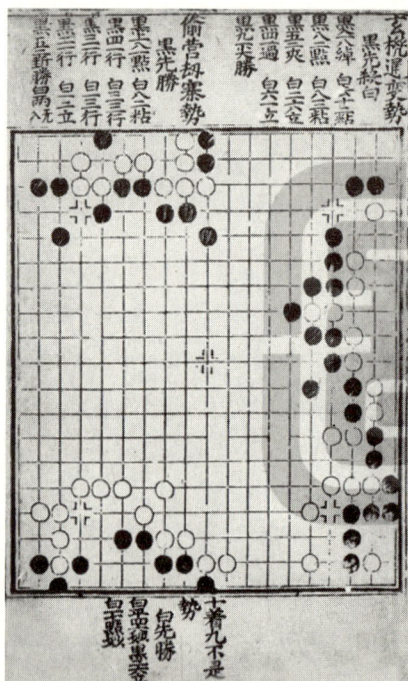

43.《长虹饮水势》

44.《洞庭秋月》

45.《四皓还山势》

46.《田文度关势》

47.《月落孤城势》

附录：历代棋谱选编

48.《老子还魂势》

49.《十将骁兵势》

十将骁兵势
兒先黑活
黑七药　黑八行
黑五薜　黑六行
白八立
兒二征　黑九粘　黑左药
黑六延　黑左延
白六延

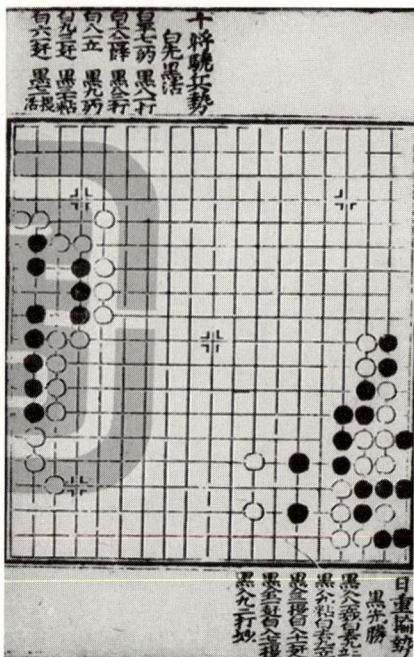

白重编势
黑六奏复立　黑先胜
黑分粘白奏劲
黑奎提白仝程　黑全粘白仝劲
黑又白全程
黑又二行势

50.《凤凰展翅势》

凤凰展翅势
黑先白死
白三行
黑二粘
白三行　黑三行　黑二奏　黑二奏
白先胜
白三行　白三行
黑粘势　黑二粘
白三行
凤凰展翅势

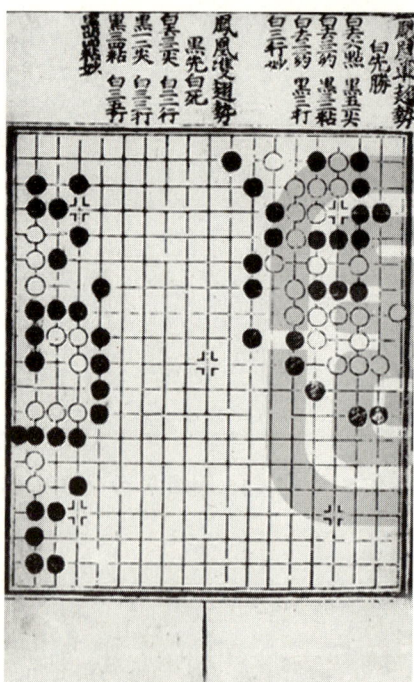

围棋与抚州

三、抚州赛事棋局选录

（一）孙宜国对阵平田博则（日本）

● 平田博则　　　　　○ 孙宜国

🕐 1993-05-27　　　　⊕ 白胜4.5目

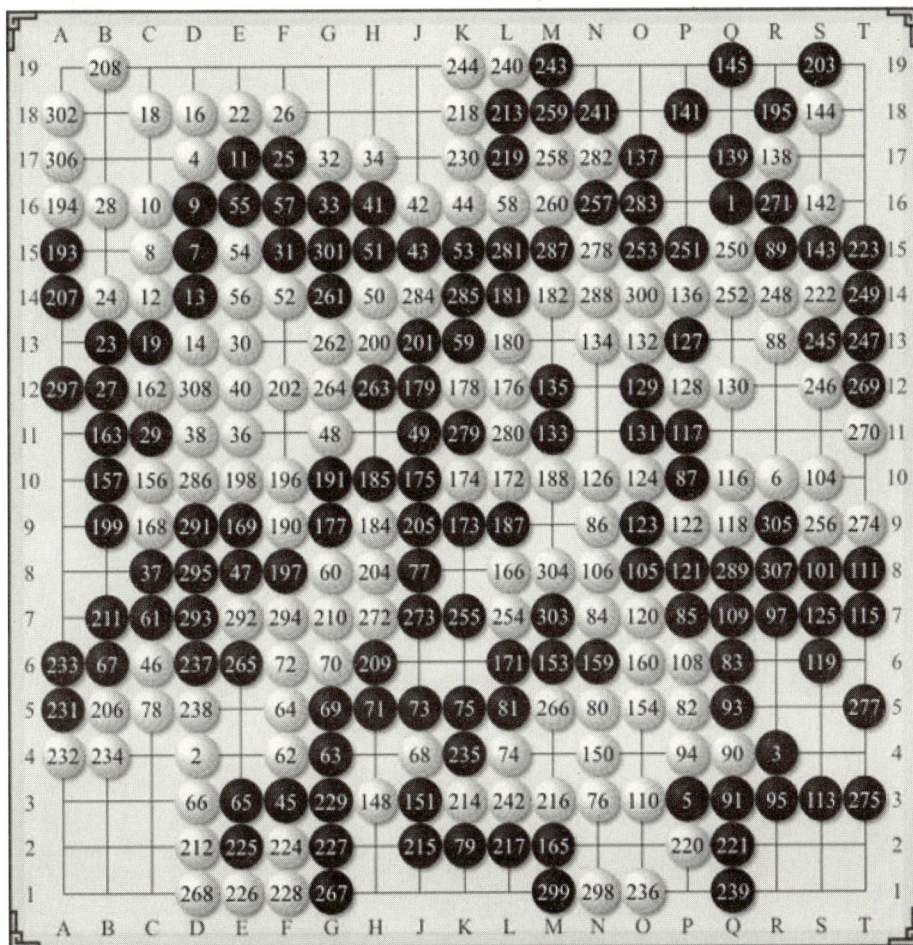

1993年5月，第15届世界业余围棋锦标赛第5轮，
孙宜国执白4.5目胜平田博则

同里杯31届中国天元战新浪网选3轮

提19子　　　　　　　　黑中盘胜　　　　　　　提14子

万乐奇[二段]　　　271手/271　　　　[四段]舒一笑

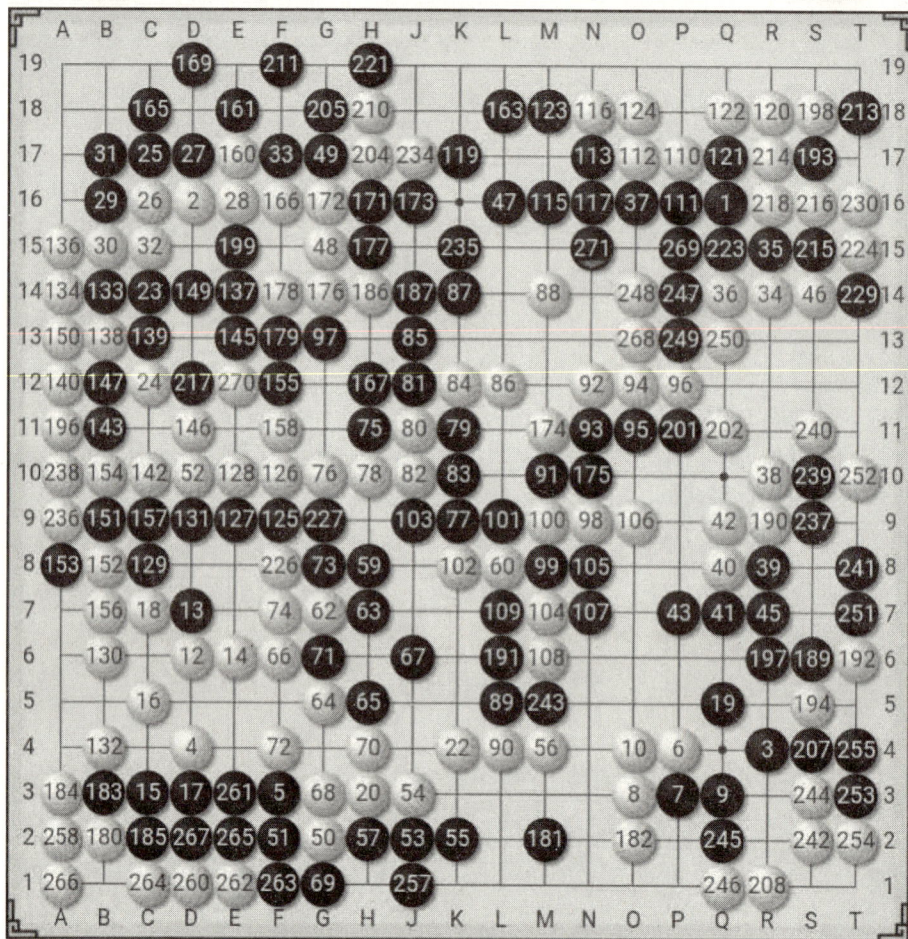

2017年4月，"同里杯"第31届中国天元赛战新浪网选第三轮

（三）王梓莘对阵王异新（原职业三段）

提2子
王梓莘

黑胜
201手/201

提6子
王异新

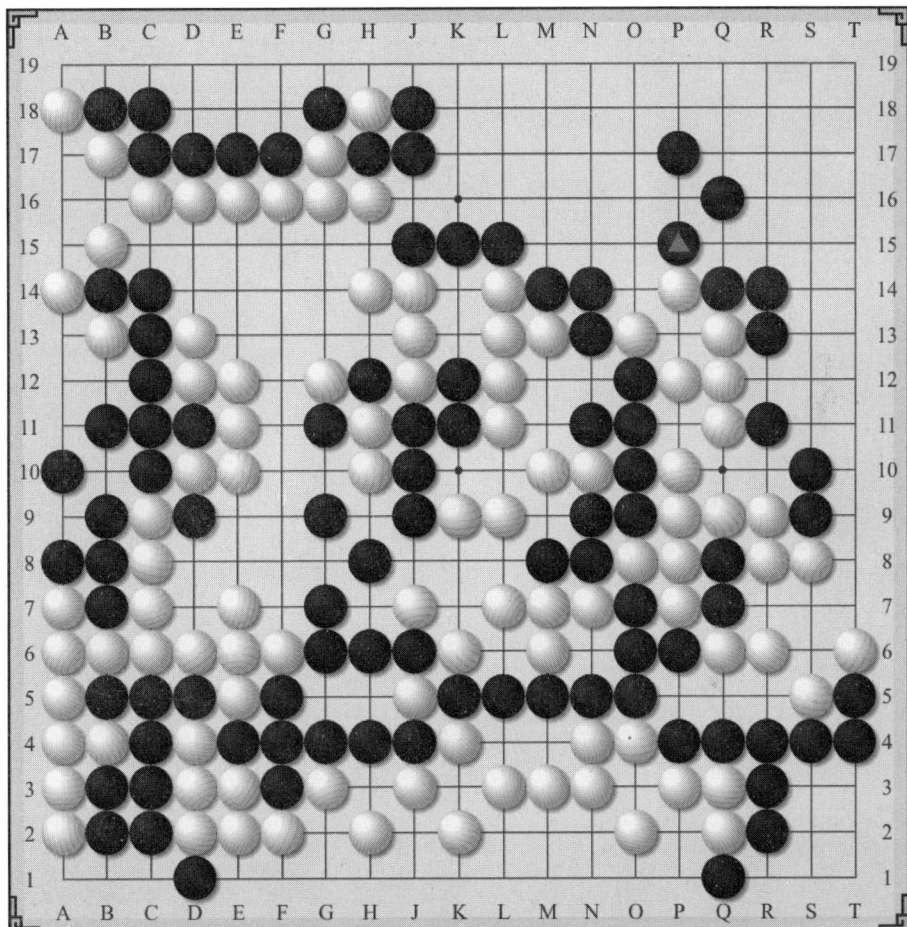

2019 年 5 月 31 日，第五届"中信置业杯"中国女子围棋甲级联赛

附录：历代棋谱选编

（四）孙超对阵马天放

 提14子

孙超 [6段]

黑187胜

280手/280

 提26子

[7段] 马天放

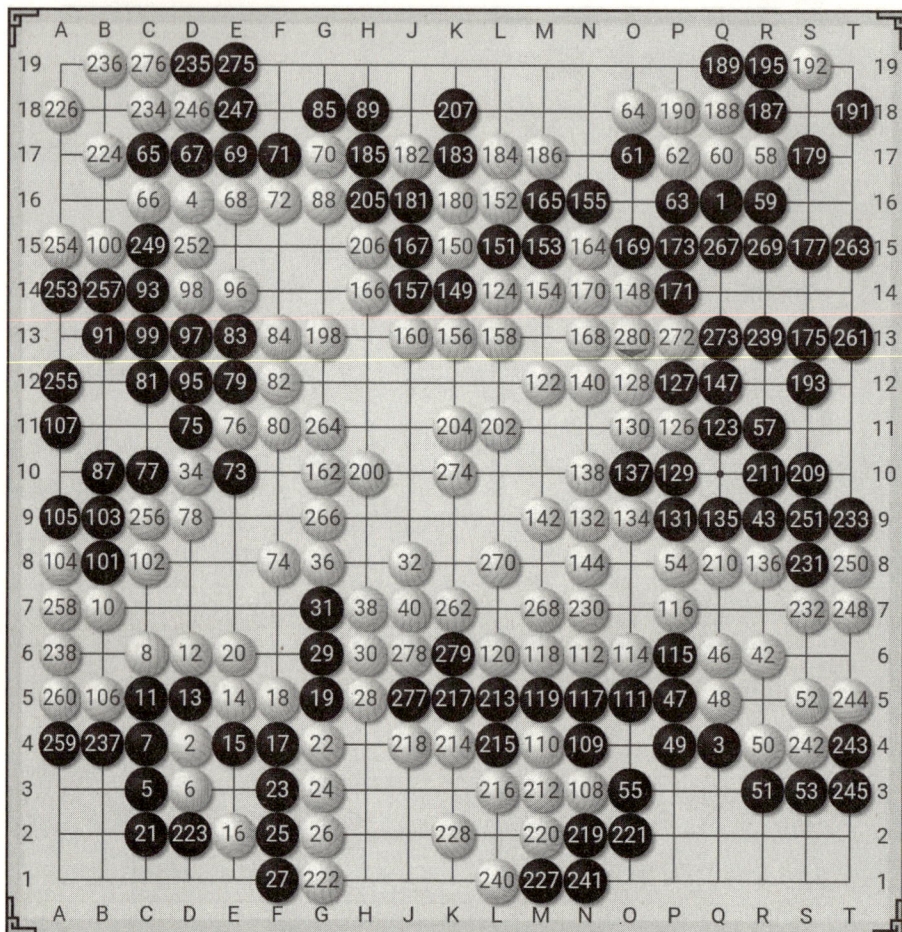

2019年5月，第33届"中山泉林·黄河杯"

全国业余围棋公开赛第十一轮比赛

（五）吴志华对阵王浩

提11子　　　　黑胜　　　　提9子
吴志华　　　285 手/285　　　王浩

293

附录：历代棋谱选编

2018 年 8 月，中国围棋大会（南宁）团体锦标赛第四轮
江苏对阵抚州第 3 台

2017江西省全运会选拔赛

提5子
● 解德彪 [5段]

白中盘胜
175手/175

提11子
[5段] 刘畅 ○

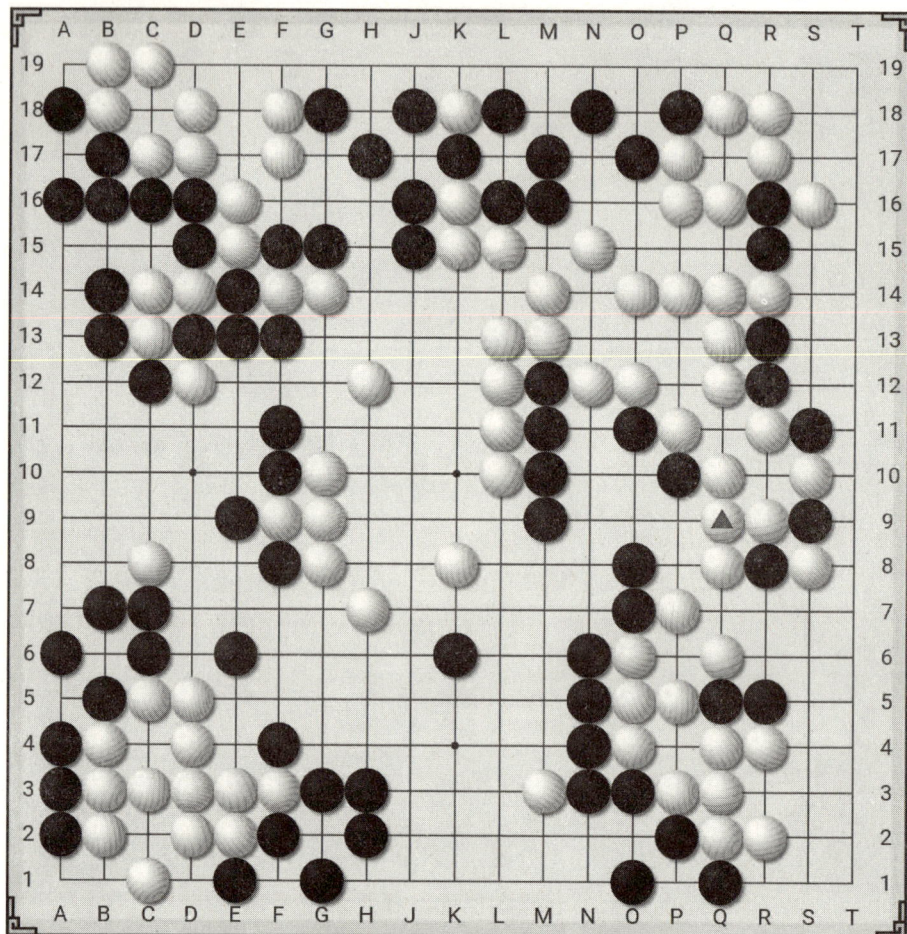

2017年9月，江西省全运会围棋选拔赛

（七）张善弈对阵黄彬城

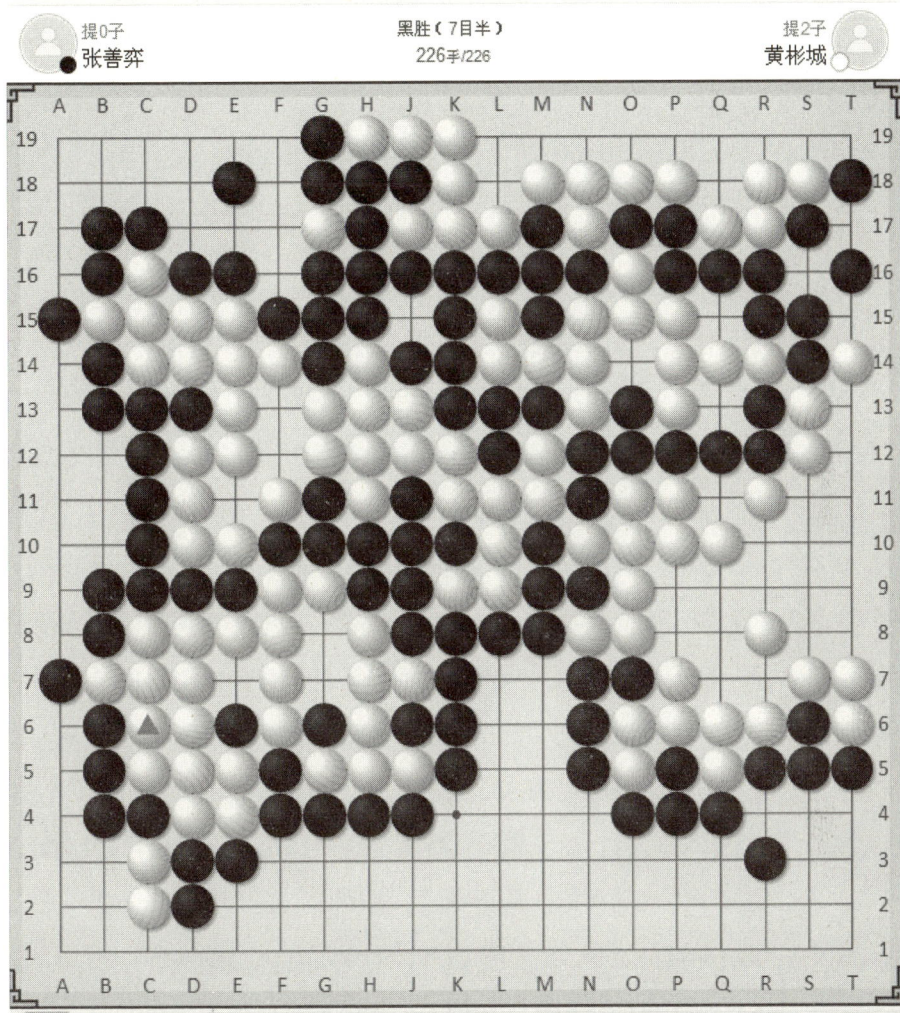

附录：历代棋谱选编

2018年10月，"百千万工程·中国体育彩票杯"
抚州市第五届围棋锦标赛儿童组决赛

后　记

又是一年金秋时，《围棋与抚州》编著工作完成，即将付梓。

编著工作到今日，历时 3 年。2018 年初，原抚州市体育局局长李建明约我们编著此书。他从全市的体育事业与文化产业发展的高度，敏锐地感觉到抚州围棋文化历史悠久、底蕴深厚，当下及将来围棋事业大有可为，因而提出要对抚州的围棋文化进行挖掘、整理，并要求尽快呈现于民众面前。领命以来，我们入图书馆、博物馆，甚至走出书斋，实地查史觅迹，多方搜集资料，在大量资料的基础上编著成册。之后，还持初稿向围棋界的领导、专家学者、棋手征求意见，得到中国围棋协会主席林建超、湘潭大学教授何云波等领导、专家学者的赐教与鼓励。我们充分吸纳了各方宝贵意见，再行修改，之后以内刊形式印行；后又根据读者意见再做修改，遂成今日之拙著。

本书梳理抚州围棋的源流及历史变迁，是尚未过的事情，是抚州文化研究中的一项填补空白之举。这当中会有许多不尽如人意的地方，比如由于史料的欠缺，抚州围棋的历史只能大致地勾勒；现当代抚州围棋情况也是如此，虽然时间距今很近，似乎就在昨天，但真正打捞起来也是困难重重，所以搜集到的材料也繁简不一，也只能去粗取精，粗线条地呈现。也只好以俟后来有志于抚州围棋文化研究者、爱好者进一步深挖细找，爬梳剔抉，写出更加完善、更加厚实、更加全面客观的抚州围棋史。

在编著过程中得到了原抚州市体育局局长李建明、副局长陈建铭、科长白远亮，以及抚州市围棋协会等领导、同仁的大力支持，也得到全市各县区围棋协会、围棋培训机构的领导、教练及棋手的支持，抚州市围棋协会还为本书提供了大量图片。书成有大家的功劳，在此表示深深的谢意。同时，在编著过程中，参阅了大量围棋著作及论文，恕不一一具名，在此表示感谢。何云波教授为本书热情作序，在此表示感谢。

　　一直以来，抚州市政协重视、关注抚州围棋事业与产业的发展，对此开展广泛调研，献计献策，努力推动其稳健发展；大力支持抚州围棋文化的挖掘、整理与宣传工作，对于本书的编著与出版倾注了大量心血。在此要感谢抚州市政协主席王宏安、党组书记贺喜灿的关心与大力支持；感谢王宏安主席拨冗作序，使拙著增彩；感谢戴晓文、吴建发副主席的大力支持；感谢抚州市政协文化文史和学习委员会甘少华主任、全益副主任的亲力亲为；感谢出版社的宋美燕及其同仁为本书所付出的辛勤劳动。由于才学及水平所限，拙著中还有许多不尽如人意，甚至错漏之处，还请方家批评指正。

297

后记

编著者

2021 年秋于抚州